JN295417

危機における
市場経済

飯田和人【編著】

明治大学社会科学研究所叢書

日本経済評論社

目次

序論　本書の課題と基本構成 …………………………………… 飯田和人　1

 (1)　危機の実相をどう捉えるか？　1
 (2)　グローバル資本主義の理論構造とその特質　3
 (3)　アメリカ資本主義と現代グローバリゼーション　5
 (4)　グローバリゼーションはアメリカナイゼーションか？　7
 (5)　WTO下における国際経済秩序とグローバリゼーション　8
 (6)　グローバル・スタンダードはどう受け入れられたのか？　10
 (7)　株主資本主義の登場　12
 (8)　市場のグローバリゼーションと企業ガバナンス　13
 (9)　株主価値経営と日本経済　15
 (10)　日本経済におけるグローバル資本主義への移行　16
 (11)　日本における2000年代初頭の景気循環　18
 (12)　日本経済の時期区分について　20

第1章　グローバル資本主義の理論構造とその特質 …… 飯田和人　23

 1.　資本主義の歴史区分　24
 2.　福祉国家体制からグローバル資本主義への移行　31
  (1)　高度経済成長メカニズムの破綻　32
  (2)　福祉国家体制からグローバル資本主義の時代へ　35
  (3)　グローバル資本主義のもとでの資本と労働力の国際移動　36
  (4)　グローバリゼーションの背景と新しい発展モデルの登場　39
 3.　グローバル資本主義の理論構造とその特質　41

   (1) 調達，生産，販売の 3 領域における国際化 41
   (2) グローバリゼーションと国民国家 44
   (3) 国際分業関係の変化と先進国における経済構造の変化 45
   (4) 労働力の国際移動と資本―賃労働関係の維持・再生産 47
  4. グローバル資本主義の現段階 50

第 2 章　アメリカ資本主義と現代グローバリゼーション
                        柿　崎　　　繁 63

  1. 問題の所在と課題の限定 63
  2. 現代グローバリゼーション把握の一基準 65
   (1) 古典的資本主義経済における世界経済循環の基本性格 65
   (2) 両大戦間期のアメリカを軸とした世界経済循環 67
   (3) 冷戦対抗前史：戦後資本主義再編の枠組みの形成過程 70
  3. 冷戦体制のもとでのアメリカ基軸のグローバリゼーション 74
   (1) 冷戦体制とアメリカ資本主義 74
   (2) 戦後欧州展開を軸としたグローバリゼーションの展開 78
  4. 冷戦体制の解体過程とグローバリゼーション 82
   (1) 旧 IMF 体制の解体 82
   (2) 軍事インフレ・高金利の影響：金融革命の歴史的背景 85
   (3) 金融革命・金融の国際化 87
   (4) 新鋭産業基軸の経済循環の解体過程 89
   (5) ME 化と生産のアジア化 91
  5. 現代グローバリゼーションの枠組みの形成 94
   (1) アメリカの通商・貿易政策 94
   (2) 金融におけるグローバリゼーションの枠組みの形成 95
  6. ポスト冷戦期のグローバリゼーション＝現代グローバリゼーション 97
   (1) 冷戦体制解体後のアメリカの産業構造の変化 97

(2)　金融の証券化・グローバル化　99
　7.　冷戦体制解体と産業基軸の旋回　103
　　(1)　冷戦体制解体と「冷戦後」不況（90-91年不況）　103
　　(2)　経済循環における基軸転換：株式資産バブルへ　106
　　(3)　90年代，株価上昇を軸とした資産バブルの一帰結　110
　8.　アメリカ金融危機から世界同時不況へ　112
　　(1)　2000年IT不況への対応　112
　　(2)　資産バブルの再開：不動産バブルによる景気高揚へ　114
　　(3)　資産バブル崩壊から金融危機・世界同時不況へ　115
　　(4)　今次世界金融危機・同時不況の位置づけによせて　117

第3章　WTO体制下における国際経済秩序と
　　　　グローバリゼーション……………………………… 間宮　勇　125

　1.　国際経済関係と法的規律　125
　2.　WTOにおける市場原理と国内産業の保護　126
　　(1)　物品貿易における自由化と国内産業の保護　126
　　(2)　サービス分野における自由化と国内産業の保護　133
　　(3)　新規加盟国の自由化約束　136
　3.　最恵国待遇原則と地域統合　138
　　(1)　地域経済統合の意義と要件　138
　　(2)　包括的地域経済統合協定　142
　　(3)　WTOにおける投資ルール交渉と包括的FTA　145
　　(4)　包括的FTAにおける投資条項　148
　　(5)　WTO体制における包括的FTAの意義　151
　4.　市場の統合と市場の分割　155
　　(1)　知的財産権の保護による市場の分断　155
　　(2)　市場の統合と人の移動　158
　5.　経済効率と価値の序列　160

第4章 市場のグローバリゼーションと企業ガバナンス
.... 坂 本 恒 夫 165

1. 企業価値とグローバル市場 165
    (1) 企業価値とは何か 165
    (2) 株式市場のグローバル化 167
    (3) グローバル連携と企業価値向上 169
    (4) 成長戦略と新ビジネスファイナンス 171
2. 英国銀行の再編成とグローバル連携 173
    (1) RBS のナットウエスト買収 173
    (2) RBS のオランダ金融会社買収 176
    (3) 統合から分割へ：のしかかるサブプライム問題 177
    (4) これからの M&A 179
3. 育成からルール整備へ転換したファンド行政
    投資事業有限責任組合契約に関する法律をめぐって 181
    (1) M&A とファンド 181
    (2) 投資事業組合制度の概念と変遷 183
    (3) 投資事業有限責任組合契約に関する法律（LPS 法）の問題点 186
    (4) ファンドとその制度の今日的課題 188
4. コーポレート・ガバナンスと日本的財務 191
    (1) 残ったメインバンク・システムと株式持合い 191
    (2) 日本における機関投資家の依存体質とファンド経営の短期成果主義 195
    (3) ファンド経営の出資構造と短期成果主義 196
    (4) 破綻した株主価値経営と日本的財務経営 197
    (5) これからの日本的財務 199
5. むすび 201

第5章　日本経済におけるグローバル資本主義への移行
　……………………………………………………… 飯田和人　205

1. 輸出立国モデルの崩壊　205
2. 輸出主導型経済の形成　208
   - (1) 輸出主導型経済の歴史的位置づけ　210
   - (2) 輸出主導型経済の内実　211
3. 輸出主導型経済の試練　215
   - (1) プラザ合意と内需主導型経済（バブル経済）　216
   - (2) 2度目の超円高　217
   - (3) 輸出主導型経済の変容　219
4. 輸出主導型経済の破綻とグローバル資本主義への移行　222
   - (1) 第14循環の回復過程を主導した諸要因　223
   - (2) 輸出産業からグローバル産業への転換　228
   - (3) 雇用の質の悪化　233
   - (4) グローバル資本主義への移行　235

第6章　日本における2000年代初頭の景気循環 ……… 高橋輝好　245

1. 第14循環の背景　245
2. データでみる第14循環の拡張期の諸特徴　248
   - (1) 設備投資の上昇を超える輸出の伸び　249
   - (2) 消費の伸びを欠いた回復軌道の不安定さ：いわゆる「踊り場」との関連で　250
   - (3) 売上高増加率の低位下での経常利益の増加と資本規模別売上高経常利益率格差の拡大　252
   - (4) 名目雇用者報酬はマイナスを含む0％成長　259
3. 1990年代初頭のバブル崩壊以降の低成長期　260
   - (1) 戦後高度経済成長期以降の3つの時期区分による低成長期　261

(2) 1990年代の低成長要因　275
　　(3) 第12循環において何が起きたのか：第14循環における回復の
　　　　遅れとの関わりで　276
　4. 第14循環の下降過程について　281
　　(1) 主要需要項目の動きを四半期別実質GDP成長率比と寄与度に
　　　　よって確認　282
　　(2) 下降過程における企業動向　289
　　(3) 低成長型景気回復過程の崩壊　291
　5. 低成長型景気回復過程とその崩壊は何を明らかにしたか　293

あとがき　301
索引　303

序論

本書の課題と基本構成

飯 田 和 人

　リーマンショック後，世界経済が陥った危機は「百年に一度」のものとされる．事実上，これは「大恐慌」と言われた1929年恐慌以来と言うべきだが，当時にあっては，これがまた「大不況」へとつながり，そうした深刻な経済的災厄への「持てる国」と「持たざる国」との危機対応のあり方が第二次世界大戦へと導くこととなったのである．
　恐慌は，資本主義経済もしくは市場経済における危機の発現形態である．19世紀にあっては，この危機を乗り超えるごとに資本主義がさらに拡大された規模で発展していったが，第二次世界大戦後は1929年恐慌のような恐慌爆発を資本主義は経験してこなかった．では，今回の危機にあってはどうなのか？　この危機はいかに乗り超えられるのか？　その先にはまた，どのような世界が広がっていくことになるのか？

(1) 危機の実相をどう捉えるか？

　この危機後の世界を知るためには，何よりもまず現在の危機の実相を解明していく必要がある．そこでいま言いうることは，今回の危機はグローバリゼーションという歴史的な変革期の中で起こったということである．したがって，このグローバリゼーションを真正面から取り上げないかぎり現在の危機の本質は見えてこない．そして，このグローバリゼーションの中で経済発展のきっかけをつかんだ新興工業諸国と，これまで資本主義の歴史の表舞台で主導的な立場を維持してきた先進資本主義諸国とでは，その危機のあり方

も意味も異なっているということである．

　本書の目的は，このグローバリゼーションの下で今回深刻な危機に陥った市場経済を先進資本主義国の側から分析し，市場経済の現状を解明していくことにある．

　そこで，まずは本書を構成する各章共通の方法論的なスタンスを明らかにしておきたい．本書の第1章から第6章までを貫く共通の方法は，歴史的アプローチというべきものである．各章で取り扱われている分析対象は，いずれも現代資本主義もしくは現代の市場を取り巻く様々な現実，多様な諸現象である．これらの分析対象に対して，本書の執筆者たちは，これをひとつの歴史的所産として把握し，その形成過程を踏まえながら分析を行っている．こうした歴史的アプローチが採用されたのは，事柄の本質を把握するうえでそれが有効性をもち，また分析結果の記述方法としても優れているからにほかならない．そこで，本書の特徴のひとつをあげるならば，それはこの歴史的アプローチによる現状分析にある，ということになろう．

　ただし，このさい注意しておくべきは，本書を構成する各章の間には，研究対象に対する基本的認識やその分析視角において，いくつかの無視できない違いが存在しているということである．たとえば，グローバリゼーション解釈をめぐってそれぞれの論者の間に見解の違いが存在し，その分析視角も異なっている．むろん，本書の執筆者たちは，こうした「ズレ」を調整し，共通認識とそれを踏まえた一貫した分析視点を確保するための努力は惜しまなかったものの，最後のところでは調整できない部分を残さざるをえなかった．この点については，この序論において各章を紹介するごとにそうした「ズレ」を指摘することで，それぞれの問題意識と，それがまたどのような色彩となって本書全体を構成しているのかを示して行きたいと考えている．そこで以下，各章の概要を紹介しながら本書の課題と基本的構成を明らかにしていくこととしよう．

(2) グローバル資本主義の理論構造とその特質

まず第1章であるが，その目的はグローバル資本主義の歴史的位置づけを明らかにし，そのうえでグローバル資本主義の理論構造と特質を解明することにおかれている．ここでの歴史区分の基準は，国家が市場と資本の経済領域（国民経済の私的もしくは民間セクター）にどのように関与してきたのかということである．この基準によって，ひとまず資本主義はつぎの3つの歴史段階に区分される．

(1) 19世紀以前の生成期の資本主義，
(2) 19世紀初めから20世紀前半までの確立期の資本主義，
(3) 第二次世界大戦以後の現代資本主義

ここでは，まず資本主義が19世紀以前の生成期と19世紀初めから20世紀前半までの確立期とに区分されている．前者は，国家がいわば上から資本主義経済の条件整備を行っていく原始的蓄積期であり，後者は，規制のない資本主義として資本の再生産・蓄積運動を基礎に周期的な恐慌爆発を伴う景気循環が展開された時期である．そして第3の歴史区分として，その景気循環過程に恐慌爆発が見られなくなった，第二次世界大戦後の世界が現代資本主義として把握されている．そのうえで，ここでは国家が資本一賃労働関係の再生産メカニズムにいかなるかたちで関与してきたのかを基準にして，さらに以下の5段階区分を提示している．

(1) 生成期の資本主義
(2) 確立期の資本主義―前半期
(3) 確立期の資本主義―後半期
(4) 現代資本主義―前半期
(5) 現代資本主義―後半期

問題のグローバル資本主義は現代資本主義の後半期に登場するが，第1章ではまず，第二次世界大戦後，先進資本主義諸国の高度経済成長を基盤に確立された福祉国家体制がやがて解体期を迎え，グローバル資本主義へと移行していった歴史過程を確認している．その中で明らかにされたことは，グロ

ーバル資本主義の時代には，かつての〈原始的蓄積過程―産業革命―産業資本主義の確立〉という，いわば19世紀イギリス型の標準発展モデルでもなければ，あるいはそれを基盤に登場した〈大量生産―大量消費〉方式をその社会的再生産の基軸とするアメリカ型の発展モデルでもない，まったく新しい資本主義の標準的発展モデルが登場する，ということである．それは，グローバリゼーション下の国際分業関係を前提に，いわゆる輸出主導型の工業化政策によって経済的「離陸」を果たした，新興国型の発展モデルである．

これは，国民経済（＝社会的再生産過程）のあり方としては，近代的企業システムと資本―賃労働関係という資本主義経済の基本的構成要素を備える一方，〈大量生産・大量消費〉をその社会的再生産の基軸とした20世紀型の大衆資本主義の特性をも備えた発展モデルであるが，かつての〈原始的蓄積過程―産業革命―産業資本主義の確立〉という，いわば19世紀の標準的な発展モデルとは完全に異なった資本主義の発展モデルなのである．グローバル資本主義の特徴のひとつは，こうした新興国型の発展モデルと先進国型の発展モデルとの併存にある．

このような特徴をもつグローバル資本主義の理論構造は，従来型の資本とは異なる行動原理をもったグローバル資本の存在と，そこでの資本―賃労働関係の維持・再生産が労働力と資本の国際移動によって遂行される，というところにその特質が見出される．

ここで言うグローバル資本とは，その運動プロセスにおける調達，生産，販売という3領域の国際化に理論的特質をもつ存在である．第1章では，そのことの意味を明らかにしたうえで，さらにグローバリゼーションと国民国家との関係，資本の国際的移動によって生じた国際分業関係の変化と先進国における経済構造の変化，そして労働力の国際移動による資本―賃労働関係の再生産メカニズム等々を理論的に解明している．

ところで，現代資本主義の前半期である福祉国家体制が崩壊過程にはいるのは，高度経済成長が終焉したあとの1970年代前半あたりからで，ここから1990年代に確立されるグローバル資本主義の時代への過渡期間が始まっ

ている．この過渡期間には，1990年初頭に終わりを告げる冷戦体制期が含まれており，福祉国家体制からグローバル資本主義への移行過程の分析は，この時期における冷戦体制の特質を明らかにする必要がある．と同時に，その冷戦体制の中心にあったアメリカ資本主義の基本的な再生産・循環構造の分析を不可欠とするのである．こうした課題に応えようとしたものが第2章である．

(3) アメリカ資本主義と現代グローバリゼーション

第2章の対象は，冷戦体制の終焉による文字通りグローバルな世界市場の登場と金融技術と情報革命の進展の結合とを条件として展開された，現代グローバリゼーションである．これは，冷戦体制下のアメリカ資本主義の矛盾累積を根拠にした構造変化のもとで展開されたが，この章の目的は，こうした現代グローバリゼーションの構造をアメリカ資本主義の分析をベースに歴史段階的かつ論理実証的に明らかにすることにある．以下，簡単に論理構成とその特徴を概観していこう．

アメリカは，冷戦対抗の過程で，増大する冷戦支出による（軍事）インフレーションを次第に激化させていったが，これは最終的にアメリカを中心とした世界経済編成の支柱のひとつであった旧IMF（ブレトンウッズ）体制の崩壊へと導いた．他方，米系多国籍企業の海外展開と自国内製造業の競争力低下によって生産の空洞化が進展し，やがてアメリカは金融とサービスに経済的収益基盤を移して行かざるをえなくなる．とりわけ金融面では，大恐慌以来の銀行・証券業務の分離などの各種規制によって生じた軋轢に金融革命や「証券化」を通じて対応し，拡大するユーロダラー市場とも連動してグローバルな金融展開の基盤が構築されていった．

金融を軸としたグローバリゼーションは，世界的な規制緩和と連動して1990年代半ば以降，急展開する．これは，冷戦体制の崩壊の過程（1970年代～80年代）で生じていた実体経済と金融における変化を基盤として，冷戦体制の終焉によるグローバルな市場の出現と金融技術とネットの結合とを

ポスト冷戦期のアメリカでは，覇権国としての核・ミサイル軍事機構を支える経済的基盤が動揺したが，他方ではこのネットと金融サービスにおける競争力を背景に資産価格の上昇に伴う消費増大により経済成長をつくり出していた．とはいえ，新自由主義的な経済政策展開に伴って経済的格差が激化し，社会的不安もまた増大していったことには注意を要する．

　そうした状況の中で，上述したアメリカ独自の経済成長を金融面で支えたのが，大量の海外資金の流入を実現した，いわゆる「帝国（資金）循環」であった．このような世界の余剰資金を流入させる仕掛けは，ドル高政策や国際機関を通じた世界的規制緩和などの推進により1990年代前半に準備され，その延長線上に90年代後半の株式バブルや2000年代の住宅バブルが惹き起こされた．世界経済は，このようなアメリカの資産バブルを背景とした過剰消費に依存して成長したが，やがてそのバブル崩壊とともに破綻していったのである．

　第2章は，以上のような歴史的経過をたどりながら，現代グローバリゼーションの駆動力をアメリカ資本主義の構造変化の内に見出し，生産の空洞化と金融における資産バブル発生と崩壊との相関的構造を解明している．

　また第2章の独自的特徴としては，冷戦体制の終焉の中に現代グローバリゼーションの展開の画期を見出しているところにある．冷戦体制終焉後，旧ソ連・東欧社会主義国，社会主義中国，インドなど30億を超える人々が世界市場に合流してきた．それはまた，軍事技術であったインターネットの民生利用をもたらすと同時にグローバルな規模でのネットの本格的利用を実現し，このネットの技術と金融の技術が結合して余剰資金のグローバルな動員を可能にした．これは世界的規模で矛盾が一挙に吹き出す基盤となったが，これらはまた冷戦体制の終焉を重要な契機として展開されてきたのである．

　さらには，この冷戦終焉後のグローバリゼーションすなわち現代グローバリゼーションについて，第2章では，古典的資本主義時代のグローバリゼーションから両大戦間期に至るそれまでを貫く，グローバリゼーションとして

の同一性が重視されている．したがって，戦後冷戦対抗に至る歴史的経過については，世界市場の分裂＝本来のグローバリゼーションの「中断」として捉えられるわけである．こうした認識を基礎に，第2章では，冷戦終焉後の現代グローバリゼーションがアメリカ主導のグローバリゼーションもしくはアメリカ的グローバリゼーションとして捉えられ，それはまたネットの展開と相互規定的な金融におけるグローバリゼーションを軸とするものとして特徴付けられている．

ここにおいて，ネットはあらゆるものを商品化し，投機化する元凶として経済・金融の枠組みを破壊しつつあるものとして把握されている．そして，この把握は，言うまでもなく今次の金融危機の本質についての洞察と深く関わっている．この場合，ネットはそれに適合的な経済様式を求めて経済システムを絶えず揺さぶり，「新たな世界」の形成を促迫し続けるものとして認識されていると同時に，それがいわば資本主義における危機の新たな段階把握を提起している，と考えられているわけである．

このような認識は，第2章におけるアメリカ資本主義とグローバリゼーションの関連分析が基本的に資本主義の歴史と再生産構造という視角から展開されており，そうした方法論的な立場から出てきたものと言うことができる．

(4) グローバリゼーションはアメリカナイゼーションか？

ここで，グローバリゼーション解釈に関して，第1章と第2章との間に存在する微妙な「ズレ」について言及しておきたい．第1章では，問題となっているグローバリゼーション下の資本主義を「グローバル資本主義」として捉え，それはたんなるアメリカナイゼーションではないとしている．それに対して，第2章ではこれを「現代グローバリゼーション」として捉えたうえで「アメリカン・スタンダードのグローバル化＝アメリカン・グローバリゼーション」として特徴付けている．

むろん，第1章も第2章もまた，現代のグローバリゼーションの歴史的な独自性を認めている．それを第1章ではグローバル資本主義という名で呼び，

第2章では現代グローバリゼーションと呼んでいるわけである．第1章におけるグローバル資本主義の特質は，従来型の資本とは異なった行動原理をもつグローバル資本の存在と，そこでの資本―賃労働関係の維持・再生産が労働力と資本の国際移動によって遂行されるところに見出されている．第2章においては，現代グローバリゼーションが「アメリカを発信地とする金融のグローバリゼーションをベースに展開したものであり，1970年代半ば以降急展開するME（マイクロエレクトロニクス）化と並行して進展する生産の空洞化と相関的なサービス化・金融化の進展というアメリカ経済の構造的変化をその実体的基礎としている」と把握されている．

要するに，第2章の場合，現代グローバリゼーションは，アメリカ経済の構造変化を実体的基礎としてアメリカによって主導されたということが強調されているわけである．とはいえ，第1章においても，グローバル資本主義への歴史的移行がアメリカによって主導されたこと，そしてその実体的基礎にアメリカ経済の構造変化があったことを否定しているわけではない．ただ，そこで展開されたアメリカ主導の「グローバル・スタンダード化，アメリカン・スタンダードのグローバル化＝アメリカン・グローバリゼーション」が先進各国に受け入れられていった背景には先進資本主義国に共通の基盤があったからだということ，そして，それは現代資本主義の再生産構造とりわけ資本―賃労働関係の維持・再生産メカニズムに生じた大きな変化から説明される必要がある，ということを第1章では強調しているわけである．

言ってみれば，第1章も第2章も現代グローバリゼーションとして展開されたグローバル資本主義のもつ二面性をそれぞれ異なった視点から把握し強調しているということなのである．

この現代グローバリゼーションの問題を，具体的な国家間交渉という舞台の上で取り上げ，そこに如何なる問題点と将来的な展望を見出しうるのかを分析し解明しようとしているのが第3章である．ここで取り扱われているのは，GATT体制やWTO体制のもつ基本的性格の析出にとどまらず，現在のWTO体制下で行われている2国間投資協定や包括的FTAにおける投資

条項をめぐる具体的な国際交渉であり，とりわけ先進国と途上国との交渉関係にかなりのウェートをかけて分析が展開されている．さっそく，第3章を紹介しよう．

(5) WTO下における国際経済秩序とグローバリゼーション

　第3章は，現在の国際経済関係における法制度を歴史的文脈の中で分析し，WTO体制下におけるグローバリゼーションの現状を明らかにすることを目的としている．以下はその概要である．

　戦後の国際貿易秩序維持を担ってきたGATT体制は，世界市場形成へ向けて交渉を通じた貿易の自由化を達成してきたが，主権国家の自律性の維持を前提としながら柔軟に運営されてきた．しかし，WTO体制では，そうした柔軟性を改め，合意されたルールに厳格に従った運営がなされている．さらに，合意されたルールは，従来よりも具体的かつ明確なものとなり，多くの分野で統一的な基準を設定した．また，ガット時代には義務の履行が求められず，特別な待遇が認められていた途上国に対する規律の強化と自由化圧力の高まりの結果，途上国も主要なアクターとして秩序の形成・維持に実質的に参加するようになっている．

　他方で，より詳細なルールの作成と自由化に向けたWTO多角的交渉（ドーハ・ラウンド）は停滞し，その結果，地域経済統合の動きが拡大している．1990年代以降の自由貿易協定は，先進国と途上国の間のものであっても自由化の水準が高く，さらに知的財産権や投資，あるいは環境基準など，貿易以外の分野についてもWTOプラスといわれる高水準の規定を有している．

　興味深いのは，投資ルールに関する途上国の態度である．多角的交渉では消極的というよりも否定的な態度をとっていた途上国も，自由貿易協定の交渉においては積極的な態度をとっている．多くの自由貿易協定や投資協定で，投資前の内国民待遇，つまり投資に際して受入国の国民と同様の権利が認められるという投資の自由化が達成されている．このように，WTO設立後の

市場統合および高水準のルール作成は，多角的交渉よりも2国間交渉を中心とした地域経済統合の場面で進められている．

以上のような市場統合の進展がある反面，知的財産権および労働の分野では市場の分断を維持する政策が先進国によって採用されている．アメリカやEUは，国際的価格差別であるダンピングを「不公正貿易」として非難しながら，並行輸入規制によって知財商品の国際的価格差別を維持し，知的財産権者の利潤の最大化を図ろうとしている．またEU域内で実現している自由な労働移動についても，サービス協定（GATS）および自由貿易協定での交渉で，限定的な移動しか認めないという厳しい態度をとっている．

現在の世界には，自由化の流れがあると同時にそれを制限しようとする動きもある．矛盾した制度の並存は，経済効率という価値と対立する様々な価値の序列付けと調整の結果生じるものであり，各国の国内事情と交渉力を反映するものである．

概略以上のような議論を踏まえて，第3章の結論はこう示されている．WTO体制の下で進められている「グローバリゼーション」は，国家間の交渉によって合意されたものであり，そこでの価値の序列付けや調整がいかなるものであるかを見極めることが重要である，と．

(6) グローバル・スタンダードはどう受け入れられたのか？

さて，すでに見てきたように，グローバリゼーション解釈をめぐって第1章と第2章との間に微妙な「ズレ」があったが，第3章との間にも同じような「ズレ」が存在している．この第3章において，グローバリゼーションは「世界標準が形成され，世界的に統一的な基準が用いられるようになる」という意味で用いられ，そうした「世界的に共通な基準」の具体的な形成過程がガットやWTOにおける自由化交渉プロセスの中で分析され明らかにされている．ここでいう世界標準すなわちグローバル・スタンダードの受け入れという問題に関して，第1章と第2章との間には，若干の理解の違いが存在したが，第3章においても，この問題が具体的な国際交渉の舞台において

取り扱われ分析されている．

　このうち，第2章でアメリカン・スタンダードのグローバル化の例として取り上げられたのは，WTOにおいて「知的所有権保護を多国間貿易ルールに載せた」とされるTRIPS協定（「知的所有権の貿易的側面に関する協定」）と「高い基準の投資自由化を義務づける多国間投資協定」すなわちMAIであり，いまひとつの分野は「国際的金融資本がグローバルに展開する上で不可欠な課題と領域についての国際的基準・ガイドライン」を作ったとされる「国際金融フォーラム」である．

　第3章では，MAI絡みの投資協定をめぐる国際交渉とTRIPS協定に関わる知的所有権をめぐる交渉過程が取り上げられている．ここにおいては，第2章で強調されたアメリカン・スタンダードのグローバル化なるものが，実際の国際交渉の中では如何なる利害関係の下で行われ，如何なる問題点と将来的な展望をもちうるのかが明らかにされているのである．

　とりわけ，投資ルールについて言えば，WTOという枠組みの中での交渉は困難を極めたが，その後，包括的FTAなどを通して2国間協定の中で投資ルールを規定する動きが出てきている．途上国側がこうした投資交渉を受け入れる背景としては，途上国がかつての輸入代替工業化政策からその開発戦略を輸出主導型の工業化政策へと転換し，積極的に先進国の投資を受け入れようとしている（新しい発展モデルの登場）という，グローバル資本主義の一側面があることを理解しなければならないであろう．

　第3章では，この投資交渉をめぐる先進国と途上国との2国間FTA交渉を取り上げることで，この問題を先進国側によるグローバル・スタンダードの受け入れさせ方，あるいは途上国側のグローバル・スタンダードの受け入れ方の違いとしても分析されている．これを見る限り，アメリカン・スタンダードのグローバル化もそう容易なプロセスではないことが理解されるが，しかし，だからといって（事の成否は別にして）アメリカ主導のグローバル・スタンダード化という方向性そのものが否定されてしまうわけではなさそうである．

また知的所有権をめぐる交渉について言えば，第3章は，ここにグローバリゼーションが目指す「市場統合」とはまた逆の動きがあること，先進諸国における一貫しない態度（矛盾する立場）があることをアンチダンピング制度の問題と絡めて明らかにしている．要するに，先進国は，一方で知的財産保護のために並行輸入規制を正当化しながら，他方ではアンチダンピング制度を設けることで矛盾した態度をとっている，ということである．こうした現状を踏まえ，第3章ではつぎのように結論が下されている．「異なる制度・分野とはいえ，1つの体制の下で国際的価格差別に対する対応が正反対であることは，国際市場において一貫した共通の基準を適用する段階に至っていないことを物語っている．世界標準といっても，そのような現状であることは銘記しなければならない」と．

　ここには，第2章で強調されたアメリカをはじめとする先進国側の身勝手さばかりではなく，グローバル資本主義の先導役としてのグローバル資本の立場と国民国家もしくは国民経済の立場の違いが先鋭に現れているところでもある．そして，この両者の立場の違いは，第5章および第6章においてグローバル資本主義下の日本経済を舞台にして，発展するグローバル資本と疲弊する国民経済というかたちで再び姿を現すが，この2つの立場の分裂と対立とが現代グローバリゼーション，すなわちグローバル資本主義段階の大きな特徴なのである．

(7)　株主資本主義の登場

　さて，上述してきたようなグローバル資本主義は，1990年代以降はっきりとしたかたちで歴史の表舞台に登場したが，それはまた企業の国際化，株式市場のグローバル化というかたちでもあらわれている．そこで，この現代グローバリゼーションを企業レベルの問題として取り上げ分析しているのが第4章である．まずはこの第4章が対象としている時代背景を本書全体のコンテキストの中で確認しておきたい．

　1950年代，60年代の高度経済成長が終わり，やがて1970年代前半に福祉

国家体制が行き詰まりを見せると，先進資本主義諸国は，グローバル資本主義の時代への移行期に入っていった．このグローバル資本主義への移行は，1990年代の初頭に，旧ソ連・東欧の社会主義体制が崩壊し冷戦体制が終焉を迎えるに及んで，地球規模の市場経済化が実現されるとともにほぼ決定的なかたちで示されることになったのである．

　この間，資本主義経済を動かすエンジンとも言うべき資本，すなわち企業レベルでも大きな変化が見られた．たとえば，このグローバル資本主義への移行が明確になった1990年代には，アメリカを中心として「株主価値経営」が重視される，いわゆる株主資本主義が本格的に展開されるようになった．一方，日本にこの株主資本主義が浸透してくるのは，バブル崩壊後およそ10年に及ぶ長期停滞過程を経た，2000年代以降のことであった．

　第4章の目的は，この1990年代から2000年代にかけてグローバルな規模で展開された株主資本主義と，その下での企業の国際化，株式市場のグローバル化を分析し，それがまた日本資本主義の下での企業ガバナンスに如何なる影響を与えたのかを明らかにすることである．以下において，その概要を示そう．

(8)　市場のグローバリゼーションと企業ガバナンス

　ここでは，まず株主価値経営のもとで展開される企業の国際化と，株式市場のグローバル化が段階的に提示されている．

　その特徴を項目別に示すと，経営戦略的にはフリーキャッシュフローによる自社株保有，配当重視，M&Aの活発化などである．財務局面では利益率重視と資本コストについての過大な反応である．そしてM&Aの活動ではプライベート・エクイティー・ファンドの活躍である．株主価値経営の中で，とくに配慮が求められるものは内部統制の強化と非収益セクターの排除によって引き起こされる貧困の問題である．

　つぎに第4章では，株主価値経営のもとで展開される企業の国際化と株式市場のグローバル化を典型的に示すものとして英国銀行のM&Aが具体

に取り上げられている．市場のグローバリゼーションのもとで，最も活発にM&Aを展開したのはロイヤルバンク・オブ・スコットランド（RBS）であったが，ここではそれがどのようなプロセスをとって成長・拡大してきたのかを実証的に説明している．

まずRBSのナットウエスト買収が取り上げられ，その狙いとしてのリテール業務の強化，スコットランド銀行とのTOBの応酬などが紹介・説明されている．つづいて，この買収戦の背景としてナットウエスト銀行の投資銀行・国際銀行業務の失敗があったこと，また買収戦におけるRBS勝利の背景にはEU連携下の資金力にあったことが明らかにされている．

つぎには，RBSによるABNアムロの買収戦が取り上げられている．この買収戦の目的は，アジア・アメリカ・南米を含めたグローバル展開にあったとされる．さらには，ここにバークレイズ銀行が参戦してくることで，グローバル競争を背景にした激しいTOB応酬合戦が繰り広げられたが，最終的にこれはサブプライム問題でバークレイズが撤退して決着がつけられた．ここでは，文字通りグローバリゼーション下の株主価値経営が展開する企業の国際化戦略もしくは国際的企業再編のダイナミックな動きが活写されている．

最後にRBSのアフターマージャーが取り上げられ，ABNアムロの戦略部門がRBS，サンタンデール，フォルティスによって3分割されたこと，そしてこれがグローバル資本主義下の選択と集中の典型例であることが指摘されている．

以上を踏まえて，今後のM&Aの特徴として，つぎの4点が明らかにされている．①価格面では，買収対象企業ではなく買収主体企業の企業価値に依存すること，②資金力では，買収主体単体の資金力ではなく連携の資金力であること，③範囲は国内・国際ではなくグローバルであること，④効果としては，分割という手法をとることによって3倍・4倍の成果があがるということなど，である．

ところで，こうした企業の国際化と株式市場のグローバル化を伴いながら

展開された，株主価値経営の一方の担い手として，ファンドの存在がますます重要性を増してきている．そこで，第4章では，このファンドとそれを支える制度について，投資事業組合制度の創設とその整備，つまり規制の強化と緩和について具体的に論じている．

ここでは，まずファンドを「投資家から小口資金を集めてマネジャーが運用するもの」と概念規定したうえで，その諸形態としての任意組合，匿名組合，投資事業有限責任組合などの特徴と限界が説明されている．続いて，1982年から近年までのファンドの歴史的変遷が論じられ，特に2004年に制定された投資事業有限責任組合契約に関する法律の内容と問題点が指摘され，それを踏まえて金融商品取引法下の規制緩和と強化が検討されている．

最後に，第4章では日本的財務を企業のガバナンスの視点で捉えなおし，株主価値経営の破綻についてその要因を説明し，まとめとしてガバナンス構造の変化とその方向性について明らかにされている．

まず，ここでは日本の財務活動の諸特徴が指摘される．すなわち，所有構造的には機関投資家と銀行などが併存していること，社外取締役や監査役が機能していないこと，従来からの取引拡大指向と株主価値経営が併存していること，などである．と同時に，日本のファンドの問題として，それが法人に依存していること，経営としての短期成果主義が特徴であることなどが明らかにされている．

さて，今回の金融クライシスで大きな曲がり角を迎えた日本的株主価値経営は，以上のような諸問題を抱えていたわけであるが，第4章はここからつぎのような将来展望を明らかにしている．今や新しい経営原理が求められる時代に入ってきたことを踏まえ，その「コーポレートガバナンスは，機関投資家にとってよく見えるための，単なる透明化ではなく積極的な開示であり，自らのための短期的成果主義ではなくステークホルダーに配慮した持続可能な長期的成果主義に基づいたものでなくてはならない」と．そして，今後の企業ガバナンスの方向性をうらなう上で重要なものとして，国家管理，雇用の確保，社会性概念の導入などの動きをあげている．

(9) 株主価値経営と日本経済

ところで，この第4章は本書全体でも特別の機能を果たす章としての位置付けをもつ．第4章では，資本もしくは企業という分析視角において，世界レベルのグローバル資本主義から日本経済レベルのそれまでが取り扱われている．したがって，そこでは，株式所有構造やガバナンス構造の変革を含めた企業再編の動きについて，この世界レベルと国内レベルという2つの領域を横断するかたちで論じられているのである．そして，この章を転換点として，本書のテーマは世界経済レベルの議論から国内経済問題へと旋回する．その転換のための重要拠点が第4章なのである．

むろん，第4章で明らかにされた，株主資本主義下の企業ガバナンスの構造変化や株主価値経営の展開は，日本経済に対しても大きな影響を与えるものとして把握されている．たとえば，第4章では，そのことを背景に日本企業における労使関係の変化がもたらされ，賃金の削減や正規従業員の非正規化が進められたことが明らかにされている．そして，それが日本経済においてどのような景気過程の変容となってあらわれたのかについては，これ以降の第5章，第6章で分析されるのである．

また，そのような独特のガバナンス構造をもって株主価値経営を展開する企業の典型が，グローバル資本であることは言うまでもない．そして，このグローバル資本がいかなる理論構造をもつのかについては第1章で明らかにされ，その再生産・蓄積運動が国民経済に対してどのような作用をもたらすのかについては第5章で論じられる．さらに，第6章では，そのことが2000年代の景気循環過程の中で現れた「低成長型景気回復過程とその崩壊」として具体的に論じられることになる．まずは，第5章から見ていこう．

(10) 日本経済におけるグローバル資本主義への移行

この章の目的は，わが国におけるグローバル資本主義への移行がいつ，いかなるかたちで行われたのかを明らかにすることである．

すでに述べたように，グローバル資本主義は先行する福祉国家体制を解体

しつつ確立されたが，日本資本主義の場合には，いわゆる日本的経営システムを基盤に据えた「輸出主導型経済」という独自の発展メカニズムが介在することで，その移行が先送りされている．ここで言う輸出主導型経済とは，1970年代後半から80年代前半にかけての日本経済である．日本資本主義は，この輸出主導型経済が限界に突き当たったあと一時的に内需主導型のバブル経済を謳歌したものの，バブル崩壊後に長期の経済停滞に陥り，この停滞過程の中でグローバル資本主義へと移行して行くこととなったのである．

　第5章では，まずこの輸出主導型経済の内実が分析されている．そこで明らかになったことは，そこには輸出をきっかけとして内需を拡大させていく好循環メカニズム——すなわち〈輸出増→生産増→雇用増→家計所得増→消費増→生産増〉という独自のメカニズム——が働いていたということである．そのうえで，1980年代後半以降，この輸出主導型経済が2度の異常円高を含む大きな試練を受ける中で変容を遂げ，やがて上述した好循環メカニズムを喪失する中で日本経済が長期停滞過程へと陥っていく過程が分析されている．

　日本経済は，この長期停滞過程の中でグローバル資本主義へと移行していったのであるが，第5章ではそのメルクマールを，かつての輸出産業のグローバル産業への転換すなわちグローバル資本の確立において分析している．このグローバル資本の理論的特質については，本書の第1章において明らかにされているが，ここでは，こうしたグローバル資本の確立によって，かつての輸出に主導された好循環メカニズムが消滅し，長期の経済停滞を余儀なくされた事情が解明されている．

　では，なぜグローバル資本の確立は国内経済を停滞へと導いたのか？　グローバル資本の理論的特質は，調達，生産，販売という，資本の3つの活動領域における国際化にあった．グローバル資本主義以前の，かつての福祉国家体制の時代には，この資本の再生産・蓄積運動は国民経済内部の労働者の消費に条件付けられていた．大量生産には大量消費が対応することが不可欠であり，この大量消費が実現されるためには労働者の安定的な雇用が確保さ

れ，産出量水準の上昇に対応して所得も増加していく必要があったからである．

ところが，調達，生産，販売という3つの活動領域の国際化を特質とするグローバル資本の場合，自らの再生産・蓄積運動がその本国における労働者の消費に条件付けられるということはない．つまり，その生産過程を担う労働者がそこで供給される商品の消費者でなくともよいのである．極端なことを言えば，グローバル資本にとっては，それが生産拠点をおく国の経済がどんなに窮乏化し疲弊しようとも，自らの繁栄を図ることが可能なのである．今次のリーマンショック以降の世界同時不況の中で，グローバル資本がその本質を垣間見せたことは記憶に新しいところであろう．

第5章で明らかにしたことは，1990年代後半以降かつての好循環メカニズムが作動しなくなった，もっとも本質的な理由としてあげるべきは輸出産業のグローバル産業への転換すなわちグローバル資本の確立であり，そのことを基礎にしてグローバル資本主義への大きな歴史的移行がおこなわれた，ということである．

さて，第5章においては，日本経済におけるグローバル資本主義への移行が1990年代後半であったことが明らかにされているが，そのことはまた2000年代初めの景気循環（第14循環）の回復過程の分析を通して明らかにされている．それは，1990年代の長期停滞過程の中でグローバル資本が確立されたことが，2000年代に入ってからの景気回復過程の中でも例の好循環メカニズムを作動させずに，結果的に停滞基調を引きずったままになったこと，この点を明らかにするためであった．こうしたところから，第5章における第14循環の分析は，その回復過程だけが対象にされていたが，その下降過程までも含めた全循環過程についての分析を行っているのが第6章である．

(11) 日本における2000年代初頭の景気循環

この章の分析対象は，2000年代初頭の景気循環すなわち第14循環である．

この景気循環は1990年代初頭のバブル崩壊以降の低成長の中で生起したものであるが，第6章の目的は，その分析を通してサブプライムローン問題に端を発する世界大の経済不況の中で日本経済が破格に深刻な内容を呈するにいたった諸要因を解明していくことにおかれている．

　日本経済に劇的とも言える変化が生じたのは，1997年以降の景気後退期においてであった．ここでは賃金・雇用に変調が生じただけでなく，設備投資に加えて消費までもが低迷を余儀なくされている．その一方で日本経済は，外需，とりわけ輸出への依存の度合いを強めていく．こうした2つの要因が日本経済の運行をきわめて不安定かつ脆弱なものにしてきたのであるが，第6章では，この原因が景気循環過程の分析を通して明らかにされている．

　ここではまず，第14循環の拡張期が低成長型景気回復過程と位置づけられ，その諸特徴が4点にわたって析出されている．(1)設備投資の上昇を超える輸出の伸び，(2)回復期であるにもかかわらず四半期別にみて4度のマイナス成長に陥るなど消費の伸びを欠いた回復軌道に不安定さがみられること，(3)企業部面における売上高増加率の低位下での経常利益の増加と資本規模別売上高経常利益率格差の拡大，(4)名目雇用者報酬はマイナスを含む0％成長と低迷を続けたことである．

　この第6章の独自的特徴は，これら諸特徴の淵源が1990年代に登場した低成長期の中に求められているところにある．この低成長期は，高度経済成長期以降の日本経済の歩みの中で1970年代後半から1990年代前半まで続いた中成長期について，1990年代初頭のバブル崩壊以降，日本経済に生じた歴史的ともいえる変化として把握されている．つまり，第6章では，この低成長とそれへの対応の中から問題の第14循環の低成長型景気回復過程を規定する諸要因が形成されたと認識され，その分析を通して問題の解明を図ろうとしているわけである．以下に，この第6章における分析結果とその主張の概要を示そう．

　高度成長終焉後，アメリカなどとの経済摩擦という代償を払いながらも相対的に良好な成長経路をとってきた日本経済は，バブルの崩壊とともに克服

しなければならない課題をいくつか背負うこととなった．そのうちの１つは，バブルの後遺症ともいえる過剰資本の処理であり，いま１つは，輸出依存に代わる内需主導の成長経路の確立であった．

ところが，これらの課題を処理するには，日本にとって乗り越えなければならない２つの外部環境の制約があった．その１つはアジアの勃興を伴うメガコンペティションの動きであり，もう１つはアメリカからの規制緩和・民営化，市場開放の要求であった．課題はこうした制約条件のなかでの実現を余儀なくされた．

前者は，アジアからの安価な商品の流入にどう対応するかを迫り，非正規雇用など雇用形態の変更，リストラを伴う労働コスト削減と安価な労働を求めての東アジアとりわけ中国への生産拠点の移転の方向をとらせ，後者は，日本の構造改革をいかに進めるかを政治課題に載せ，日本版「金融ビッグバン」など金融の自由化を含むさまざまな形での規制緩和，市場開放を推し進め金融再編成を産み落とした．

結果は，当初の課題である過剰資本の処理は，不良債権の処理に10数年を要し，設備過剰の状態は基本的には未だに解消されておらず，労働過剰に至っては，雇用削減に際限がなくなっている．そして，バブル崩壊後の第２の課題とされた内需主導の成長経路の確立は，規制緩和・市場開放によってもいっこうに実現されず，それどころか内需主導という課題そのものが崩壊状態に陥っているのである．

以上が，第６章において明らかにされている低成長型景気回復過程の内実である．この分析結果を踏まえ，第６章ではこう結論が下されている．この文字通り内需を冷え込ませたままでの輸出依存はそれ自体が日本経済を無防備にし，外需の影響をもろに受けざるを得ない体質にしてしまった．まさに第14循環の下降過程はこのことを如実に示す結果となったのである，と．

(12)　日本経済の時期区分について

さて，同じ日本経済を論ずるこの第６章と第５章との違いは，その分析目

的の違いを反映して，それぞれにおける日本経済の時期区分にあらわれている．これが，第5章と第6章との間にある微妙な「ズレ」である．

すでに示したように，第5章においては1970年代後半から80年代前半の日本経済が輸出主導型経済と規定され，これが資本主義経済の歴史区分における福祉国家体制の時代からグローバル資本主義への時代への過渡的な移行過程の前半期として捉えられている．この場合，日本のグローバル資本主義への移行は1990年代後半以降であるとされるところから，バブル崩壊とその後の長期停滞過程を含む1980年代後半から1990年代前半までの時期については，この立場からはその過渡的移行過程の後半期として捉えられることになる．

これに対して，第6章では，高度経済成長期終了後の1970年代後半から1990年代前半（1993年）までを「中成長期」として捉え，その後を「低成長期」として捉えることで，独自の時期区分が示されている．第5章と第6章おける違いは，時期区分に際して用いられた基準の違いである．第5章においては，資本主義を支える基本的な生産関係である，資本—賃労働関係の維持・再生産メカニズムという，資本主義の長期的な構造変化に分析視点がおかれ，それを基準とした歴史区分が基礎になっている．これに対して，第6章の場合は，景気循環論的な分析視点から，それぞれの期間の平均成長率の違いに着目し，それを基準にして時期区分がなされているのである．

また第5章，第6章いずれも，第14循環を分析対象にしているが，前者においてはその回復過程だけが問題にされ，後者の場合にはその下降過程をも含む全循環過程が分析対象にされている．第5章において第14循環が分析対象にされたのは，1970年代後半から80年代前半にかけての輸出主導型経済とこれを対比することによって，グローバル資本主義下の景気循環（グローバル資本に主導された景気過程）の特質を析出するためであった．これに対して，第6章においては，第14循環は1990年代から始まる「低成長期」の景気循環の一環として捉えられ，その全循環過程の特徴が「低成長期」景気循環過程としてマクロ諸データにもとづいて詳細に分析されている．

いずれにせよ，1990年代後半からの日本経済における低成長もしくは停滞基調に着目していることは両章とも共通しており，それに関する分析についてはかなりの部分で相補関係にある，ということができるであろう．そのことは，この第6章で分析された「低成長期」が，第5章で取り上げられているグローバル資本主義の移行期と重なっていることを見ても明らかである．なお，この第6章では，その分析対象がグローバル資本主義下の景気循環であることはあえて言明されていないが，その景気過程が紛れもなくグローバル資本主義の下で展開されたものであることは，本書の掉尾をなすこの章においては言わずもがなのことであったからである．

ところで，本書は今から約1年前に上梓される予定であったが，その原稿の締め切り前に，2008年秋のリーマンショックに端を発した世界的な経済危機に際会することで延期を余儀なくされた．この「百年に一度」と言われるような出来事を無視して，本書のテーマは展開不可能だからである．そこで，本書がこの今次の歴史的事件に対して，その方法論にもとづいてどのように斬り込み，問題の本質をえぐり出すことに成功しているのか．これについては，読者諸賢のご判断に委ねることとしたい．

第1章

グローバル資本主義の理論構造とその特質

飯　田　和　人

　グローバリゼーションは，ときに地球規模のアメリカ化すなわちアメリカナイゼーションだと言われる．この場合，アメリカナイゼーションの中心は，1980年代以降，世界経済を席巻してきた金融グローバリゼーションであろう．こうした観点からは，アメリカの金融帝国としての覇権を確立しようとする戦略が，いわゆるアメリカン・スタンダードをグローバル・スタンダードとして通用させると同時に，新古典派的な市場原理主義が世界に浸透していく背景にもなった，と言えそうである．

　とすれば，例のサブプライム金融恐慌は，このアメリカナイゼーションとしてのグローバル資本主義そのものが危急存亡のときに立たされたことを意味することになる．しかしながら，これは，グローバリゼーションもしくはグローバル資本主義へと向かう歴史の大きな流れがこれで終わりを迎える，ということではないように思われる．なぜなら，現在起こっているグローバル資本主義への歴史的移行は，アメリカの金融覇権やアメリカナイゼーション，あるいは金融グローバリゼーションといった要因だけでは説明できない，現代資本主義の再生産構造に生じた大きな変化を基盤にしたものだからである．新古典派的な市場原理主義が世界に浸透していったことも，実はこの変化と深く関わっている，と言うべきであろう．

　また，グローバリゼーションの進む中で，各国の経済政策や慣行を共通化しようとする資本（とりわけ多国籍企業）の要請はますます強くなり，各国政府が世界貿易機関（WTO），国際通貨基金（IMF），世界銀行（WB）な

どの公的な政府間組織を通してそれらを調整していく傾向が出てきたことは事実である．さらには，そうした政府間組織の調整において，アメリカン・スタンダードがグローバル・スタンダードとして通用させられる傾向があるということも言いうるであろう．しかしながら，そうしたグローバル・スタンダードへの調整を受け入れる基盤が各国に存在するからこそ，それが可能になったということを忘れるべきではない．これこそが実はグローバル資本主義の成立基盤なのであり，このことは現代資本主義の再生産構造に生じた大きな変化から説明されなければならないのである．

本章[1]の目的は，この変化を基礎にグローバル資本主義の構造と特質を明らかにしていくことにある．

1. 資本主義の歴史区分

ここではまず，問題のグローバル資本主義について，その歴史的位置づけを確認しておきたい．そのためには資本主義の歴史区分[2]が不可欠であり，その区分のための理論的基準が必要となる．そこで，ここにおいては，資本主義経済における社会的再生産過程と国家との関係に着目し，これを国家が資本主義経済の生理現象ともいうべき恐慌・景気循環に対してどのようなスタンスを取ったのかという問題として捉え，この基準から資本主義経済の歴史区分をすることにしたい．

問題の恐慌をともなう景気循環は，19世紀初頭のイギリスにおいて産業資本主義の確立とともに開始されており，その象徴は1825年の恐慌であった．これは，生産過程をも初めて巻き込んだ恐慌であり，最初の過剰生産恐慌として登場している．この1825年恐慌のあと，資本主義世界はほぼ10年周期で恐慌に見舞われるようになったことから，これはまた周期性恐慌の始まりでもあった．このような周期性過剰生産恐慌をともなう景気循環の発生は，言うまでもなく資本主義経済という独特の社会的再生産システムが産業資本主義として確立されたことを意味している．

1825年恐慌は基本的にはイギリスの恐慌であったが，つぎの1836年恐慌はイギリス，フランス，アメリカの恐慌に発展した．1847年恐慌になると，それはドイツからロシアにまで及んで，資本主義経済体制が全ヨーロッパに拡大したことを示すこととなった．こうした恐慌の広がりは，資本主義経済がますます国際間の連携を深め世界資本主義として拡大・発展していることを物語っている．そして，これらに続く1857年恐慌は史上初の世界恐慌となり，これ以降恐慌は世界恐慌としてほぼ10年周期で爆発することとなったのである．

このような恐慌・景気循環は，19世紀末の資本主義の自由競争段階から独占段階への移行につれて，ある程度の形態変更をともないながら第二次世界大戦の前まで続いたが，第二次世界大戦後は，国家が積極的にこの恐慌・景気循環過程に介入することになって，好況・活況局面から不況局面への転換点で恐慌爆発というドラスティックな経済現象をともなわなくなって今日に及んでいる．

そこで，こうした恐慌・景気循環の歴史を踏まえて，ここではひとまず資本主義をつぎの3つの歴史段階に区分することとしたい．

(1) 19世紀以前の生成期の資本主義
(2) 19世紀初めから20世紀前半までの確立期の資本主義
(3) 第二次世界大戦以後の現代資本主義

見てのとおり，ここで資本主義経済はまず恐慌爆発をともなう景気循環が見られた段階とそれ以前の原始的蓄積政策が展開された段階とに区分されている．その上で，前者を生成期の資本主義とし，後者を確立期の資本主義としている．続いて，その景気循環過程に恐慌爆発が見られなくなった第二次世界大戦後を現代資本主義としてまとめ，全体としては資本主義が3つの歴史段階に区分されている．

このうちの生成期の資本主義は，国家がいわば上から資本主義経済の条件整備を行っていく原始的蓄積期であり，恐慌・景気循環に対する国家のスタンスという基準そのものから外れているという意味で，その後の歴史とは区

別されている．

確立期の資本主義は，資本蓄積運動がほとんど規制のないままに（「自由放任」という政策理念のままに）遂行されることで，周期的な恐慌爆発をともなう景気循環が展開された時期である．これに対して，現代資本主義においては，この景気循環過程に政策的な介入が行われることで恐慌爆発は回避され，確立期の資本主義とはまた違った景気循環が展開されている．この確立期の資本主義と現代資本主義との区別は，恐慌・景気循環に対する国家もしくは政府の対応の違いという点では明確である．ただし実際には，もう少し細かい基準によってつぎの5段階に区分することが可能である．

(1) 生成期の資本主義
(2) 確立期の資本主義―前半期
(3) 確立期の資本主義―後半期
(4) 現代資本主義―前半期
(5) 現代資本主義―後半期

以下，この5段階区分についてその概要を説明していこう．周知のように，産業資本主義が確立する以前，世界史的には西ヨーロッパを中心に絶対王政期以来続く重商主義政策と旧帝国主義が国際政治・経済の現場で展開され，国内的には原始的蓄積過程が進行していた．ここでは，この時代を生成期の資本主義とし，恐慌爆発を伴う景気循環が見られた資本主義は確立期の資本主義として位置づけている．

いち早くこの原始的蓄積過程を経緯して確立期（＝産業資本主義）の段階に移行したのは，19世紀前半のイギリス資本主義であった．その発展の経路は，〈原始的蓄積過程―産業革命―産業資本主義の確立〉というプロセスをとり，この発展過程は少なくとも19世紀末までに産業資本主義を打ち立てることができた国々（表1-1）にとっては1つの標準的な発展モデルとなったものである[3]．イギリス以外の国民国家は，このような標準的な発展モデルに追従することで国家間競争に対処しようとした，ということでもある．

やがて，「世界の工場」「世界の銀行」となったイギリス資本主義を中心と

した独特の国際分業体制が構築される時代がやってくる．それが，イギリス中心の世界経済編成の時代，すなわちパクス・ブリタニカであった．この時代が確立期の資本主義の前半部分であり，それが終わる1870年代から19世紀末にかけては自由競争段階から独占段階への移行期である．そして，こうした展開の中から，

表1-1　19世紀の「離陸」国とその時期

国　名	離陸期
英　国	1783―1802
フランス	1830―60
ベルギー	1833―60
合衆国	1843―60
ドイツ	1850―73
スウェーデン	1868―90
日　本	1878―1900

出所：ロストウ『経済成長の諸段階』（木村健康，久保まち子，村上泰亮訳，ダイヤモンド社，1961年）52頁より．

やがて後発資本主義国がイギリス資本主義に範をとった標準的な発展モデルからは少しく逸脱した発展過程をとおして，イギリス資本主義に追いついてくる時代がやってくる．19世紀末であり，そうした後発資本主義国の代表がドイツでありアメリカの独占資本主義であった．

また1870年代以降，国際経済的にはいわばヘゲモニー国家不在の時代に入り，同時に世界史的には帝国主義の時代へと移っていく[4]．そして，19世紀末から20世紀の戦間期あたりまでが確立期の資本主義の後半部分である．この時代においても，恐慌・景気循環過程はやや変容を余儀なくされていたとはいえ，恐慌爆発そのものは回避できなかったという意味で，その前半と基本的には変わるところがない．その前半期と後半期を確立期の資本主義として，ひとくくりする理由でもある．

ここで重要なことは，この周期的恐慌を含む景気循環過程においては，産業予備軍の増減とそれにともなう賃金水準の循環的変動，さらには恐慌，不況過程を通しての過剰資本の整理・解消という自律的メカニズムを通して，資本主義を支えるもっとも基本的な生産関係である資本―賃労働関係の維持・再生産が遂行されている，という点である[5]．さらに，このようにして形成され増減運動を繰り返す産業予備軍の存在は，賃金水準を資本にとっての許容範囲内に押さえ込む効果をもたらすと同時に，資本内部の人的組織にもインパクトを与える．つまり，産業予備軍の存在は，資本のもとで働く労

働者達に対して失業のコストと恐怖を目の当たりにさせるのであり，それはまた労働者達に対して資本家（＝資本の人格化）もしくは資本の論理への服従を強制するのである．これが，いわゆる産業予備軍効果（あるいは，マルクス＝カレツキ命題）と呼ばれるものにほかならない．

ところで，このような恐慌爆発をともなう景気循環は，第二次世界大戦前まで見られたが，その後は景気循環そのものの変容とともに恐慌爆発をともなわなくなった．ここでは，この第二次世界大戦以後の世界を現代資本主義という１つの歴史段階として把握している．

現代資本主義の特徴は，国家が積極的に景気循環過程に介入し恐慌爆発を防ぐとともに，とりわけその前半期にあっては先進諸国がひとつの国策として完全雇用政策を推し進めたところにある．1950年代，60年代は，先進資本主義諸国の高度経済成長の時代であり，かつて周期的な恐慌爆発をともなった景気循環は，この国家の景気循環過程への積極的介入と高度経済成長過程とを通して大きく変容することになったのである．

これは，見方を変えるならば，現代資本主義（少なくともその前半期）においては，かつてのように恐慌爆発をともなう景気循環過程を通して，いわば自立的メカニズムとして資本主義の生産関係（資本―賃労働関係）の維持・再生産が行われなくなった，ということを意味する．言い換えるならば，現代資本主義にあっては，19世紀における確立期の資本主義とはまた違ったかたちで資本主義を支える生産関係の維持・再生産が行われるようになった，ということである．

この現代資本主義の時代に，先進資本主義諸国の標準的な発展モデルとなったのは，アメリカの独占資本主義であった．それは，大量生産・大量消費をその社会的再生産の基本にしている大衆資本主義でもあった．第二次世界大戦後の世界は，東西の冷戦体制の時代であり，他方ではまたこのアメリカを中心とした世界経済編成の時代，すなわちIMF（ブレトンウッズ体制），世界銀行，GATTを基軸としたパクス・アメリカーナの時代でもあった．ただし，注意すべきは，このアメリカを中心とした世界経済編成もいわゆる

西側陣営に限定されていたということであり，同時に，その西側諸国の発展モデル自体も社会主義体制に対抗する福祉国家体制の実現を目指すものであって，当時の東西対立の影響を色濃く残すものであったということである．

また，このパクス・アメリカーナは，第二次世界後のアメリカの圧倒的な経済力を基盤に構築されたものであった．したがって，ヨーロッパ諸国や日本が戦争の痛手から立ち直り，アメリカ経済の経済的優位が崩れていくとともにその変質を余儀なくされざるをえない性質のものでもあったのである．

さらに，この現代資本主義・前半期における福祉国家体制の時代を特徴づけるのは，先進資本主義諸国における高度経済成長とインフレーションであった．そして，この福祉国家体制は，1960年代末には高度経済成長の終焉とインフレ圧力の昂進の中で持続不可能な状況に陥る．とりわけ，高度経済成長の時代を通して次第にその昂進圧力を高めていったインフレーションが，不況と高い失業率をともなうスタグフレーションを発生させるに及んで，福祉国家体制の社会的再生産過程は重大な機能不全に陥ることとなったのである．

こうして現代資本主義は，1970年代を境に，その前半期の福祉国家体制からその後半期のグローバル資本主義という新しい時代に移行していく．もっとも，この新しい時代への移行が誰の目にも明らかになったのは，1990年代の初頭にソ連・東欧の社会主義体制が崩壊し，いわば地球規模での市場経済（資本主義）化を背景としてグローバルな大競争（「メガ・コンペティション」）が展開されるようになってからであったろう．

ただ実際には，もう少し早い段階から事態は進んでいたのである．たとえば，国際金融の世界では，1980年代にはすでに金融の自由化と国際化の進展を通して「金融グローバリゼーション」と呼ばれる事態が発生していたが，これは1970年代におけるユーロ市場の発展やブレトンウッズ体制の崩壊（すなわち固定相場制から変動相場制への移行）などを背景に出てきたものである．こうして，グローバル資本主義は，1970年代以降のパクス・アメリカーナの崩壊過程を過渡期として，1990年代以降はっきりと歴史の表舞

台に登場してきたものと言いうるであろう．

　さて，グローバル資本主義の時代になると，国家は，恐慌や不況への対応策として経済過程に積極的に介入することは継続するが，他方の福祉国家政策をつづけることは放棄してしまう．それというのも，ここにおいては国民経済そのもの（あるいは国内市場）をグローバルな蓄積運動を展開する資本にとって活動しやすいものとすることが国家の政策とされ，そのためには国民福祉の充実や完全雇用はマイナス効果を生むだけのものとされるからであった．

　とは言え，ここにおいて国家は資本主義経済への関与そのものをやめてしまうということではない．国家が資本主義経済に対して関与しない時代は存在しなかったと言うべきであろう．資本主義のいかなる時代にあっても，国家はその資本主義経済システムの守護者として，あるいはその社会的生産過程の調整者として国民経済を支え続けてきたのである．

　かつて国家は，資本主義的な社会的再生産機構の基礎を暴力的に構築していく原始的蓄積政策の担い手であった．また，レッセフェール（あるいは夜警国家）の時代には，その守護者として市場ルールの整備や社会資本の整備などのインフラ構築に積極的に関わった．やがて帝国主義期の独占資本主義の時代になると，労資関係の対立を緩和する社会政策（福祉政策）を打ち出しはじめ，第二次世界大戦後の現代資本主義・前半期には完全雇用の実現を目指して景気循環過程に直接に介入するようになった．そして，現代資本主義の後半期になると，国家は新自由主義の政策理念にしたがい完全雇用政策そのものは放棄したが，なお依然として景気循環の決定的局面（たとえば，バブル崩壊後の金融危機など）では重要な役割を果たし，社会的再生産過程の調整者の地位にとどまっているのである．

　以上，グローバル資本主義の歴史的位置づけを概観し確認したところで，つぎに第二次世界大戦後，先進資本主義諸国の高度経済成長を基盤に確立された福祉国家体制がやがて解体過程を迎え，グローバル資本主義へと移行していった歴史過程を確認して行くことにしよう．

2. 福祉国家体制からグローバル資本主義への移行

　第二次世界大戦後の高度経済成長の時代を先導したのは，言うまでもなくアメリカである．それは独占資本主義であると同時に大衆資本主義の特徴をもち，大量生産・大量消費システムをその社会的再生産の基本にした独自の資本主義経済であった．第二次世界大戦後いっせいに開花し技術革新の中心となった耐久消費財の諸産業もまた，この大量生産方式と他方の大量消費によって高度経済成長過程を支えたのである．

　ただし，この大量生産が大量消費にリンクして社会的再生産過程を支えるサイクルとして確立されるためには，そこにいわゆる「中間層」とよばれる大衆の存在を必要としている．言い換えるなら，大量消費の実現のためには，この中間層を核とした「大衆消費社会」を作り上げなければならないということである．中間層とは，言ってみれば似たような所得水準と，ある意味では画一化された消費スタイルと生活スタイル，さらには同じような価値観をもった人々のことで，この層が社会の大勢を占めているのがいわゆる「大衆社会」であり，大衆資本主義であった．

　こうした大衆消費社会そのものは，アメリカではすでに20世紀初頭から始まっていたが，それが本格的に展開されたのはやはり第二次世界大戦後であった．その本格的展開のためには，実はもう1つ別の条件が満たされねばならなかったからである．

　その条件とは，例の中間層による大量消費が他方の大量生産とリンクして社会的再生産の基軸的サイクルを形成するということである．そして，そのためにはこの中間層の大量消費を支える所得，すなわち賃金がある程度高い水準に維持されることが必要である．と同時に，それが増大する産出量（国民所得）水準とともに上昇していかなければならず，さらにはまた，この賃金上昇が労働生産性の上昇の範囲内に収まるということが不可欠であった．要するに，これはレギュラシオン学派のいう生産性インデックス賃金（もし

くは，賃金の労働生産性へのインデグゼーション）である[6]．

こうした高度経済成長メカニズムをもっとも早く確立したのが，第二次大戦後のアメリカであった．その後，これがアメリカナイズされた消費生活様式とともに先進資本主義国全体に広がり，1950年代，60年代には先進各国が資本主義の黄金時代と呼ばれるような高度経済成長の時代を迎えたのであった．

(1) 高度経済成長メカニズムの破綻

さて，大量生産―大量消費を社会的再生産過程の基軸的サイクルとして成立させ，高度経済成長を実現していくためには，労働生産性の上昇とその範囲内での賃金の上昇が必要であった．この賃金の決定は，現代資本主義の下では言うまでもなく労資の交渉を通じて行われる．とはいえ，そこに労働市場の需要と供給に左右されるような賃金決定メカニズムがまったく作用しないかといえば決してそうではない．後者の動向は前者の決定に大きな影響を与えるのである．

とりわけ，完全雇用を目標とした拡張的なマクロ政策（総需要創出政策）が展開される状況下では，一般物価の上昇と実質賃金の減少は不可避であり，労資間ではこの実質賃金の目減りを取り戻すための貨幣賃金の引き上げが交渉の焦点となる．このときには，労働市場における貨幣賃金の動向が労資の力関係に大きく影響せざるをえないのである．人手不足の状態から労働市場で賃金上昇が生じているような場合には，労資交渉を通して決定される賃金水準も当然に上昇傾向となる．むろん，そうして決定される賃金が労働生産性上昇の範囲内であれば問題はないが，完全雇用政策の下で産業予備軍に余裕がなくなっている中で労働生産性の上昇にかげりが出ると，やがてこの賃金上昇は労働生産性上昇率を上回らざるを得ないのである．

もちろん，独占資本主義の下では，こうした賃金コストの上昇分を価格転嫁することが可能である．そして，このような賃金上昇分を価格転嫁することが継続的に行われるようになれば，その結果は拡張的マクロ政策が作り出

したディマンドプル・インフレーションをコストプッシュ・インフレーションへと転換させることとなる．

いずれにしても，このようなインフレは，労働者の側から見れば賃金の目減り，つまりは実質賃金の低下を意味する．要するに，これは貨幣賃金の上昇による所得の増分を一般的物価上昇によって実質的に失うことであって，貨幣賃金の上昇にもかかわらず労働者の生活水準を現状維持に止めるか，あるいは逆に低下させるのである．他方，これは資本の側から見れば，貨幣賃金の上昇によって追加的に支払わざるをえなかった剰余価値を今度は商品価格の上昇によって取り戻すことを意味する[7]．つまり，総資本にとっては，貨幣賃金レベルで失った剰余価値を実質賃金レベルで取り戻すことになり，これによって曲がりなりにも資本―賃労働関係の維持・再生産を実現できるようになる，ということである．

ところが，こうしたやり方は決して持続可能ではなかった．当初は，いわゆる忍び寄る（クリーピング）インフレと呼ばれた一般物価の上昇は次第にその上昇圧力を増していき，やがてギャロッピングインフレからハイパーインフレへ，そしてついにはランパム（狂乱物価）インフレと呼ばれるような状況へといたり，最後はスタグフレーション[8]を発生させて50年代，60年代と続いた高度経済成長メカニズムそのものの破綻を招くことになったのである．

このスタグフレーションにともなう高失業率の発生は，いわば裁量的な循環対応策もしくは反循環政策としてのケインズ政策（＝インフレ政策）の下でも，景気循環（あるいは不況）過程は消滅することがなかったということを意味している．もちろん，この景気循環過程において，完全雇用政策としての拡張的なマクロ政策（＝インフレ政策）が継続的に展開され続けたということではないであろう．それは，主として景気循環の下降局面で不況対策・失業対策として発動され，そのことが好況過程における物価上昇にブレーキをかけることなく持続させた結果がインフレ圧力の昂進を生み出したのである．

高失業率は，現代資本主義における景気循環の下降局面——それも高度経済成長が終焉したあとの景気循環の下降局面——における必然的な現象と言うべきものである．資本主義経済の生理現象としての景気循環は，現代資本主義（その前半期）においてはインフレをベースに展開され，たんに恐慌爆発をともなわなくなったというだけなのである．スタグフレーションは，この現代資本主義の景気下降局面で発生した高失業率と，そのベースとしての高インフレ率とが同時併存した現象であったと言える．

　一方，こうした激しいインフレーションが猛威を振るう中で，第二次世界大戦後の先進諸国の高度経済成長を支えてきた，もうひとつの重要な枠組みが変容を余儀なくされていた．戦後の大量ドル散布（ドル過剰）を背景とするドル不信（ドル減価）の結果もたらされた，ブレトンウッズ体制（旧IMF体制）の崩壊である．ブレトンウッズ体制は，パクス・アメリカーナの重要な支柱のひとつであったが，同時に基軸通貨国アメリカによるインフレ政策の展開は，アメリカ以外の先進各国でも共通して実施された拡張的なマクロ政策（＝インフレ政策）を下支えする役割を果たしていたのである．

　この1971年のブレトンウッズ体制（さらには73年のスミソニアン体制）の崩壊にともなう固定相場制から変動相場制への移行は，実は基軸通貨国・アメリカにとってはその特権を保持しつつ，さらに野放図な経常収支の赤字（＝ドルの垂れ流し）を持続可能にする状況を作りだしたとも言える．そしてこのことは，その後（1975年に実施された金融制度改革＝「メーデー」を起点にして），アメリカが金融自由化と国際化を武器に金融覇権（＝金融帝国主義）の実現を目指すことをも可能にするものでもあった[9]．

　他方，アメリカ以外の先進諸国にとってもまた，変動相場制への移行は，固定相場制のもとで余儀なくされていた自国通貨の対外価値維持のための不断の為替介入と国内経済の調整から解放されることを意味した．それによって，各国はその金融・財政政策の自由度を大幅に拡大する可能性を手に入れたのである．こうしてブレトンウッズ体制の崩壊は，やがてグローバル資本主義の下で巨大な過剰資金が世界中にあふれ出す遠因ともなったのである．

(2) 福祉国家体制からグローバル資本主義の時代へ

　高度経済成長に支えられた福祉国家体制の時代が終わると，つぎにはいわゆる新自由主義の政策理念によって資本主義経済を主導する新しい時代が始まった．この段階ではまた，資本主義的な社会的再生産過程と国家との関係が再構築されることとなり，ここから資本主義経済もまた福祉国家体制からグローバル資本主義という新しい時代へと移行していくのである．

　すでに明らかにしたように，インフレーションを媒介に総資本が貨幣賃金レベルで喪失した剰余価値を実質賃金レベルで取り戻す，という福祉国家体制下の資本―賃労働関係の維持・再生産メカニズムは，1970年代前半にはインフレ圧力の昂進と最終的にはスタグフレーションの発現をもって大きなデッドロックに突き当たった．先進資本主義経済は，ここで政策転換を行わざるをえない状況に立ちいたったのである．

　そこでまず実施されたのが，完全雇用政策の放棄であった．政策理念として言えば，ケインズ主義から新古典派主義（新自由主義）への移行である．これが意味していることは，要するに資本蓄積をベースに景気循環過程で必然的に形成される失業（これを新古典派経済学もしくはマネタリスト流に言えば「自然失業率」）を活用して賃金上昇を抑え込むということである．マルクス学派流にいえば，それは，景気循環過程を通しての産業予備軍効果の再構築であり，社会的再生産過程における自律的な資本―賃労働関係の維持・再生産メカニズムを復活させる，ということである．

　このような産業予備軍効果の再確立は，景気循環過程の中で発生する失業が「自然的」なものと見なされ雇用対策が放棄される，ということだけを意味したのではなかった．これは，同時に福祉国家体制を支えた政府，経営者，労働者の三者によるネオ・コーポラティスト的な労資協調体制の基盤が崩壊した，ということをも意味した．ここから，労働側に対する資本側の攻勢が一段と強化されることになり，国家もまた資本側に有利なようにその労働政策を転換させていったのである．こうした中で，労働側は労働組合運動の弱体化[10]（その象徴としての組織率の低下．表1-2）もあって，大幅な譲歩を

表1-2 主要国労働組合員数および推定組織率
(単位：千人, %)

国		1985	1990	1995	2000	2003	2004	2005	2006	2007
日本	組合員数	12,418	12,265	12,614	11,539	10,531	10,309	10,138	10,041	10,080
	推定組織率	28.9	25.2	23.8	21.5	19.6	19.2	18.7	18.2	18.1
アメリカ	組合員数	16,996	16,740	16,360	16,258	15,776	15,472	15,685	15,359	15,670
	推定組織率	18.0	16.1	14.9	13.5	12.9	12.5	12.5	12.0	12.1
イギリス	組合員数	…	…	6,791	6,636	6,524	6,513	6,394	6,279	…
	推定組織率	…	…	32.6	29.7	29.3	28.8	29.0	28.4	…
ドイツ	組合員数	9,324	9,619	11,242	9,740	8,894	…	…	…	…
	推定組織率	41.9	37.7	36.0	29.0	…	…	…	…	…

出所：内閣統計局『労働統計要覧』(東京統計協会, 2007年), 238頁より.

余儀なくされていくこととなった．その一方で，資本側は，激化するグローバル市場の競争やその変化の速さに対応するために事業の再構築・再編成（リストラクチャリング），リエンジニアリング，ダウンサイジング，アウトソーシング等々といったかたちで，いわゆる「経営革新」を積極的に展開する．と同時に，正規雇用を縮小させ，逆にパートタイム労働や派遣社員などのフレキシブルワーカーを拡大させて，いわゆる「ジャスト・イン・タイム」型雇用と呼ばれる「人材の部品化」（必要なときに必要なだけ雇用し，不要になれば直ちに解雇する）を実現していったのである[11]．そして，これが景気循環にともなって必然的に発生する産業予備軍の排出と吸収のメカニズムをよりスムースに機能させる効果をもったことは言うまでもなかろう．

かくして，福祉国家体制からグローバル資本主義への転換は，資本主義経済の原理的な再生産メカニズムへの回帰であり「資本主義の逆流」とも言うべき歴史的現象であった．

(3) グローバル資本主義のもとでの資本と労働力の国際移動

完全雇用政策が放棄され，産業予備軍効果が再確立されても，景気循環そのものは消滅しない．したがって，好況から活況局面では，産業予備軍の枯渇から賃金上昇（利潤率低下）が起こり，そうして引き起こされた過剰資本は，最終局面では恐慌爆発によって解消される他はないのである．むろん，

現代資本主義の下では極力，恐慌爆発は回避される傾向にある．であれば，ここにおいては景気循環過程を通しての過剰資本の整理解消ということも不十分なものにならざるをえないのである．したがって，現代資本主義は，この過剰資本の顕在化を何らかの形で回避するメカニズムをもたない限り，そのもっとも重要な生産関係としての資本―賃労働関係を維持・再生産できなくなる恐れがある．

グローバル資本主義が新しい時代を画しえた以上，この資本―賃労働関係の維持・再生産を可能にするメカニズムはすでにその効力を発揮している，と見るべきであろう．では，グローバル資本主義の下で，そうしたメカニズムとして機能しうるのはなにか？

グローバリゼーションを特徴づける，資本および労働力の国際的な自由移動である．たとえば，資本がより安価な労働力を求めて生産拠点を海外に移すこと（表1-3）が可能になれば，そこから好況過程における労働需要増大から生まれる賃金上昇と利潤率の低下，したがってまた資本過剰の顕在化を回避することができる[12]．また他方で，海外から外国人労働者の流入がある（表1-4）とすれば，それによって労働市場に圧力を与え賃金上昇にある程度の歯止めをかけることが可能になる．

ここで重要なのは，このような国境を超えての資本と労働力[13]の運動を通して，先進資本主義国では，賃金と利潤との分配関係をより安定的に調整できるようになるということで，その結果，ここに過剰資本の顕在化を回避

表1-3　先進5カ国の対外直接投資の推移　　（単位：百万ドル）

年	1980	1990	2000	2002	2003	2004	2005	2006
日本	2,385	48,024	31,558	32,281	28,800	30,951	45,781	50,266
アメリカ	19,230	30,982	142,626	134,946	129,352	257,967	−27,736	216,614
ドイツ	—	24,235	56,557	18,946	5,822	14,828	55,515	79,427
オランダ	5,918	13,660	75,635	32,019	44,034	26,571	142,925	22,692
イギリス	7,881	17,948	233,371	50,300	62,187	91,019	83,708	79,457

出所：United Nations Conference on Trade and Development, 2008, *UNCTAD Handbook of Statistics*. New York; Geneva, United Nations, p. 347.

表1-4　就労目的の入国が許可された外国人労働者

(単位：千人)

国	1995	1996	1997	1998	1999	2000	2001	2002	2003	2004	2005	2006
日本	81.5	78.5	93.9	101.9	108.0	129.9	142.0	145.1	155.8	158.9	125.4	81.4
ドイツ	—	—	—	—	—	101.1	—	—	90.2	79.8	—	—
フランス	9.7	9.1	9.3	8.4	11.1	13.5	18.4	17.3	16.6	16.7	19.0	20.7
イギリス	24.2	26.4	31.7	37.6	42.0	64.7	83.6	86.8	89.0	96.4	100.3	—
アメリカ (永住)	85.3	117.5	90.5	77.4	56.7	106.6	178.7	173.8	81.7	155.3	246.9	159.1
（一時滞在）	—	94.4	119.3	134.5	163.1	186.9	214.2	170.2	160.5	190.7	180.6	192.6

出所：『データブック　国際労働比較（2008年版）』（編集・発行：独立行政法人労働政策研究・研修機構，2008年3月）87頁より．

図1-1　所得の労働分配率（国・グループ別）

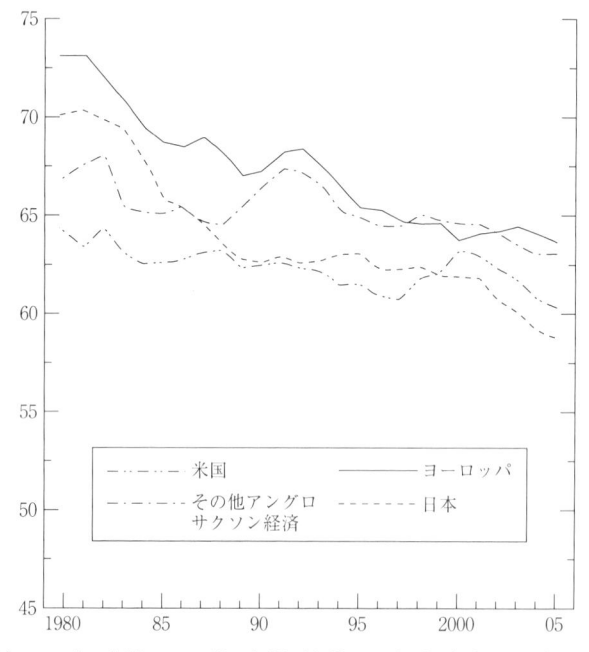

出所：International Monetary Fund *World Economic Outlook*, 2007, Apr., p. 168.

できる可能性が与えられたということである．グローバル資本主義の下では，その景気循環過程によるだけではなく，資本および労働力の国際的自由移動によってもまた産業予備軍効果が生み出され，それがまた資本—賃労働関係

の維持・再生産を支えるメカニズムとして機能するようになったのである．

つぎに移る前に，とりあえず小括しておこう．先述したように，グローバル資本主義の下では，産業予備軍効果が再確立され，資本蓄積をベースに景気循環過程で必然的に発生する失業によって賃金と利潤との分配割合（労働の側からは労働分配率）の調整が行われるだけではなかった（図1-1）．それに加えて，資本および労働力の国際移動を通してもこの調整が可能になり，こうした二重の作用によって資本―賃労働関係の維持・再生産メカニズムが機能するのである．

（4） グローバリゼーションの背景と新しい発展モデルの登場

さて，グローバル資本主義の重要な要素としての資本と労働力との国際間自由移動であるが，いわゆるグローバリゼーションの推進力として積極的・能動的な役割を果たしてきたのは資本の運動（表1-5）であった．ここにおいては，まず国境を超えての資本の自由な移動，具体的には企業の海外進出もしくは海外直接投資がいかにして今日のグローバリゼーションを生み出し，またその中から新興諸国の新しい発展モデルが出てきたのかを明らかにしておこう．

資本の海外進出あるいは海外直接投資の展開は，先進国間で行われる場合（先進国→先進国）と後進国に対して行われる場合（先進国→後進国）とに分けられる．いずれの場合も，これは国家主権が確立された諸外国に対して行われる投資であり，そうした直接投資を可能にする国際的関係・環境がで

表1-5 世界全体の海外直接投資と各地域別の対内直接投資の動向

（単位：百万ドル）

	1980	1990	2000	2002	2003	2004	2005	2006
世界全体	55,262	201,594	1,411,366	621,995	564,078	742,143	945,795	1,305,852
発展途上国	7,664	35,877	256,096	166,275	178,705	283,006	314,279	379,052
先進国	47,575	165,641	1,148,340	444,441	365,496	428,848	600,692	874,083
移行経済	24	75	6,930	11,279	19,877	30,289	30,824	52,717

出所：United Nations Conference on Trade and Development, 2008, *UNCTAD Handbook of Statistics*, New York; Geneva, United Nations, p. 380．

きあがっていることがその条件である．

　とりわけ先進国から後進国への直接投資の場合，資本を受け入れる側の事情が重要になる．先進国の海外直接投資の対象になる後進国の多くは，第二次世界大戦後に独立を勝ち取った旧植民地諸国であり，いわゆる外資支配に対する警戒心は非常に強い国々でもあったからである．

　ただ，その環境は時代とともに変化していったのである．多くの場合，これらの国々が独立後に国民経済の確立を目的として展開した工業化（資本主義化）政策は，輸入代替工業化政策と呼ばれるものであったが，1960 年代にはそれが行き詰まりを見せてきていた．やがて，これらの国々は，その開発戦略を輸出主導型の工業化政策（あるいは「輸出指向型経済開発政策」）へと転換して，外資を積極的に国内に誘致する姿勢に転じていく[14]．とりわけ，韓国，台湾，香港，シンガポール等の，いわゆるアジア NIEs による輸出主導型の工業化政策の成功は，中国などの社会主義諸国をも含む多くの発展途上国に対して大きな刺激と示唆を与え，この輸出指向型の経済開発政策が発展途上国にとっての標準的な発展モデルとなっていくのである．

　その象徴が，「輸出加工区」あるいは「経済特区」であった．途上国がこのような形で独立国としての主権を守りつつ，外資を積極的に導入することで工業化（＝経済発展）を目指すということは，同時に自らが世界経済すなわちその時代の国際的分業関係の中に積極的な位置づけを見いだしていくということを意味している．かくして，このような国際的分業関係の存在を前提した輸出主導型の工業化政策（あるいは「輸出指向型経済開発政策」）は，第二次世界大戦後に独立を勝ち取り資本主義国として自立していく新興諸国にとっての標準的な発展モデルとなったのである．これは，国民経済（＝社会的再生産過程）のあり方としては近代的企業システムと資本―賃労働関係という資本主義経済の基本的な構成要素を備える一方で，〈大量生産・大量消費〉をその社会的再生産の基軸とした 20 世紀型大衆資本主義の特性をも備えるものではあるが，かつての〈原始的蓄積過程―産業革命―産業資本主義の確立〉という，いわば 19 世紀の標準的な発展モデルとは完全に異なっ

た資本主義の発展モデルであると言いえよう．

　もちろん，このような国際的分業関係の存在を前提した発展モデルが実現可能となる背景には，資本を輸出する側の事情の変化も介在していた．すなわち，先進資本主義諸国における福祉国家体制の破綻であり，それに対応した資本と労働力の国際的自由移動を媒介とする産業予備軍効果の再確立と，それによる新しい資本―賃労働関係の維持・再生産メカニズムへの転換である．こうして，後進国および先進国それぞれの事情の変化が，1970年代以降に展開されるグローバリゼーションを生み出していったのである．

3. グローバル資本主義の理論構造とその特質

　このようにして始まったグローバリゼーションは，各国経済（国民経済）と世界経済（国際分業関係）に大きな影響を与え，新しい歴史段階としてのグローバル資本主義の特質を生み出していく．ここでは，その特質を明らかにしていくために，まずはグローバリゼーションを資本主義経済のエンジンともいうべき資本の再生産運動の中にいったん位置づけし直すことで，その理論的な意味を確認しておこう．

(1) 調達，生産，販売の 3 領域における国際化

　資本の運動は，理論的には貨幣資本から始まって貨幣資本に環流する循環運動として，つぎのようにあらわすことができる．

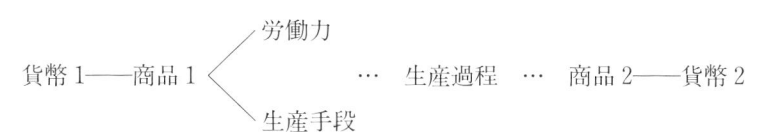

$$\text{貨幣1}-\text{商品1}\begin{cases}\text{労働力}\\ \text{生産手段}\end{cases}\cdots\text{生産過程}\cdots\text{商品2}-\text{貨幣2}$$

　この資本の循環運動の両サイド（貨幣1―商品1，商品2―貨幣2）は，流通過程（市場）である．その間に生産過程が組み込まれており，生産過程は資本にとっての基本的な経営資源ともいうべき労働力と生産手段（労働対象，労働手段）との結合によって行われる．これらの経営資源は，それぞれの市

場をとおして商品1として調達される．また，終点の貨幣2は出発点の貨幣1よりも価値的に大きくなければならない．その差異が資本の運動の目的としての剰余価値（利潤）となるのである．

こうした資本の循環運動の中では，グローバリゼーションはまず最初の流通過程「貨幣1―商品1」のプロセスにおいて「経営資源調達の国際化」として捉えられ，ついでその生産過程において「生産の国際化」として，そして最終段階の流通過程「商品2―貨幣2」において「商品販売の国際化」として捉えられる．つまり，この調達，生産，販売という3つの資本の活動領域における国際化[15]がグローバリゼーションの特質なのである[16]．

この中でも「生産の国際化」は，グローバル資本主義を新しい資本主義の段階として決定づけた基本的要因としてもっとも重要である．それというのも，いわゆる海外直接投資，さらには企業内国際分業の構築を通して行われる，この生産の国際化こそが，先進資本主義諸国において新しい賃金と利潤の調整メカニズム，すなわち資本―賃労働関係の維持・再生産メカニズムを確立させる基本的要因となったものだからである．

こうした生産の国際化は，各個別資本にとってはいわゆる世界最適地「生産」を追求するかたちで展開される．そして，それを可能にする客観的技術的条件も，この段階ではコンピュータ制御生産によって，世界のどこに拠点を移しても本国と同じような生産を可能にする技術がすでに確立されているということも重要である．

他方，このような生産の国際化は，先進諸国から後進諸国への生産拠点（および技術）の移転をともなう．そのことによってまた，後進諸国の側では，グローバリゼーションという新しい国際分業関係の存在を前提にした，標準的な資本主義発展モデルを手に入れることとなったのである．そうした中から，工業化に成功して世界の生産拠点化したBRICs諸国（ブラジル，ロシア，インド，中国）に代表される新興工業諸国群が，新しい「世界の工場」として歴史の表舞台に登場してきたのであった．

この生産の国際化についで重要なのは，経営資源調達の国際化における労

働力調達の国際化である．これは生産の国際化（生産拠点の海外移転）によって実現されるだけではなく，国内労働市場への外国人労働力の流入によっても実現される．この場合には，いわば国内にありながら生産拠点の海外移転を実現したのと同じ効果をもつわけである．あるいは，2000 年代以降のアメリカにおいて顕著に見られた，IT 産業による関連サービス業務の海外調達すなわちオフショアリングなども同様の効果をもつであろう．

　また，販売の国際化は，各国の国民経済における市場のグローバル化（国内市場のグローバル化）をもたらす．それは，先進資本主義国同士の対外・対内直接投資によって先進諸国内の市場をグローバル化するだけでなく，グローバル資本の後進国への進出によってこれらの国々の国内市場をもグローバル化していく．とりわけ，グローバリゼーション下の新しい国際分業関係の存在を前提とした発展モデルによって工業化に成功した新興国の場合，その国内市場のグローバル化は不可避である．それというのも，こうした国々に進出したグローバル資本は，そこを生産拠点として世界各地に輸出を行うだけでなく，当該国の経済発展と市場の拡大（したがってまた中間層の拡大と大衆消費社会の到来）とともにその国内市場にも浸透していくことになるからである．

　グローバル資本主義の特徴は，各国の国民経済がこのような調達，生産，販売という3つの活動領域の国際化を特質とするグローバル資本によって駆動されるというところにある．この場合，それぞれの国の社会的再生産は，このグローバル資本の再生産・蓄積運動がいかなるかたちで行われるかによって大きな影響を受けることになる．

　たとえば，グローバル資本が，ある国で労働力を調達しそこに生産拠点をおいたとしても，それが供給する商品の販売は，その国の労働者の購買力（したがってまたその所得水準）にほとんど依存しないということがある．つまり，その生産過程を担う労働者がそこで供給される商品の消費者でない場合である．要するに，ここにおいては，社会的再生産過程のエンジンとも言うべき資本の発展と，それに駆動されるべき国民経済の発展とが一致しな

いことがありうる．言い換えるなら，グローバル資本主義の時代には，グローバル資本がその活動の拠点をおく国の経済がいかに窮乏化しても，自らの発展を実現していくことが可能になっているのである．

この生産の国際化を含む，グローバル資本に固有の再生産・蓄積運動が，先進資本主義諸国の国民経済さらにはその再生産構造に如何なる影響を及ぼすかについては，第5章で日本経済を例にとって明らかにされている．

(2) グローバリゼーションと国民国家

さて，このような資本の再生産運動における調達，生産，販売の3領域における国際化が進展する中で，各国の法制度や経済政策，ビジネス慣行などを共通化（＝グローバル・スタンダード化）しようとする多国籍企業もしくはグローバル資本の要請はますます強いものとなってゆく．そして，こうしたグローバル・スタンダードへの各国間の調整は，主として公的な政府間組織，たとえば世界貿易機関，国際通貨基金，世界銀行，あるいはG8やG20等々を通して行われるのであるが，そのことはあたかも資本の要請に応える国家機能そのものが国際化されてきているかのようにも見える．あるいは，そこに従来の国民国家を中心としない，新しい世界秩序が生まれつつあるかのように見えることも否定できないのである[17]．

ただし，これらの国際的な政府間組織に関しては，たとえばアメリカの多国籍企業もしくはグローバル資本はアメリカ政府を通してそこに働きかけている，ということに注意しなければならない．また，それがいわゆるアメリカナイゼーションという表現を受けとるにせよ，そのことが可能になったのは，それを受け入れるアメリカ以外の国々が自国の法制度や経済政策，慣行などをそうしたグローバル・スタンダードへと調整していく内的な必然性（基盤）をもっていたからこそでもあった．その内的必然性もしくは基盤とは，すでに明らかにしたように，先進資本主義国における資本―賃労働関係の再生産メカニズムに発生した重大な変化であり，さらには，そうした社会的再生産構造に起こった変化を踏まえて，自らの国民経済を調整しつつ国家

間競争に勝ち抜いていこうとする，国民国家本来のあり方なのである[18]．

　さらに言えば，資本の再生産運動における調達，生産，販売の3領域における国際化は，すべてそれぞれの国民国家の領土内であらわれる[19]．資本が移動していった先の国ではその国内市場そのもののグローバル化が避けられないし，逆に資本が海外に移動していった国でも産業の空洞化，あるいは多国籍企業となったグローバル資本による国内への逆輸入，外国人労働力の流入などが引き起こす諸問題は，すべて国民国家の領土内で起こり，その政府が対処せざるをえないのである[20]．これらの問題に対しては，グローバル資本の要請に応える超国民国家的な「政府」が誕生しないかぎり，国民国家以外には対処不可能なことだと言うべきであろう．

　いったん，まとめておこう．資本は，より多くの利潤を獲得しようとする「資本の論理」にしたがってグローバルにその運動を展開する．その結果，国民経済の社会的再生産構造には大きな変化が発生するが，国民国家はこのグローバリゼーション下の国家間競争に対処するために，自らの国民経済をグローバル・スタンダードへと調整していく．このとき当然に，次のような問題が出てくる．では，このような状況下で主権者たる国民と国家との関係はどうなるのか？

　これは，もはや経済学の守備範囲を超える問題であるが，たとえば戦争にさいして国家は他国に勝利するために国民を戦場へと駆り立てる存在であるということを想起すれば，自ずとその答えは見えてくるはずである[21]．

(3)　国際分業関係の変化と先進国における経済構造の変化

　さて，上述した資本の再生産運動における調達，生産，販売の3領域における国際化の進展とともに，国際分業関係にも大きな変化がもたらされる．BRICsに代表される新興工業国群が「世界の工場」として製造業の分野で台頭する一方，先進資本主義諸国では経済のサービス化・情報化あるいはソフト化が進展し，いわゆるポスト工業社会への移行が加速化するのである．以下では，こうしたグローバル化した国際分業関係の下での先進資本主義国

における資本―賃労働関係の維持・再生産メカニズムを見ていくことにしよう．

　グローバル資本主義の下での資本―賃労働関係の維持・再生産メカニズムの核心は，資本と労働力の国際的自由移動にあった．その中でも，とりわけ海外直接投資というかたちで行われる資本の移動[22),23)]は，国際分業関係の変化を促し各国の産業構造を大きく変化させた最大の要因である．と同時に，そのことがまた労働力の国際移動のあり方をも規定するようになるのである．

　先進資本主義国においては，主に大企業製造業によって行われた生産拠点の海外移転（＝多国籍企業化）やそこからの逆輸入の増大などによって，伝統的な製造業の比重はますます小さなものになっていく．国家戦略上および安全保障上の観点から国内に止められるような一部の先端技術産業は別にしても，大企業製造業の多くは，いわゆるグローバル経営の展開を通して多国籍化し，その生産拠点のかなりの部分を海外に移すか，あるいはアウトソーシングしてしまうからである．

　その一方で，すでに述べた調達，生産，販売の３領域での国際化を実現したグローバル資本は，多くの場合その中枢的管理機能もしくは本社機能を本国におくところから，国内では，そうしたグローバル資本に対する多様な知識サービス分野に大きな需要が生み出されるようになる．たとえば，国際的な金融・保険・証券業務，さらには会計，法務，コンサル，情報収集・処理関連などの高度な知識サービス分野への需要である．他方ではまた，先進資本主義国に特有の豊かな消費文化を支える多種多様なサービス分野における需要もまた拡大していく[24)]．

　このような経済のサービス化・ソフト化にともない，先進資本主義諸国の第３次産業はますます肥大化していく．ただし，同じサービス産業に分類されてはいても，上述したグローバル資本向けの知識サービス分野と他の大部分のサービス分野とはその必要とされる労働力の質はまったく異なっている．金融関連（金融・保険・証券）分野やIT（情報収集・処理）関連分野などから構成される前者の領域は，いわば先端的な高度知識労働型のサービス産

業であり，逆に後者の領域には単純労働型のサービス産業がかなり存在する．両者の賃金格差もまた極端に大きいのである．

　このような先進資本主義国に特有の産業構造の下では，その雇用構造にも大きな特徴が生まれる．安定的な雇用を生み出す大企業製造業のかなりの部分がその生産拠点を海外に移した（あるいはアウトソーシングした）結果，国内に残された第1次産業を除く民間部門の雇用先は，高度な専門知識を必要とする一部の先端技術産業やグローバル資本の中枢管理部門，さらにはそれに対する知識サービスを担う金融関連分野やIT関連分野などの他には，内需関連の非貿易財を供給する製造業か海外シフトが困難な中小の製造業・非製造業，あるいは対内直接投資によって国内に生産拠点を置いた多国籍企業などである．これらの雇用先のうち，先端的な高度知識型のサービス産業や各産業部門における高度知識型の専門職の需要は限られており，逆に単純労働・低賃金労働によって担われる領域は拡大する傾向をもつ．この領域は，雇用のかなりの部分を単純労働が占めるサービス産業だけではなく，各産業部門の中で単純労働によって担われる多種多様な職務をも包摂しており，これらは主として非正規労働力として雇用されることとなるのである[25]．

　こうした産業構造と雇用構造の中で，先進資本主義国に特有の格差構造ができあがる．それは，グローバル産業（グローバル資本へ高度な知識サービスを提供する諸企業も含む）で巨額の報酬を受け取る経営幹部や，これらのグローバル産業に雇用され安定的な給与を保証された正規労働力が存在する一方で，ワーキング・プアと呼ばれるような単純労働に従事する低賃金の非正規労働力が大量に存在する格差社会として現出することとなる．こうして，グローバル資本主義の下では，かつて福祉国家体制の時代に高度大衆消費社会を支えた中間層は解体過程へと向かうのである．

(4) 労働力の国際移動と資本―賃労働関係の維持・再生産

　上述してきたようなグローバル資本主義の先進国に特有の産業構造，雇用構造，格差構造を生み出す大きな原動力になったのは，資本の国際移動であ

表1-6 外国人労働力人口(ストック)

(単位:千人)

国	1995	1996	1997	1998	1999	2000	2001	2002	2003	2004	2005	2006
日　本	338	368	408	423	447	516	568	614	655	695	723	753
ドイツ	3,654	3,558	3,575	3,501	3,545	3,546	3,615	3,633	3,703	3,701	3,823	—
フランス	1,573	1,605	1,570	1,587	1,594	1,578	1,618	1,624	1,527	1,541	1,456	—
イギリス	862	865	949	1,039	1,005	1,107	1,229	1,251	1,322	1,445	1,504	1,746
アメリカ	13,492	15,289	16,677	17,345	17,055	18,029	18,994	20,918	21,564	21,985	22,422	—
韓　国	47	81	97	58	82	97	74	73	251	232	165	238
	(129)	(210)	(245)	(158)	(217)	(286)	(330)	(363)	(389)	(422)	(346)	(425)

出所:前掲『データブック 国際労働比較(2008年版)』88頁より.

った.では,これに対して労働力の国際移動は,どのような作用と結果をもたらすのか?

　労働力の国際移動は,グローバリゼーションの結果であると同時にまたグローバリゼーション現象そのものでもある(表1-6).先進諸国間の労働の移動もあるが,グローバリゼーションの結果としてもたらされた労働力の国際移動は,圧倒的に先進諸国以外の国々から先進資本主義国への労働(それも単純労働)の流れである.

　ただし注意すべきは,こうした先進諸国以外の国々の中には,グローバリゼーション下の新しい国際分業関係を前提にした発展モデルを導入して新興工業国に成長した国もあれば,いまだ経済的離陸を果たせないままに途上国(さらには最貧国)レベルに止まる国も存在しているということである.グローバリゼーションの現段階の特徴は,ひとつにはすでに指摘した先進資本主義国内での中間層の解体と国民の経済格差の拡大であるが,国際的にはこの新興工業国と途上国との二極分化(経済格差の拡大)なのである.さらに言えば,新興国の内部においても,急速な経済成長にともなって発展するエリアといまだにこの経済発展の恩恵に浴しないエリアとの間の二極分化(格差問題)が発生している.

　労働力の国際移動は,こうした新興国,途上国に生じた二重の格差(=二極分化)を背景として,いわばその圧力に押し出されるようにして国外へと排出されるのである.このような二重の格差を背景とする労働力の国際移動

は，①途上国から新興国への流れと，②途上国，新興国から先進国への流れとがあるが，ここでは後者②における労働力の国際移動を取り上げる．それによって，先進資本主義において，この労働力の国際移動が賃金と利潤との分配関係をいかに調整し資本―賃労働関係の維持・再生産を可能にするのか，そのメカニズムを確認することにしたい．

　すでに述べたように，先進資本主義国においては，グローバル資本主義に特有の産業構造，雇用構造，格差構造が生み出されていた．もちろん，このような経済構造の中でも，好況過程において労働需要が増大して人手不足の状態になれば，賃金が上昇し資本過剰が顕在化する可能性は否定できない．

　さらに，このさいに確認しておくべきは，グローバル資本主義の発展がある一定段階に達すると，資本の国際移動は，いわゆる対外直接投資という形で国外に資本が流出する運動だけではなくなるということである[26]．逆に，この先進国の国内市場に引きつけられた外国資本の流入すなわち対内直接投資もまた活発に行われるようになる．したがって，この場合，景気循環過程の好況局面において対内直接投資も同時に拡大するような状況下では，労働需要の拡大から賃金上昇がおこり，そこから資本過剰が顕在化する可能性も否定できない．そこではまた，先に説明した例のジャスト・イン・タイム型雇用システムがいかに資本の側に都合良く作動したとしても，この種の資本過剰の顕在化は避けられないと言わなければならないであろう．しかしながら，グローバル資本主義の下では，労働力の国際移動によってその可能性に一定の歯止めがかけられるのである[27]．では，それはいかなるメカニズムによってか？

　まず，上述したような産業構造の下で労働市場が十分に流動的であれば，労働者にとってより有利な職種に多数の求職者が集まり，好況過程では順次そうした職種から労働需要が満たされていくことになる．仮に，それが労働力の部門間移動を通して行われるとすれば，労働者が退出していった部門（職種）の労働需要は，より条件の悪い部門（職種）からの労働者の転職（労働の部門間移動）によって満たされる（そのさい労働者の次の世代が学

歴などの条件を整えてより好条件の部門に職を得る可能性もある）．むろん，それでも満たしきれない場合には，海外からの高度専門労働者の流入（労働力の国際移動）によって供給される，と考えてもよい．

このような労働力の部門間移動（上層部門へのシフト）が好況過程とりわけ労働需要が大きく増加する活況期において起こるとすれば，最終的にはもっとも条件の悪い単純労働の領域（低賃金製造業種や低賃金サービス業種）が残されることになる．とはいえ，この領域にも大量の外国人労働力が流入するなら，活況期における一般的な賃金上昇をある程度は抑制することが可能になる．要するに，これは最下層の低賃金製造業種や低賃金サービス業種における需要を労働力の国際移動を通して満たすことで，国内の相対的過剰人口を上層部門へと移動させて賃金上昇を抑制するということである．もちろん，そうしたメカニズムの作用が可能であれば，逆に不況過程やその末期（＝好況初期）の労働需要が大きく改善されない時期には，失業者がこれまで働いてきた職場よりも悪い条件の部門に職を求めざるを得なくなり，活況期とは逆の流れの労働力の部門間移動（下層部門へのシフト）が起こることになる[28),29)]．

いずれにしても，労働力の国際移動が行われるグローバル資本主義の下では，このような労働力の国際移動と労働市場の作用とが，資本―賃労働関係の維持・再生産メカニズムとして機能できるということが理論的に確認されよう．

4. グローバル資本主義の現段階

以上，グローバル資本主義のもとでの先進国における資本―賃労働関係の維持・再生産メカニズムを論じてきたが，ここでは，この先進国がどこの国であるのかを特定しないままに理論を展開してきた．

とはいえ，その標準的なモデルが存在しないわけではない．資本主義確立期における周期性恐慌を含む景気循環を通しての資本―賃労働関係の維持・

再生産メカニズムが論じられる場合，そこでの標準的な発展モデルとして想定されるのはイギリス資本主義であり，その後半期の帝国主義の時代にはドイツやアメリカの独占資本主義がこの想定の中に加えられるであろう．現代資本主義の前半期すなわち福祉国家体制の時代において，その標準的な発展モデルとなるのは，〈大量生産─大量消費〉をその社会的再生産の基軸に据えたアメリカの独占資本主義である．

そして，その後半期・グローバル資本主義の時代においても，先進国におけるその標準的な発展モデルとなるのは，やはりアメリカの独占資本主義である．と言うのも，アメリカは，この時代も他の先進諸国に先んじてポスト工業社会へと移行し，グローバル資本主義に特有の経済構造を作り上げるなかで，いち早くその独自の資本─賃労働関係の維持・再生産メカニズムを構築しているからである．

もちろん，このような資本主義の歴史区分においては，それぞれの時代の標準的な発展モデルに選ばれた国以外の地域や国々は議論の後景に斥けられ，表面に出てくることはほとんどない．仮に出てきても，たとえばそれは各時代の標準的発展モデルと同じような発展段階をたどり，それにキャッチ・アップしようとする新興資本主義諸国としてか，あるいはそれらの国々に植民地化されたか，またはされようとしている地域や国々としてか，そのようなかたちでしか登場しないのである．むろん，資本主義そのものはつねにその世界性[30]において捉えられなければならないとすれば，このやり方は簡易に過ぎるという誹りは免れないであろう．しかしながら，そうした批判を甘受した上で，とりあえずはこの方法によってグローバル資本主義の理論構造とその特質を明らかにしていきたいというのが本章の立場である．

ただし，このさい注意すべきは，ひとつの歴史区分からつぎに移り変わる過渡期においては，必然的に2つの発展モデルが同時代に併存するということである．たとえば，確立期の資本主義の後半期においては，〈原始的蓄積過程─産業革命─産業資本主義の確立〉という発展モデルをとる19世紀イギリス型の標準的発展モデルと，独占資本主義下で〈大量生産─大量消費〉

表 1-7　米国における各種資産の対 GDP 比

(1990 年＝100)

年＼資産	企業	政府	住宅	金融資産 (除株式)	株式
1986	104	106	105	96	99
1996	95	97	100	113	216
2006	100	107	123	151	260

出所：2008 年版『通商白書』第 1 節「世界経済の現状」の「第 1-1-26 図　各種資産の対 GDP 比の推移」に関するエクセル形式のデータから作成（加工）．
資料：米商務省経済分析局，Fixed Assets and Consumer Durable Good, FRB, "Flow of Funds", US Department of Commerce, BEA, "Gross Domestic Product".

方式をその社会的再生産の基軸に据えたアメリカ型の発展モデルとの併存が見られた．これと同じように，現代資本主義の後半期には，このアメリカ型の資本主義発展モデルと，先に説明したグローバリゼーション下の国際分業関係を前提にした新興国型の標準的発展モデルとの併存がある．そして，この併存こそが現段階におけるグローバル資本主義の特徴なのである．

　さらに付け加えるなら，今後その全容を明らかにして行くであろう，グローバル資本主義の時代において，現在の新興諸国が資本主義の歴史の表舞台に立ち，その主役として振る舞うようになる可能性もまた大きい，と言わなければならないであろう．

　ところで，この現代資本主義・後半期のアメリカにおける産業構造の大きな特徴は，すでに示したようにグローバル資本向けの高度な知識サービス分野——すなわち，国際的な金融・保険・証券業務，さらには会計，法務，コンサル，情報収集・処理関連などの高度な知識サービス分野——が著しい発展を遂げているところにあった．これは，現代のアメリカ経済が国際分業関係の中に占める独自の位置づけやその機能に規定されたものと言えるが，しかしながら，株式を含む金融資産の急膨張ぶり（表 1-7）からも見えるように，現実のアメリカ資本主義においては，この金融関連分野（金融・保険・証券業務）だけが異常に肥大化してしまっているようにも見える．

　表 1-8 をみると，金融業における付加価値の構成比は 1980 年から 2005 年までの間にかなりの増大を示すが，他方の雇用の構成比はあまり変わらない

表 1-8 産業別 GDP（実質）の構成

(単位：%)

	1950	1960	1970	1980	1990	1995	2000	2005
財生産産業								
農林水産業	6.78	3.78	2.6	2.2	1.7	1.3	1.0	1.0
鉱業	2.6	1.9	1.4	3.3	1.5	1.0	1.2	1.9
建設業	4.4	4.5	4.8	4.7	4.3	3.9	4.4	4.9
製造業	27.0	25.3	22.7	20.0	16.3	15.9	14.5	12.1
サービス生産産業								
運輸・通信・公益事業	10.2	9.7	9.3	9.4	9.3	9.7	9.7	9.2
卸売業	6.3	6.6	6.5	6.8	6.0	6.2	6.0	6.0
小売業	8.8	7.9	8.0	7.2	6.9	7.0	6.7	6.6
金融・保険・不動産業	11.4	14.1	14.6	15.9	18.0	18.7	19.7	20.4
サービス業	11.7	13.0	14.8	16.9	22.3	23.1	24.4	25.4
政　府	10.8	13.2	15.2	13.8	13.9	13.4	12.3	12.6
合計	100	100	100	100	100	100	100	100
GDP総額（10億ドル）	293.8	526.4	1038.5	2789.5	5803.1	7397.7	9817.0	12455.8

出所：U.S. Department of Commerce, Bureau of Economic Analysis, Industry Economic Accounts,
Gross-Domestic-Product-(GDP)-by-Industry Data, 1998-2005 NAICS Data:
Gross-Domestic-Product-(GDP)-by-Industry Data, 1998-2005 NAICS Data:
GDPbyInd-VA_NAICS, (http://www.bea.gov/bea/dn2/gdpbyind_data.htm) より作成．
なお，四捨五入により合計は 100 にならない．

表 1-9 産業別雇用の構成

(単位：%)

	1950	1960	1970	1980	1990	1995	2000	2005
財生産産業								
農林水産業	4.8	3.3	1.8	1.7	1.2	1.1	1.1	1.0
鉱業	1.7	1.1	0.8	1.0	0.6	0.4	0.4	0.4
建設業	4.7	4.8	4.6	4.6	4.6	4.4	5.0	5.4
製造業	27.6	25.3	23.0	19.5	14.9	13.7	12.5	10.1
サービス生産産業								
運輸・通信・公益事業	9.0	7.5	6.7	6.2	5.8	5.9	6.3	5.7
卸売業	4.5	4.5	4.5	4.8	4.7	4.4	4.2	4.1
小売業	9.3	9.6	10.3	10.9	11.4	11.2	11.2	11.2
金融・保険・不動産業	3.6	4.2	4.6	5.4	5.9	5.6	5.7	5.9
サービス業	18.1	20.2	22.2	26.2	32.5	35.5	37.0	39.1
政　府	16.8	19.5	21.4	19.6	18.5	17.7	16.6	17.1
合計	100	100	100	100	100	100	100	100
実数（全産業：100万人）	52.4	62.8	79.8	98.4	118.2	124.8	139.1	141.2

出所：表 1-8 と同じ資料から作成．

ままに推移している（表 1-9 参照）．ここには労働生産性の上昇が見られるわけであるが，これは恐らく IT 革命の恩恵がこの部門において顕著に現れていること，さらにはデリバティブスに代表される新しい金融商品の開発（この意味でのイノベーション）が盛んに行われたことを示している．

さらに言えば，アメリカ経済における金融の肥大化傾向は，実はこれだけでは十分に把握することができない．それというのも，アメリカには一般の企業がその固有の事業部門からではなく，金融サービスによって巨額の企業収益を生み出す構造ができあがっているからである．たとえば，その象徴として，2001年12月に経営破綻したエンロン社はもともとガスや電力を供給する普通のエネルギー会社だったが，その破綻直前には様々なデリバティブス商品を開発しては巨額の利益を上げる，ある種の金融会社に変身していたのである[31]．

こうした傾向は，1980年代以降アメリカ主導で金融の自由化・国際化が進められ，やがてそれが金融グローリゼーションというかたちで展開されるようになってから顕著になったものである．とりわけ1990年代前半から「強いドル」（高金利）政策によって世界中から資金をかき集め，これをまた世界各地に投資することで収益をあげるという，アメリカという国があたかも金融業者のような振る舞い[32]をするようになってから，この金融関連分野の肥大化は，一層異常なレベルへと近づいていった．

このような強いドル戦略（＝高金利政策）は，クリントン政権時代の1995年に財務長官に就任したR．ルービンの指揮の下で展開された[33]が，実はこの種の高金利政策は1980年代のレーガン大統領の時代に遡ることができる．レーガン時代，アメリカは双子の赤字（経常収支と財政の赤字）に苦しみ，クラウディングアウト問題が懸念されていた．当時の高金利政策は，世界中から資金をアメリカに引き寄せることでこの問題を解決しようとしたのである（その蹉跌の結末がプラザ合意であった）．のちのクリントン時代の戦略は，こうしてアメリカに引き寄せた資金を国内に回すだけではなく，さらに積極的に世界に投資を行うことによって，いわゆる金融立国（金融覇権国）の実現を目指したものと言える．

このことは，アメリカが過去の末期的段階を迎えた覇権国家と同じように自らの経済的覇権を金融によって維持しようとしていることのあらわれである，と理解することも可能である[34]．とすれば，2008年9月のリーマンシ

第1章　グローバル資本主義の理論構造とその特質

ョックによって極点に達したサブプライム金融恐慌こそは，アメリカが金融覇権国家としての自らの地位を維持していこうとする試みがついに破綻したことを示す出来事であったとも言えよう．

そして，このサブプラム金融恐慌の中で進行したものは，グローバル資本主義における先進国の標準的発展モデルとしてのアメリカ資本主義が，その金融関連分野の経済的規模を急速に収縮させつつ，その本来の適当な規模へと暴力的に調整されていくプロセスにほかならなかったのである．

注
1) 本章は，拙稿「資本主義の歴史区分とグローバル資本主義の特質」（明治大学『政経論叢』第77巻第3・4号，2009年3月）の中から，グローバル資本主義の理論構造とその特質に関する論述を再編集したものである．
2) 資本主義の歴史段階については，わが国のマルクス学派では以前から取り上げられてきた問題である．とりわけ宇野学派の場合，資本主義の歴史を重商主義，自由主義，帝国主義の3段階に区分する独自の経済学方法論（いわゆる「段階論」）をとるところから，この問題は多くの論者によって議論されてきた．こうした経緯から，資本主義の歴史「段階」は，固有の論争的意味合いをもつ用語として用いられてきていることに注意しなければならない．そこで本章では，こうした「段階論」とは区別する意味で歴史段階という用語法をできるだけ回避し，歴史区分と言い表すようにした．なお，宇野学派の「段階論」によれば，最後の帝国主義段階のつぎには社会主義がくることになっており，ここから資本主義の段階区分をめぐって宇野学派内部で様々な見解が提示され議論されている．これらの宇野学派内の議論については，拙稿「資本主義の歴史区分とグローバル資本主義の特質」（前掲）119-120頁で簡単に紹介している．
3) 表1-1「19世紀の「離陸」国とその時期」からも知れるように，この19世紀の標準的な発展モデルで離陸できた最後の資本主義経済は日本であった．なお，第二次世界大戦後に独立を勝ちとり，その後自立した国民経済として工業化（資本主義化）を果たしていくこととなった旧植民地諸国は，これとはまた別の発展パターンをとった．この点については，本章2(4)で論述したい．
4) 確立期の資本主義の後半期は，パクス・ブリタニカとパクス・アメリカーナという2つの覇権リーダーシップの谷間の時期とも言える．キンドルバーガー（『大不況下の世界1929-1939』石崎昭彦，木村一朗訳，東京大学出版会，1982年）やコヘイン（『覇権後の国際政治経済学』石黒馨，小林誠訳，晃洋書房，1998年），さらにはギルピン等の提唱する「覇権安定論」の立場から見れば，この間の世界システムが著しく安定性を欠いたのは，世界経済安定化のための秩序と制度的な

枠組みを提供し，それを維持していくリーダーシップの備わった覇権国の不在に原因があった，ということになるであろう．なお，覇権安定論については，ギルピン『グローバル資本主義：危機か繁栄か』（古城佳子訳，東洋経済新報社，2000年）が総括的な議論を展開している．
5) この再生産メカニズムについては，拙稿「資本主義の歴史区分とグローバル資本主義の特質」（前掲）のIV節「資本―賃労働関係の再生産メカニズムとその歴史的変遷」において詳細に論じているので参照されたい．
6) レギュラシオン理論の優れた解説として，山田鋭夫『レギュラシオンで読む20世紀資本主義』（有斐閣，1994年）がある．
7) このようなインフレーションのもつ機能について，大内力『国家独占資本主義』（東京大学出版会，1970年）はこう言いあらわす．「インフレーションは，この賃金を実質的に低下させる役割を果たし，それだけ利潤率の回復を促す．全社会的に見ればインフレーションはこの点で，労働者階級に課税をし，それを資本に対して補助金として交付したのと同じ効果をもつわけである」（同書176頁）．
8) スタグフレーションは，フィリップス曲線を成立させるインフレ率と失業率との間のトレード・オフ関係が認められなくなるということを意味した．これは，ケインズ政策が有効性を失ったことの証明と見なされ，ここから「完全雇用」政策と福祉国家の実現を目指す「大きな政府」論も新古典派経済学の批判の矢面に立たされることとなったのである．なお，アメリカのSSA（社会的蓄積構造：the social structure of accumulation）学派は，このインフレ下の高失業率を産業予備軍効果の減退ないしは変容を基礎に説明している．この点に関して，Bowles ("The Post-Keynesian Capital-Labor," *Social Review*, No. 65, 1982) およびBowles, Gordon & Weisskopf（『アメリカ衰退の経済学 スタグフレーションの解剖と克服』都留康，磯谷明徳訳，東洋経済新報社，1986年）を参照．
9) 金・ドル交換を停止したことを契機にして，アメリカがその金融覇権の強化を図ろうとしたということについては，井村喜代子氏がこう喝破している．「もはや金準備・国際収支問題にとらわれないで，成長政策のために通貨膨張・信用膨張や財政赤字拡大を続けることを可能にするとともに，他方ではこれまで『金・ドル交換』のために仕方なく実施してきた対外投融資規制を撤廃して（1974年1月），国内外の金融自由化を推進し，アメリカ金融市場の活性化・アメリカの金融覇権の強化を図ろうとしたのである」（『日本経済―混迷のただ中で』勁草書房，2005年，13頁）．
10) 労働組合運動の弱体化は，S.ストレンジの指摘しているようにサービス産業やIT産業などで活動する知識労働者が労働組合のような存在を成り立たせ難くなったということも考えられる．「（かつて）工場労働者が経営陣に対する交渉力をつけるために組織化できたのに対して，新しい知識労働者の場合，技能の多様化によって労働に対する標準的価格の設定が不可能であるため，集団交渉のための組織化は不可能である．……こうして，製造業からサービス業への雇用と貿易のシ

第1章　グローバル資本主義の理論構造とその特質　　　　　57

フトは，政治的権威と組織労働のパワーを浸食するもう一つの強力な要因となる．このように，政府，雇用者，組合間の三者交渉に依存して社会的連帯と政府への指示を維持してきた諸国家において，国家パワーのネオ・コーポラティスト的な基礎が浸食されているのである」(『グローバリゼーションの時代　国家主権のゆくえ』伊豫谷登士翁訳，平凡社，1999 年，93 頁).

11) J. リフキンは，ヨーロッパ諸国におけるパートタイム労働などの臨時労働者の全勤労者の中に占める比率（おおむね 20％〜30％，イギリスでは 40％ 近く）をあげたうえで，次のように論じている．「21 世紀の新たな国際的ハイテク経済においてジャスト・イン・タイム型雇用がさらにその役割を大きく広げていくことは，これらの数字からもうかがえる．世界的な競争の中で機動性と柔軟性をなんとか確保しようとする多国籍企業は，市場の変動に機敏に対応できるよう常勤労働者から臨時労働者への移行をいっそう推し進めている．その結果，全世界で，生産性の向上と雇用不安の増大が同時進行することになるだろう」(『大失業時代』松浦雅之訳，TBS ブリタニカ，1996 年，227-8 頁).

12) 柴垣和夫氏は，資本の国際移動によって「先進国資本にとっての労働力の供給制約と賃金上昇圧力の大幅緩和が実現」されたことを重視している（「グローバル資本主義の本質とその歴史的位相」『政経研究』政治経済研究所，第 90 号，2008 年，8 頁参照). 資本の国際移動すなわち海外直接投資が資本過剰の顕在化を先送りする効果を持つことは確かである．しかし，この場合，資本の国際移動が「労働力の直接の国際移動に代替」するものと捉えられているために，他方の労働力の国際移動によってもまた「労働力の供給制約と賃金上昇圧力」が緩和されることは考慮外におかれている．むしろ，資本の流出による先進国労働市場への反作用として，非熟練労働力需要の緩和や労働分配率の低下などに着目して，これを「労働市場の間接的グローバル化」と把握している.

13) サスキア・サッセンは，資本だけではなく労働力の国際移動を重視する．彼女は，現代資本主義の下での労働力の国際移動，つまり「第二次世界大戦後の西洋諸国の労働力輸入」および「最近二，三十年の合衆国移民政策とその実施過程」における「労働力輸入が，高度工業国における資本の労働に対する支配の再生産と，より直接に結びついている」ことを指摘し，それが「労働費用と労働力再生産費を低下させることによって，特定の企業の，より一般的には全体としての資本の，利潤の水準を引き上げる」効果をもつことを明らかにしている（『労働と資本の国際移動―世界都市と移民労働者』森田桐郎ほか訳，1992 年，第 2 章参照).

14) この輸入代替工業化政策から輸出主導型工業化政策への開発戦略の転換と「外資主導による開発途上国の工業化」を柴垣和夫氏は「産業グローバリゼーション」の前史として位置づけている（前掲論文，6 頁参照).

15) グローバリゼーションの解釈をめぐって P. Hirst と G. Thompson は「今日の高度に国際化した経済が前代未聞というわけではなく」「1870 年から 1914 年までの間の国際経済体制の方がよりオープンで統合的であった」(Hirst, Paul, and

Thompson, Grahame, *Globalization in Question*, Cambridge, Polity Press, 1996, p. 2）とし，「貿易と資本移動および貨幣制度の国際化の初期の段階として 1870 年―1914 年が存在した」ことを自らの「グローバリゼーション論」のひとつとして提示している（Cf. *ibid*., p. 195）．また，ハロルド・ジェームスが，1870 年代以降の帝国主義の時代を「世界主義の時代」「第Ⅰ期グローバリゼーションの時代」として捉えるのも同じような観点からであろう（『グローバリゼーションの終焉』日本経済新聞社，高遠裕子訳，2002 年，第 1 章参照）．さらに言えば一般的にも，そのようなコンテキストでグローバリゼーションが把握されているように思われる．たとえば 2002 年版『通商白書』は，今回のグローバリゼーションを 1820 年代から 1914 年までの第 1 次グローバリゼーションに次いで 2 度目のものであると捉えているが，これなどもそうした例である（経済産業省『通商白書』財務省印刷局，2002 年，5 頁参照）．現代のグローバリゼーションは，調達，生産，販売という 3 つの資本の活動領域における国際化を特質としており，このかぎりでそれ以前のものとは区別されなければならない．

16）　W. Robinson は，現在起こっているグローバリゼーションを「歴史的傾向のたんなる量的拡大」でしかないと見るのは誤りだとして，前の注 15 に紹介した Hirst & Thompson や注 20 で言及する Gordon 等を挙げて批判している．彼は「グローバル経済」以前の状態を「世界経済」と呼び，「世界経済とグローバル経済との区別を決定しているのは，生産過程それ自体のグローバル化であり，生産と蓄積のグローバル化された回路の出現である」（*The Theory of Global Capitalism: Production Class, and State in a Transnational World*, Baltimore and London, The Johns Hopkins University Press, 2004, p. 11）と主張している．彼の言う生産の国際化（グローバル化）だけでは不十分であるが，しかしグローバリゼーションの特質のひとつをこの点に見出していること自体には異論はない．

17）　R. Cox は，生産の国際化の進展に対応して各国の政策や慣行がグローバル・スタンダードに調整され，そうした中で「国家の国際化」が生ずると主張している（Cf.; Cox, Robert W., *Production, Power, and World Order*, Columbia University Press, 1987, pp. 244–265）．

18）　ヨアヒム・ヒルシュ（『国民的競争国家―グローバル時代のオルタナティブ』ミネルヴァ書房，木原滋哉，中村健吾共訳，1998 年）は，福祉国家体制の崩壊後のグローバリゼーションの進展の中で国民国家が民主主義を空洞化しつつ，彼の言う「競争的国民国家」へと変質していったことを解明している．

19）　サッセンによれば，グローバリゼーションが国民国家の土台を掘り崩し，その重要性を喪失させるようなことはなく，むしろ多くの場合，国民国家の枠組みの中でグローバリゼーションが展開するとされる．「グローバルな過程の大部分は国家領土の中で実現されるのであり，大部分は国家の制度的な機関を通じて，企業に対する立法的行為から実現されるのであり，それゆえに必ずしも『海外』としては計上されないのである」（前掲『グローバリゼーションの時代　国家主権のゆ

第1章　グローバル資本主義の理論構造とその特質　　　　　　　　　　　59

くえ』12頁).
20)　D. Gordon は,「1970年代初頭以降,国家の役割がいっそう重要になってきている」ことを指摘しつつ,「政府が,為替相場の変動や短期資本の運動を調整するために金融政策や利子率の積極的管理にますます関与するようになった」こと,そして現代においては「いつ起こるとも知れぬ危機の暴発性に改革を施し解決していくために,多国籍企業も含めて誰もが整備された国家介入に依存するようになってきている」ことを強調している (Cf. Gordon, David M., "The Global Economy: New Edifice or Crumbling Foundation," *New Left Review*, No. 168, 1984, in Jessop Bob (ed.), *Developments and Extensions*, (*Regulation Theory and the Crisis of Capitalism*; Vol. 5), Cheltenham, UK; Northampton, MA, USA, Elgar, 2001, pp. 342-3).
21)　柄谷行人氏は,国家の自立性は戦争において示されるとして,こう論じている.「戦争は……長期的な展望と,戦略によって用意されたものです.そして,それを実行するのが常備軍と官僚機構です.これらが西ヨーロッパでは絶対主義国家によって形成されたものだということは,すでに述べました.では,それは,絶対主義王権が市民革命によって廃棄されたあと,どうなったでしょうか.軍と官僚機構は廃棄されるどころか,質量ともに増大したのです.そして,それは別に国民のためではありません.国民主権の下であろうと,国家はそれ自身のために存続しようとするのです」(『世界共和国へ―資本=ネーション=国家を超えて』岩波書店, 2006年, 119頁).
22)　資本の海外進出あるいは海外直接投資の展開は,アメリカにおいては,すでに1960年代から多国籍企業の海外進出というかたちで始まっていた.これが加速度的に増大するのは,1960年代の後半から1980年にかけてである.その後,アメリカからの海外直接投資の伸び率は鈍化し,対照的に外国からの直接投資(対内直接投資)が急速に伸びている.

アメリカ合衆国の対外資産・負債・純資産

(単位:10億ドル)

	1978	1979	1980	1981	1982	1983	1984	1985	1986	1987
対外純資産	76.1	94.5	106.3	141.1	136.9	89.4	3.5	(110.7)	(269.2)	(368.3)
資　産	447.7	510.5	607.0	719.8	824.9	873.8	896.0	950.3	1,071.4	1,166.0
公的資産	72.8	77.3	90.4	98.7	108.5	113.2	119.7	130.8	138.0	133.0
対外直接投資	162.7	187.8	215.4	228.3	207.7	207.2	211.5	230.2	259.6	308.0
その他の民間資産	212.2	245.4	301.2	392.8	508.7	553.4	564.8	589.3	673.8	725.0
負　債	371.7	416.1	500.8	578.7	688.0	784.4	892.5	1,060.9	1,340.6	1,536.0
公的負債	173.0	159.9	176.0	180.4	189.1	194.5	199.3	202.6	241.7	283.1
外国直接投資	42.5	54.5	83.0	108.7	124.7	137.0	164.6	184.6	220.4	261.9
その他の負債	156.2	201.7	241.8	289.6	374.2	452.9	528.6	673.7	878.5	991.0

出所:前掲『労働と資本の国際移動―世界都市と移民労働者』245頁.
資料:Survay of Current Business. June 1988, Vol. 68, No. 6.

23) わが国における対外直接投資の波は，これまでに5回確認できる．①1972年〜74年（ブレトンウッズ体制崩壊の翌年から第1次オイルショックを挟む時期），②1970年代末〜1981年（第2次オイルショック前後から1981年をピークとする時期），③1985年〜1990年（プラザ合意による最初の超円高を契機にバブル崩壊までの時期），さらに④2度目の超円高（1993〜95年）を契機とする時期，⑤2000年以降の海外直接投資の波である．それぞれの時期で，その背景や海外直接投資のもつ意味合いが異なるので注意が必要であるが，日本経済のグローバル資本主義への移行の時期を考察する場合，製造業のもつ比重の重さから見て，その生産拠点の海外移転の規模と範囲がひとつの判断基準となるであろう．わが国においては1980年代の半ば以降，海外へ生産拠点の移転が始まっているが，これが圧倒的な流れになったのは，1990年代半ばの，いわゆる2度目の「超円高」局面における生産拠点の海外移転ラッシュ以降からである．なお，この詳細については拙稿「海外直接投資の展開とグローバル資本の確立」（『政経論叢』第78巻3・4号，2010年3月）参照．

24) このようなグローバル資本が本社をおく都市の条件は，法務，会計，証券，金融，マスコミ関連，IT関連，等々の高度に専門化したサービス企業とそのネットワーク，さらにはそこに多様な人材を送り込める流動性の高い労働市場が存在していることである．そうした条件を備えた都市をサッセンは「グローバル・シティ」と呼び詳細な分析を加えている．サッセンによれば，グローバル・シティは「一方では，金融やグローバルな経営管理能力を可能にするサービスが商品として生産され，そうした商品の技術革新が行われ，さらにそれら商品が取引される最大の市場であり，他方では，多くの移民労働者が集中し，移民を含めた低賃金労働者の雇用によって成立する膨大なスウェット・ショップやその他のインフォーマル経済が発達する場」（前掲『グローバリゼーションの時代 国家主権のゆくえ』197頁）でもある．また次のように指摘している．「理由は様々であるが，大都市では，補助的サービスや消費者サービス一般やスウェット・ショップの成長が著しい．したがって，これらの部門でも立地上の集中化傾向が見られる．そして，以上のような展開の全般的な結果として，ニューヨークやロサンジェルスのような主要大都市で，低賃金の仕事が大量に生み出されているのである」（前掲『労働と資本の国際移動―世界都市と移民労働者』181頁）．なお，同著『グローバル・シティ』（伊豫谷登士翁ほか訳，筑摩書房，2008年）では，東京もまたそのようなグローバル・シティとして分析されている．

25) 鶴田満彦氏は，「直接的生産過程及び事務労働における情報化・コンピュータ化は，従来の労働のあり方を一変させ」「労働の一体化を解体させた」と指摘している（『現代経済システム論』日本経済評論社，2005年，57頁）．企業内部に一部の高度知識労働を含む統合的な労働に従事する正規雇用労働者と，分散的な単純労働に従事する非正規雇用労働者とが並存する状況を作り出したのは，まさにこうした基盤があったからであろう．また，そこで指摘されているように「このよう

な労働の多様化・分散化・個別化は，雇用形態の多様化をもつくりだし」，それがまた「労働運動・労働組合運動の弱体化をもたらしている」ことも確かである．

26) 表1-5「世界全体の海外直接投資と各地域別の対内直接投資の動向」によれば，先進国における対内直接投資は2003年までは低下していたが，2004年からは再び増加傾向に転じていることが見てとれる．また，アメリカについては，注22の表「アメリカ合衆国の対外資産・負債・純資産」を見れば，アメリカにおける対内直接投資は早くも1981年には増加に転じ，その伸び率は年率30％以上を保っていることが分かる．

27) 1990年代の初頭に，ドイツ，アメリカ，日本において外国人労働力の流入を促進する画期的な法律の改訂が行われている（1990年アメリカ・改訂移民法制定，1990年日本・入管法改訂，1991年ドイツ・外国人法改訂）．こうした事態を受けて，佐藤忍氏は「1990年代初頭は国際労働市場の発展史における重大な画期をなすかも知れない」（『グローバル化で変わる国際労働市場』明石書店，2006年，157頁）と指摘している．

28) 春田素夫・鈴木直次『アメリカの経済（第2版）』（岩波書店，2005年）は，アメリカの労働市場の実情について次のように論じている．「90年代初頭に職を失った人は再就職時に前職に比べ中位所得が10％低下し，15％の人が健康保険を失った．高給のホワイトカラーの仕事が消える一方，新たに生まれた雇用は，産業別ではサービス部門とくに賃金が平均より低いサービス業と小売業に，規模別では中小企業に集中していた．このため相対的には低賃金で，雇用の継続性が短く，付加価値の面でも劣る仕事のみが増えたように思われた．こうして『中産階級の没落』や『アメリカンドリームの崩壊』が強く人々に意識されるようになったのである」（同書，167頁）．もちろん，このような下層部門への労働力シフトは，アメリカにおける産業構造の変化に伴う長期的傾向と捉えることもできるが，本文中に示したような循環的な現象としてもありえたはずである．

29) 自然失業率仮説のフリードマン流の考えに立てば，失業による職探しはより良い仕事を得るための一種の「投資」だということになる．しかしながら，仮にそうだとしても，それは景気循環の活況局面において上層部門への労働力シフトが見られる状況下でのみ適用可能なものでしかなかろう．しかも，そのチャンスは理論的には中期循環（周期7～10年の景気循環）の中で1度だけだという点も忘れるべきではない．

30) 資本主義はその出自から世界性をもつ．ここでいう世界性は，ウォーラーステインのいう意味での「近代世界システム」における世界性——すなわち，15～16世紀の資本主義成立の基盤となった「ヨーロッパ世界経済」における（中核と半辺境および辺境から構成される）世界性——と同じものである（ウォーラーステイン『近代世界システム—農業資本主義と「ヨーロッパ世界経済」の成立』I・II，川北稔訳，岩波書店，1981年，参照）．こうした観点に立てば，中核としての標準的発展モデルだけでは資本主義の全体像は把握できない，ということである．

31) この間の事情は，大島春行・矢島敦視『アメリカがおかしくなっている　エンロンとワールドコム破綻の衝撃』(NHK 出版，2002 年) に詳しい．あるいは，アラン・ケネディは，名経営者と謳われたジャック・ウェルチが GE の伝統的な事業部門を搾取するかたちで金融サービスを収益源にするための「経営イノベーション」を断行して，GE を「金融サービス帝国」に作り変えたことを詳細に論じている（『株主資本主義の誤算：短期の利益追求が会社を衰退させる』奥村宏監訳，ダイヤモンド社，2002 年，第 4 章参照）．

32) この世界中から資金をかき集め，これをまた世界各地に投資する「金融業者のような振る舞い」を可能にさせているのは，アメリカにおけるグローバル・シティ化した金融センターの存在である．これについて，河村哲二（「アメリカ発のグローバル金融危機—グローバル資本主義の不安定性とアメリカ」『季刊　経済理論』第 46 巻第 1 号，2009 年 4 月）は，「アメリカを焦点とする新たな世界的な資金循環構造」もしくは「新帝国循環」と結びつけて詳細に分析している．

33) この「強いドル政策」の指揮をとった R. ルービンは，財務長官になる前は世界有数の金融機関であるゴールドマン・サックスの経営者であり，いわゆるワシントン・コンセンサスの体現者あるいはウォール街の利益代表者のような人物であった．このあたりの事情については，森圭子『米国通貨戦略の破綻』（東洋経済新報社，2001 年）が詳しく論じている．

34) キンドルバーガーによれば，歴史的に経済覇権国の最終段階では金融に向かう傾向が強くでてくるが，「この現象は新しいものではない．イタリア諸都市国家は貿易と工業から金融へと移行した（フィレンツェとジェノヴァは恐らくヴェネツィアよりもその度合いが大きかった）．ブルージュ，アントワルペン，アムステルダム，ロンドンも同様であった」とされる（『経済大国興亡史：1500-1990』〔下〕石崎昭彦，木村一朗訳，岩波書店，2002 年，99 頁）．

第2章
アメリカ資本主義と現代グローバリゼーション

柿 崎　　繁

1. 問題の所在と課題の限定

　ベルリンの壁崩壊とソ連邦解体を画期として歴史的一時代としての冷戦対抗＝冷戦体制の時代は終焉した．資本主義は，中国を「社会主義市場経済」化の形で包摂し，社会主義の「放棄」による自壊を経て旧ソ連＝ロシア・東欧も包摂・統合した．今では中南米，アフリカ諸国をも資源収奪の対象としてだけではなく「市場」としても組み込みつつ，資本主義は文字通りグローバルに展開している．それとともに貧富の格差拡大がグローバルな規模で激しく進行している．アメリカの覇権「確立」にもかかわらず，対立と混迷が一層進んでいる．80年代から90年代にかけてのポスト冷戦期に本格的に展開したグローバリゼーションは，「貧富の格差拡大」と「対立と混迷」を本質的特徴としているかのようである．

　グローバリゼーションは，各国経済を世界経済に統合する過程において政治，経済，社会，文化，環境における種々の変容の社会的過程を包括的に表す諸現象である[1]．ヒト，モノ，カネが動きまわり，大きな社会的影響を与える現象それ自体は遠く太古の時代からあったが，グローバリゼーションというタームは，冷戦崩壊後に頻繁に使用されるようになった[2]．

　本章が対象とする90年代以降のグローバリゼーション＝現代グローバリゼーションは，アメリカを発信地とする金融のグローバリゼーションをベー

スに展開したものであり，1970年代半ば以降急展開するME（マイクロエレクトロニクス）化と並行して進展する生産の空洞化と相関的なサービス化・金融化の進展というアメリカ経済の構造的変化をその実体的基礎としている．95年WTO（世界貿易機関）設立，そして99年4月設立の「金融安定化フォーラム」を通じてアメリカのイニシアチブによるグローバル・スタンダード化，アメリカン・スタンダードのグローバル化＝アメリカン・グローバリゼーションが冷戦崩壊後に強力に推進された．

「歴史としての冷戦」についてアメリカン・グローバリゼーションの観点からの検討が必要となっている．それは，唯一の大国がアメリカだからといった表層的理由からではない．新自由主義的経済政策を基調とした金融の規制緩和が，途上国債務危機などを契機にウォール街主導でIMF（国際通貨基金）・IBRD（世界銀行）などの国際機関を通じて世界に強制され，文字通りグローバルに展開し，冷戦対抗の終焉を契機に一挙に花開いたからである．にもかかわらず，一方の極としてアメリカは資本主義世界再編の軸を担わざるを得なかった冷戦対抗の世界史的事情を洗い流す傾向が散見される[3]．冷戦の重みの再検証が必要である．

アメリカは，金融のグローバリゼーションを推進することで，経常収支ならびに財政の赤字からくる経済破綻を恐れて，資産バブルとドル高で海外資金を呼び込み，国の内外で資金運用するという資金循環構造によって支えられた．しかし，2008年の世界金融・経済危機によってその破綻は誰の目にも明らかになった．冷戦下で累積されてきたアメリカ資本主義の諸矛盾が現代グローバリゼーションの展開の中で製造業における競争力低下の反面であるこの資金循環構造において一挙に噴出してきたのである．

1920年代の繁栄を支えた住宅・建築投資が29年大恐慌を経て30年代不況における回復過程を長期にならしめた重要な要因であったが，今回の住宅バブル崩壊の帰結としてのアメリカ金融危機を発端とする世界的金融危機・世界同時不況も，あたかも同経路を歩んでいるかのようである．かくして今次の不況が「バブル・リレー」の破綻として循環的性格を持つものとしてと

らえられるのか[4]．それとも戦後のアメリカ資本主義の歴史的地位からの帰結として，資本主義が腐朽し，死滅しつつある過程において新たな段階に向かう一局面として捉えられるのか．これらを，アメリカ資本主義の構造変化と現代グローバリゼーションの関わりで検討することが本章の課題である．それは現代グローバリゼーションの段階把握のための分析視角を与えるものとなろう．

2. 現代グローバリゼーション把握の一基準

(1) 古典的資本主義経済における世界経済循環の基本性格

19世紀の世界市場を特徴づけるものは，金本位制のもとでのパックス・ブリタニカ＝イギリス的国際分業秩序にもとづく世界経済循環の統一的な編成下の市場の外延的拡大である．こうした歴史的条件の下で，産業資本は絶えず新たな非資本主義領域を併合し続けてきた．それはまた，国内個別諸資本間，産業諸部門間の競争を媒介に対外的には国と国との間で発生する不均等な発展を，世界市場恐慌を契機にして拡大された規模での世界経済循環＝新しい均衡に収斂させてきた．

資本主義市場の外延的発展は後進資本主義国，ドイツ，そしてアメリカを自立的資本主義として定立せしめた．19世紀の世界市場は，いわば生産の無政府性と不均等発展が生み出す急速な膨張，その結果としての攪乱，個別資本相互の関係，産業相互の関係，諸国間相互の関係における新旧交代の軋轢を，市場の外延的拡大によって一定程度吸収してきた．金本位制の国際的広がりはこうした形態的統一性を基礎づけた．

だが，世界市場において自由貿易の原理が作用する限り，資本主義諸国間の統一的蓄積運動＝好況の過程から諸矛盾が統一的に恐慌となって噴出する循環運動において，先進国に対する後進国の肉薄運動は周期的に中断される．「追いつき追い越せ」の資本主義の不均等発展の法則は，結局のところ，周期的恐慌において中断され，先行して資本主義国として登場した国と遅れて

登場した国との発展の差を維持する雁行発展の形態をとらざるを得ない．自由競争段階のグローバリゼーションの特徴である．

　繊維産業基軸の自由競争の段階から過渡的調整期間である19世紀末大不況（1873年恐慌から1896年恐慌）を経て重化学工業基軸の独占段階に移行するとともに，市場の外延的拡大は完了した．金融資本による国内寡頭支配の体制のもとで資本輸出を媒介とした商品輸出において，分割された世界市場における内訌的競争が激化し，国家の暴力装置を利用した市場の再分割闘争を引き起こす．再生産体系における鉄鋼，電気製品などが主導する新たな産業基軸では，膨大な固定資本投資を必要とする産業部門として資本集中と生産集積による独占化が生産力の発展にとって決定的条件となる．そのため遅れて登場した国（独・米・日）では個別資本の資本蓄積の不足のために資本集中・独占化の衝動が強まる．他方，すでに一定の資本蓄積があり，また広大な植民地を保持する国（英・仏）では資本輸出による植民地寄生からの利殖が生産力発展の衝動に一定の制動を加える．

　こうして世界市場の外延的拡大が完了した歴史的条件の下で，不均等発展の結果としての急激な膨張とそれによる新旧の交代は，19世紀的自由貿易の世界市場とは異なって，拡大された均衡化へと純経済的に吸収されていく可能性はもはや喪失し，一方の膨張は他方の後退をもたらし，対立と抗争の激化となる．不均等発展において遅れて世界市場に登場してきた国は，急速に膨張する生産力展開による価格競争力を武器に世界市場に浸透する．かくして植民地宗主国による保護関税とブロッキズムの高まりなどで対立が激化し，金融寡頭制支配の下で国家を媒介に激しい植民地争奪戦としての市場の再分割闘争とならざるを得ない．不均等発展の暴力的貫徹として，必然的に帝国主義的世界市場の再分割をめぐる戦争を引き起こす．資本主義の独占段階におけるグローバリゼーションの本質的特徴であり，その一帰結が20世紀の第一次大戦，そして第二次大戦がそれであった．

　とはいえ，独占段階における世界市場をめぐる競争は一路戦争への道ではない．激しい世界市場競争を媒介とし，各帝国主義本国内に発展した国内経

済循環をもつ列強が，金本位制下の貿易と信用を通じて相互に経済的関係を密にし，それぞれの発展の型の相違を持つ諸列強の結合として統一的世界循環の幕間も含んでいた．独占段階における資本輸出は，それを梃子として貿易取引の増大をもたらし，世界的規模での帝国主義的な国際的分業秩序の生成からもたらされる世界市場連関の発展をもたらした．つまり，資本輸出は資本輸入国に購買力を増大させることで輸出国側での商品輸出の梃子となる．また植民地，後進諸国に投下された資本は原燃料・農産物等の開発に投下されて帝国主義的貿易の体制を発展させる．こうして資本輸出は帝国主義的世界市場連関の強化・確立のための決定的梃子となった．

その際，国際金本位制とそれに結びついた国際的信用制度が世界市場のますます緊密化していく諸関係を媒介し，世界循環の形態的斉一性を保持させる有力な枠組み・基盤として機能した．すなわち国際金本位制下の国際的信用制度のもとで，短資の頻繁な移動と巨額の長期投資・回収・再投資の流れの網の目が形成され，それにともなう帝国主義諸国と植民地・従属国における農産物・工業原料生産の急速な開発が行われ，それら地域の間の帝国主義的な商品交換の急速な展開が行われることができた．こうして国際金本位制は帝国主義的分業秩序のもとで帝国主義的世界市場の連関の中枢として，世界循環の形態的統一性を保持する重要な条件の1つなのである[5]．

(2) 両大戦間期のアメリカを軸とした世界経済循環

20世紀初頭の世界市場の基調は，植民地市場をめぐって勢力圏を争う諸国家間の対立と闘争の場である．それ故この市場における対立と闘争が資本の集中と生産の集積から発生する独占を媒介とする諸国家の体系におけるグローバリゼーションの特徴的形態である．市場再分割戦争は20世紀初頭における資本のグローバリゼーションの一帰結であった．

しかしアメリカは，1890年に既に「フロンティアの消滅」を公式に宣言していたとはいえ，新産業の発展による国内市場の急速な拡大のために世界市場における競争者としては立ち現れなかった．広大な国内市場を持つ「大

陸国家」として世界市場から相対的に自立した再生産構造をもっていたからである．

　第一次大戦から最も利益を得たアメリカと日本，勝利したにもかかわらず大きな打撃を受けた英・仏，そして敗戦により帝国主義としての存亡の危機に陥ったドイツ．敗戦国ドイツは，戦後インフレと賠償に掣肘されながらも，アメリカの資本投下によって生産を回復させ，英仏への賠償支払いを行う．英仏はそれをもとにアメリカから必要な資本財を輸入して生産力回復する．第一次大戦後の世界経済循環の構造である．それは，急速に飛躍するアメリカ資本主義と，強大な帝国主義としての地位を失いつつあるイギリスの停滞傾向，戦争からの被害を脱して以後は急速に発展していったフランス，そしてドイツの資本主義という再生産構造の型の違いを内に含んでいる．世界戦争は世界市場の構造に大きな変形作用を与えた．その作用が戦後の高揚と戦後恐慌を通じて1928年における世界的な高揚局面とそれに続く29年恐慌後の世界大不況を生み出していく．統一的世界循環の回復である．

　1920年代のアメリカは，自動車，電気，住宅建築などに主導され大量生産と大量消費をもたらされ，「アメリカ的生活様式」と呼ばれる消費社会の形成により国内市場は急速に発展した．20年代中頃まではアメリカへの金と外国為替の流入があり，これが世界市場の回復と発展を遅らせた．25年以降アメリカからの資本輸出の増大と西欧の生産力回復により金と外国為替の流入が止まり，各国の金為替本位制の採用と相まって世界経済全体の全般的高揚がもたらされた．しかしこの世界的規模での金為替本位制採用において，第一次大戦を通じて債務国（1914年時点で民間債務36.9億ドル）から世界第一の債権国（1919年時点で民間債権36.4億ドル，政府債権95.9億ドルの計132.3億ドル債権保有国）となって世界史の表舞台に登場したアメリカと，かつての国際金融市場中心地としての地位保全を探りつつも既得植民地市場にすがる停滞的なイギリスとの彼我の差は，アメリカを「ゴールド・センター」とし，それに金地本位制を採用したイギリスが補佐役」[6]となる構成となって現れた．

実際,イギリスの金地金本位制もアメリカからの1億ドルの借款の支援によって支えられていた.第一次大戦後の世界経済における循環構造,即ちアメリカから発してアメリカに還流するドルの流れに依存して拡大を遂げるこの構成は,金融逼迫や利子率騰貴を通じてアメリカの対外資本輸出の停滞や収縮が生じれば,あるいはアメリカ国内の株式市場などにおける投資による対外投資の減少と海外からの資金流入による資金の逆流があれば直ちに崩壊する脆弱な循環であった.

アメリカは1929年輸出高でイギリスを追い越し,世界最大の輸出国(米51.6億ドル,英は35.5億ドル)となった.世界市場の発展に関しては,基本的に伝統的な高関税主義を維持し続け,30年代大不況において保護主義的政策を強め,世界的ブロック主義の流れを作り出す素地をもっていた.それは,高関税によって国内市場を守りアメリカ的生活様式を維持する一方で,第一次大戦の軍事援助による借款と戦時需要品輸出で稼ぎ,今また1918年基準で世界の6割強,英独仏合計の2倍近い4,517万トンの粗鋼生産,13年起点のフォーディズム,対外債権は官民あわせて126億ドルの世界唯一の金融的自立国という「資本主義のアメリカ的段階」を背景に,世界一の輸出国として稼いだ資金を対外貸付と投資によって欧州復興がもたらす輸出助長,西欧の復興を通じたアメリカ自国利益主義[=モンロー主義]に流れる傾向を反映したアメリカ資本主義の成立史的特質に基礎を持つ[7].

高率関税は,世界史の表舞台に登場した国として世界市場の発展に寄与する政策ではなく,未だ自国優先主義に掣肘された対外政策である.資本主義の盟主となるべく「世界戦略」を持ってはいなかった.資本主義の盟主としての「世界戦略」は,29年恐慌から30年代大不況を通じて金本位制からの離脱=不換紙幣制への移行とともに,経済の国家管理と対外的ブロック主義が一層進み,帝国主義列強による世界市場における勢力圏争いの激化の帰結としての第二次大戦による資本主義の危機がアメリカをして資本主義世界を統合する盟主として押し上げるまで待たざるを得なかった.そしてまた,そのことを必然にした条件こそ,第二次大戦後の旧帝国主義諸列強の落ち込み

と第二次大戦を境に決定的に変わったソ連の地位である．

第一次大戦後ではソ連社会主義が成立して資本主義圏における有力な商品と投資の市場から脱落した．それは，ロシアと結びつきの強かったヨーロッパ諸国（貿易面では中・東欧，金融面では英・仏）に大きな打撃をもたらした．とはいえ，その経済的意義はそれ以上ではない．ソ連社会主義は未だ一国社会主義の成立であり，資本主義に包囲されたそれであって，第一次大戦後に帝国主義列強による世界経済の再編成において根幹を揺るがすほどの意義を持つものではなかった．とくに，貸付資本の喪失を被ったフランスとは異なり，日本，アメリカ，イギリスにとってはロシア喪失の経済的打撃は甚大なものではなかった．社会主義の影響は第二次大戦後の冷戦体制成立とそれ以後に鮮明になってくる．

(3) 冷戦対抗前史：戦後資本主義再編の枠組みの形成過程

第二次大戦は，典型的な帝国主義世界戦争であり，国家総力戦として戦われた第一次大戦と同様に帝国主義列強間の対立＝帝国主義戦争の特徴を基調としつつも，それを超えた新しい性格を併せ持っていた．大陸でドイツと戦う唯一の勢力＝社会主義ソ連と連合した戦争であり，また列強内労働・民主主義勢力，そして植民地従属国の独立運動をも巻き込む広範な反ファッショの性格を併せ持つ戦争でもあった．こうして第二次大戦は，第一次大戦と異なった新しい性格を伴う，文字通りの世界戦争として戦われた．

第二次大戦において，第一次大戦の国家総力戦型軍事編成をさらに進め，連合国の側では戦略兵器体系の開発に人的・物的資源を大量に投入し，相手国側の総力戦体制の基盤を破壊するため大量破壊・無差別性を徹底的に推し進め，4千万人を超える人々が亡くなった．

第二次大戦開始直後のアメリカの世論は，孤立主義的動きが強かった．しかし欧州の軍事情勢の急展開は，国際的関与を促すきっかけとなった．アメリカは第二次大戦が勃発するとすぐに戦争資源委員会を設置し，産業動員の検討を始め，戦争経済遂行の統括組織を設置して対応した．1940年には史

上初めて選抜徴兵制に踏み切り，41年には軍需生産を直截に統括する生産管理局を設置した．また軍事インフレに対処するため価格管理局の権限を強化し，生産活動を総合的に調整する供給優先割り当て委員会を設置するなど，日米戦争が開始される以前にほぼ十分な戦争経済体制を整え，「指令経済的（command economy）な体制」を一挙に構築し，政府による戦時統制は，「最初から包括的，計画的」に行われた[8]．

戦争動員の体制構築のためにアメリカは常に参戦の「理念」を求められる．それは，独立戦争以来の「アメリカ人の使命感とアメリカ例外主義の観念」に由来するとともに，第二次大戦において大規模な動員と長期の厳しい軍事的・政治社会的試練が予想されたからである[9]．

アメリカは，大西洋憲章にもられた「理念」を戦争目的として参戦する．この理念は，アメリカの軍事援助が「民主主義の兵器廠」としてイギリスのみならず，41年ドイツの攻撃を受けたソ連に対しても大々的に援助を行った考え方でもあり，一定程度普遍的な内容を有していた．しかし同時に，30年代長期不況に呻吟してきたアメリカ自身の経済的利害が不可分の縦糸として織りこまれ，ソ連に警戒心を持たせる要素を孕んでいた．それは戦後世界政治の安定確保のため各国が開放的経済体制をとることで世界貿易の拡大をはかるという多角的貿易体制＝グローバリゼーション構想にソ連も包摂していく内容である．それは戦後秩序をめぐる米ソ対立の遠因をなすものと位置づけることが出来る[10]．

第二次大戦後アメリカは，大不況の悪夢が覚めず，戦後恐慌の再来を防ぐため，さらには軍需に関連した一大技術革新によって圧倒的な経済的優位を築いた強者の論理に立って，貿易の自由化を求めた．その際にアメリカは，武器貸与・援助供与国という立場を利用して帝国列強のブロックの解体と差別的措置の撤廃を追求した．戦後復興援助はアメリカからの輸出を維持することであり，資本投下の果実の追求の狙いがあった．実際，戦後も輸出の対GNP比は1945年4.9％，46年4.8％，そして47年6.5％と，輸出も戦後相当な水準を保っていた．巨額の戦費負担による消耗や物的ならびに人的損害

など，かつてない膨大な被害を被った結果，甚だしく荒廃し，極度に疲弊した状態にあった欧州の復興需要に応じることが出来る国は唯一アメリカのみであったからだ．

　帝国主義の構成要素であり，後背地である植民地の喪失が第二次大戦後に決定的に進んだ．アジア植民地の場合，日本軍の侵略による旧植民地統治機構の崩壊，また戦時における植民地兵数百万人の動員と抗日ゲリラ戦の展開を通じて植民地における大衆武装が行われ，それが戦後立ち上がった民族解放運動の鎮圧を困難にしたこと，そして大戦の痛手により経済的軍事的に消耗した西欧植民地領有国において旧植民地を維持する能力を欠いたことなどにより，1940年代にはアジア植民地はほぼ消滅するに至った．こうして西欧帝国主義国は経済力の重要な基礎をなした植民地における膨大な投資収入，輸出市場，原料資源，海運保険収入など，権益の大半を失うにいたる．

　欧州諸国の疲弊とは対照的に，アメリカは直接の戦争被害を免れただけでなく，大戦を通じて生産能力を飛躍的に拡大し，世界経済における絶対的優位を確立した．すなわち，資本主義全体の鉱工業生産に占めるアメリカの比率は戦前の42％から46年には62％へ，輸出は39年から47年の間に4倍に増加し，世界総輸出の3分の1を占めるに至った．海外投資は全世界の4分の3を占め，ほとんど唯一の純投資国となった．また38年～47年の間に83億ドルの金を集中し，47年金の保有高229億ドルは世界の公的金保有額の66％に達していた[11]．

　アメリカでは，戦時における経済過程への政府の大規模な介入と軍事動員によって労働力不足の状態となり，女性や老人，学生までも労働力化した．こうした労働市場における逼迫を反映して，戦時中にもかかわらず労働組合は大きく成長し，労働者側の立場が強化された．

　かかる状況のもとで，2度の大戦を経て圧倒的な経済力を獲得し，世界経済再編の基軸を担うアメリカの経済的課題は，1946年雇用法にみるごとくケインズ主義政策を追求して戦後恐慌を防ぎつつ，パックス・ブリタニカの国際分業秩序編成から列強間の対立的な帝国主義的国際分業秩序編成をアメ

リカ基軸の国際分業秩序の体制に再編しつつ自由な世界市場を形成することであった．アメリカ基軸のグローバリゼーションの構想である．この課題は，ドル基軸の国際流動性供給の機構をつくりあげることを必要とした．そのために自国の経済的利害を守りつつ，主要地域における経済的復興を実現することであり，それには主要国の再生産構造の再建・確立が優先事とされた．

　こうした構想を実現する上で障害となっていた国内の孤立主義を終焉させる転換をもたらしたのも第二次大戦であった．それは米ソ間に冷戦が始まるにつれてアメリカが世界中の問題に直接的に関与していく覇権主義的なグローバリズム＝帝国主義的関与への急速な転換を可能にした．第二次大戦後国連への加入が承認され，アメリカの世界各地への関与を当然視する考え方が議会の多数を占めるようになった．金とリンクした形でドルによる国際流動性を保障するIMF協定と戦後の経済復興開発のための資金貸付を目的としたIBRD協定が締結され，ITO（国際貿易機関）構想の批准が失敗したように保護貿易的傾向は根強く残っているものの，1947年には自由貿易の推進，差別的措置の廃止，多角的貿易などの原則だけを明記したGATT（貿易・関税に関する一般協定）が締結された．ブレトン・ウッズ体制の発足である．こうして第二次大戦後の資本主義世界市場の枠組みが形作られたが，それは，ソ連社会主義を排除する方向での枠組みの形成であった．

　ソ連は，ナポレオンの侵略以来の軍事的要路である東欧において，第二次大戦に2千万人を超える死者を出した防衛本能から反ソ的勢力を弾圧し，国土防衛の緩衝地帯形成のためにソ連に友好的な政府を形成し援助した．46年有名なチャーチル「鉄のカーテン」演説を機に，アメリカでも対ソ強硬論が台頭してきた．

　イギリスは，戦争による疲弊に加えて深刻な経済危機に直面していた．47年イギリスは，内戦状態のギリシャやソ連の中東進出を防ぐ重要地域トルコへの財政・軍事援助をアメリカに要請した．アメリカは，自由主義か全体主義かを問う「世界的規模の計画の一部」として軍事援助を行った．冷戦開始の画期となったトルーマン・ドクトリンである．同年，経済復興援助によっ

て左傾化を阻止するために大規模な欧州経済援助計画（マーシャル・プラン）を発表し，一国単位の援助ではなくヨーロッパの「共同計画」の手続きをとる形でソ連を閉め出した．ソ連も東欧諸国に同プラン不参加を強要し，こうして欧州は決定的に分裂した．

1948年チェコスロバキアの政変，米英仏によるドイツ占領地域における通貨改革の実施，対抗してソ連は西ベルリンの封鎖を開始し，49年9月にはドイツ連邦共和国，翌10月にはドイツ民主共和国が発足し，ドイツの分裂が決定的となった．ベルリン危機に際して，トルーマン政権が核を外交手段としてちらつかせるなど，冷戦状況を決定的にした[12]．

ソ連は49年9月核実験を行い，アメリカ核独占の終焉をもたらした．49年6月アメリカはカナダとともに結成されたNATO（北大西洋条約機構）に参加し，ソ連も対抗して55年には東欧諸国とワルシャワ条約機構を結成して軍事的に対抗した．

アメリカは欧州の危機を重視したが，それに劣らずアジア情勢も深刻だとの認識を深めていった．内戦と植民地主義との闘争においてアジア地域の経済が破壊され，民族独立が社会主義勢力によって担われる土壌があった．当初，アジア各国の再建と復興の鍵を握っていると考えられていた中国で45年10月以降本格的内戦に突入し，アメリカは蔣介石政権を支援したが，49年10月中華人民共和国成立が宣言され，社会主義中国が誕生した．ここに至ってアメリカの戦後アジア構想のなかでアジアにおける「反共の砦」として日本が重要な位置を占めることになる．50年の朝鮮戦争はアジア冷戦体制の構築を決定的なものとした．

3. 冷戦体制のもとでのアメリカ基軸のグローバリゼーション

(1) 冷戦体制とアメリカ資本主義
① 世界戦略と核・ミサイル軍事機構の確立

1949年ソ連原爆実験と中国革命はアメリカに二重の衝撃を与えた．その衝

撃は，核兵器などあらゆる手段を即時効果的に利用できる準備の必要性と核使用における大統領の決定の必要など，核に関する1948年9月の政策（国家安全保障会議NSC文書30号，以下NSC 30）を転換させるものであった[13]．トルーマン政権による50年の水爆製造命令とNSC 68において，「全体制的な再動員を核『抑止』＝『常時即応』」の体制へと方向転換させ，本格的軍備拡張の開幕となった．NSC 68は，冷戦に対応した本格的体制構築の「基本綱領」というべきものであった[14]．

アメリカは，朝鮮戦争が内戦の性格を持っていたにもかかわらず，国際共産主義の「直接侵略」と捉え，国連軍の形で直接介入した．50年12月国家非常事態宣言を発し，兵力を開戦時の150万から350万へ倍増し，連邦予算における軍事費の比重を40年代後半の45.5％から50年代前半には62.2％へと跳ね上げた．この過程において予算制約を克服して軍事力の飛躍的増強が実施され，NSC 68の基本路線が打ち固められていった．

一方ではベルリンの危機に発した東西ドイツの分裂，他方では中国革命の成功と引き続く朝鮮戦争は，ソ連（・中国）を軸に編成される社会主義の体制と，それを封じ込めて世界大で対抗するアメリカ主軸の資本主義同盟との対抗，いわゆる冷戦対抗を決定的なものとした．ここにおいてソ連をも巻き込む先のアメリカ基軸のグローバリゼーションの構想は，米ソ冷戦対抗の構造とその枠組み＝冷戦体制の下で頓挫した．

アメリカは，世界的な軍事的イニシアチブの下で各国通貨をドルに固定的にリンクさせる「人為的機構」＝IMF・IBRDにおいて貨幣流通管理の権限を掌握し，危機に瀕した旧帝国主義列強諸国を含む資本主義国の戦後復興と旧植民地・途上国開発をこの機構に包摂した．かくしてアメリカは事実上の「世界中央銀行」として振る舞い，冷戦対抗の必要から国家資本による軍事援助並びに復興援助［ドル散布］と民間資本輸出，さらにはかつてのブロッキズムの柱であった旧植民地体制を解体しGATTと2国間協定を通じた自由な貿易を追求した．こうして世界を分断化した冷戦対抗の下での資本主義世界の再編を通じてアメリカ基軸の資本の「グローバリゼーション」が貫徹

する．

　アメリカは，陸軍の統制のもと巨大独占機構への 200 人を超える第一級の科学者の軍事動員を行って総額 20 億ドルの「マンハッタン」計画（1941-45 年）により原爆を開発した．そこで使用された秘密核施設は，戦後そのまま大統領直属・軍事連絡委員会を通じる DOD（国防省）統制下で 1946 年に設置された AEC（原子力委員会）へ移管され，国家＝軍事的統制下の国有＝独占的委託経営の方式で運営される．AEC は，NSC 68 とベルリンの危機と朝鮮戦争の過程を経て，ウラン濃縮工場の新設・水爆と原子力艦船建造の巨大な軍事工廠へと成長し，後の軽水炉原子炉発電の世界市場独占の基礎を打ち固める．

　原子力など科学技術におけるアメリカの主導権を打ち破り，地球大の「封じ込め」前線への後方基地＝「安全な大陸」神話の地理的優位を奪い去った 57 年ソ連大陸間弾道ミサイル実験と人工衛星「スプートニク」打上げ成功のショックは，均衡財政を基本とした戦略空軍偏重の NSC 162 の「ニュー・ルック」戦略を見直し，「相互抑止 MAD」下での文字通りの「常時即応」体制への旋回による世界戦略体系の再編をアメリカに迫った．ケネディ以来民主党政権下の膨大な「生き残りのための軍事予算」・New Economica による積極的高成長政策により，NSC 68 の体系的実現ともいうべき核と通常兵力を組み合わせた柔軟反応戦略と新植民地政策を登場させた[15]．

　核兵器はいまや，大陸間弾道ミサイルとの連結を通じてそれに対する指揮・管制・通信および軍事情報の収集，世界的規模での軍事通信体系 WWMCCS を枢軸とした C3I ネットワークを含む核戦力体系となった．それは在来産業動員の従来型の戦争の概念を覆す軍事力の新たな段階を画す[16]．それは本質的に科学主導の産業体系――原子力産業，電子・通信工業，宇宙産業――の集積の上に成立する．

　大統領直属の副大統領・国務省・DOD・AEC・NASA（航空宇宙局）で構成される NSC の統括のもとに陸・海・空 3 軍の科学・宇宙計画を立案し，

その要員・施設，そして膨大な契約＝調達を行う機構として，体系的で経営システム的統合の軍事機構が成立する．それは，ソ連ボストークの衝撃により生み出されたアポロ計画の過程で全容を整え，かくしてDODのミサイル開発，AECの核開発との分業体制のもとに広範な科学・産業の動員・創出・包摂を可能にする屈伸的な統括形式＝大統領直属のもとでDOD－AEC－NASAの国家機構を軸とした核・ミサイル軍事機構として定立した[17]．

② 核・ミサイル軍事機構を支える新鋭軍事産業

核・ミサイル軍事機構に包括される新たな産業は，在来産業とは一線を画す一個の独立した産業体系であり，本質的に科学主導の軍事産業の体系，冷戦という政治的必要によって生み出された新鋭産業の体系である．それ故この産業は国家の支えによって維持＝再生産が可能となる．そのことは，1961年において製造業の総生産額の63.4％が兵器，航空機，電気，精密機械の軍需関連部門で占められ，そしてこれらの部門が政府資金87.0％が同部門に配分されている研究開発費と政府購入の7割以上を占める国家資金の集中投資に起動され，軍需部門内部の循環＝産業連関表における同上産業の中間需要のうちに消失する形に現れる[18]．

軍事に起動された科学主導の新たな産業体系は，「政治的必要」＝「冷戦の論理」に規定され軍事産業部門として位置づけられる．同時にまた，在来重化学工業を超える生産力展開を可能とする新たな新鋭産業部門として，アメリカの再生産＝循環構造における編制軸として全体系を統べる枢要な位置づけを与えられる．軍事産業という生成過程で鋳込まれた基本的性格も，20世紀における物理科学における革命を軸とした科学労働基調の産業体系として，国民的編制をも超える国際的編制とその不断の維持－再生産にいたる過渡的・経過的性格を有している．

70年代における冷戦体制の解体過程のなかで，電子・通信工業は民生に収益の基盤を求めME＝情報革命として花開いた．そして今，温暖化など地球環境問題と石油価格の高騰を背景にオバマ政権成立とともにグリーン・エ

コノミーに傾斜するなかで原子力政策の見直しに活路を見いだす原子力産業の動向などは，軍事的性格を持ちながらも財政危機のもとで産業自身が民生的展開を追求する性格を孕んでいることを示唆する．

(2) 戦後欧州展開を軸としたグローバリゼーションの展開
① 欧州復興過程と冷戦体制構築過程

第二次大戦は，旧列強帝国の戦争によるダメージとソ連を中心とした東欧における社会主義化の嵐，そして各国内における労働運動の高まりと植民地独立運動の高揚が由来の民族国家を構成単位としてそれぞれに植民地・勢力圏を擁して相対峙する帝国主義的「諸国家の体系」の存立基盤を国の内外から奪い去った．帝国主義世界内部の諸矛盾の危機的な総括＝調整形態である世界恐慌と帝国主義列強の対抗＝世界戦争の防止は戦後資本主義の至上命令となった．それはまた調整のための単一の世界体系への資本主義世界の再編＝統合を政治的な至上命令とし，そのための体制整備＝枠組みをまず構築することが，戦後アメリカの対外政策の基調である．いわば強大な経済力を背景に第二次大戦後の世界秩序を望ましい形にすべく，巨大な規模での軍事的並びに経済的援助を行ったのである．その典型例を戦後欧州復興にみる．

欧州復興はアメリカの援助なくして立ち上がれない程疲弊した欧州経済の姿を示した．マーシャル・プランによる大々的な復興援助に入る前の1945年，総額13億8千万ドルの経済援助のうち7億1千万ドル，全体の51.8%が西ヨーロッパに向けられ，翌46年総額53億2千万ドルのうち32億8千万ドル，61.5%と比重を高め，47年マーシャル・プラン実施年には総額56億7千万ドルのうち実に42億9千万ドル，75.7%が欧州復興に充てられた．当初1946年3億2千万ドル，47年も3億2千万ドルが国連救済復興資金の形で援助されていたが，48年以降は直接援助の形態に替えた．それはいうまでもなく，47年3月トルーマン・ドクトリンによるトルコ・ギリシャに対する4億ドルの軍事・経済援助や48年から4年間で総額170億ドルを超える予算計画のマーシャル・プランに代表される経済援助であり，相手国の

復興に寄与するとともにアメリカの政治・軍事そして経済目的にも資するものであった．

マーシャル・プランは一国単位の援助でなく，大国による小国の従属，各国の主権制約・侵害を伴う各国共同計画方式で行われた．欧州側の受け皿として英・仏・伊など16カ国は1948年4月OEEC（欧州経済協力機構）を結成し援助計画を具体化していった．4年間の援助額は130億ドルを超える膨大なものであり，アメリカによる国家資本の投入は西欧諸国の経済復興に大いに貢献したばかりでなく，その後に欧州進出する米系独占のインフラ構築にも資するものであった．ソ連・東欧諸国との決定的な分裂においてマーシャル・プランは，西欧資本主義諸国を貿易自由化の体制とアメリカを頂点とした資本主義体制に政治的・軍事的にも組み込む決定的な経済的契機となった．総じて冷戦3正面作戦（対ソ連・社会主義，対植民地，対労働者階級）を軸としたアメリカの世界戦略と欧州各国の国家戦略との共同利害形成をもたらした．そしてその画竜点睛が経済援助と引き替えに強制されたNATOの結成である．

② 米系資本の対欧州展開

NATOを通じる先進＝主権国家領域への米軍の展開・駐留方式は，現地国主権の存続を条件に特定地点に限定されない全域的な移動権を確保し，現地国の軍との共同主権＝統合軍創設の法的擬制のもとで外国駐留軍の現地軍待遇特権を確保し，進出先における共同防衛地域設定とそれをうち固める2国間・多国間協定のネットワークの枠組みのもと各国に散開する米駐留軍を単一の世界戦略の体系に編入＝統括し，各国現地軍をそのもとに組み入れる統合支配の体制に，まさしく「帝国主義の帝国主義」として「国境なき帝国」の対欧州展開における枠組みであり，基盤創出を担うものであった[19]．

こうしたNATOの軍事・政治的＝法制的枠組みのもと多国間・2国間の投資保証・特許＝情報協定などが展開する[20]．それと同時に，中東地域における石油産出地域の英・仏などの旧宗主国の肩代わり＝奪取による「新植民

地主義」支配を背景に,マーシャル援助下の1949年に早くも欧州製油能力拡張計画が起動した[21]．また60年代のNATOパイプライン計画により石炭から石油への「エネルギー・素材革命の対欧州移植過程」を通じて,その後の化学産業と自動車産業の対欧州展開のインフラ基盤が構築されていった．

ソ連スプートニク・ショックを受けてアメリカは,核・ミサイル体系を軸とした戦略を構築し,それを支える航空・宇宙産業ならびに原子力産業の強行的創出,さらにそれらの制御機構を担うコンピュータ・半導体関連の電子工業の育成・創出によって,研究開発主導の新たな産業が構築された．こうして国家独占的に構築された新鋭産業の圧倒的競争力を背景に対欧州直接投資の展開の第2階梯ともいうべき新鋭産業基調の対欧直接投資の奔流が1960年代に始まる．アメリカの力は冷戦とスプートニクの出現以後の10年間に飛躍的に伸びたのである．

③ 米系資本の欧州展開とユーロ・ダラー市場

巨額の研究開発費,装置の新鋭性と巨額の費用を特徴とする新鋭産業は,アメリカ本国でテスト済みの製品を欧州で生産する現地工場を立ち上げる．そのための必要経費は,本国における金融引き締め下で,1953年西欧8カ国間の通貨の多角的裁定取引とその後の取引範囲の拡大,1958年西欧通貨の交換性再開とドル防衛策(1960年代前半の定期預金金利上限規制レギュレーションQ,1963年金利平衡税,65年対外投融資自主規制など)による金融引き締めとによってアメリカの金融資本と独占体を本格的にユーロ市場に向かわせ,かくして現地支店を通じて本国通貨＝ドル形態のままで調達される．

1949年IMF創設により戦前来の通貨圏を解体することでポンドなどはドルの通貨圏に包摂され,49年の通貨切り下げを画期としてドル・スペンディングのための補助＝調整通貨に貶められる．58年西欧通貨の交換性回復によって,超国家的金融市場＝ユーロ・ドル市場が欧州に堆積された過剰ドルを原資としてドル形態のままで集中・集積して成長した．1965年以来の本

国内金融引き締めによる過剰ドルのユーロ市場への逃避による米銀行独占の占拠がユーロ市場成長の背景にあった．

　こうして構築される欧州在外子会社群，これら新鋭産業の欧州に散開する生産並びに研究施設群を単一の経営体，すなわち中央集権的な頂点にいるアメリカの本社に統括する「国際経営ロジスティックス」の採用を規定づけ，本国の大陸的規模での集積と並ぶ欧州集積体として圧倒的競争力を基礎に欧州全域における市場独占と統合的支配の体制化をもたらす．

　このアメリカ独占による統合的支配の体制化は，併存する欧州各国の独占とのライセンス協定や資本参加，さらには「共同子会社」の設立や「ライセンス＝共同生産」コンソーシアム組織など様々な通路を通じた欧州現地国独占体との「結合関係」・「相互浸透」のネットワークの土台となり，むしろ欧州独占体による新鋭技術・商品の吸収・消化，つまりはアメリカの新鋭産業の技術の「移植」による「欧州経済の発展」に展開の基盤を見いだす「結合」・「相互浸透」である限り，米系独占と欧州独占との対抗関係を孕まざるを得ない．

　欧州に散開するアメリカ独占体の各子会社の全欧州的なネット・ワークの「結合」を通じて欧州市場を単一の生産・市場支配圏として編入する米系独占による欧州の統合支配は，民族諸国家による分割を前提とした欧州諸国民市場相互の統合＝共同市場化の促進と相関的である[22]．

　米系独占の統合・支配は，他ならぬ欧州諸国の民族国家の枠組みという制約を前提に，市場の統合・共同化を押し進め，「国際経営ロジスティックス」のもとで欧州に散開する在外子会社の「国際的最適生産」のネットワークに「結合」する形で実現してきたのである．米系独占は，この国境という制約をも投資収益の本国送金，現地留保・再投資などに関連して親子関係のリーズアンドラグズ操作，現地国の間の利子率や為替レートの変動に対応した子会社相互間の通貨の移転操作，さらには親・子間の移転価格操作等々，本社コントロールのもとでのナショナルな規制の枠を超えた生産と分配，そして資金の国際的な運営機構によって，ナショナルな枠組み自体を利殖の機会に

変えたのである．

　同時にアメリカ独占体による欧州における資本の集積がアメリカ本国における国家独占的機構における研究開発支援とそのもとでの生産と資本の集積をベースとし，それを不可欠の構成部分としている限り，アメリカ本国における新鋭産業の解体の理法［政治的必要の論理と経済プロパーの論理との矛盾＝対抗］と連動せざるを得ない．アメリカにおける核・ミサイル軍事機構確立にあわせて厖大な国家予算を投じて創出された新鋭産業創出の過程＝軍事インフレ的蓄積の過程は，欧州において新鋭産業の分野において独占的地位の形成をもたらしたが，他方本国における在来分野の産業における対欧（・対日）競争条件の悪化をもたらし，固定レート制のもとで進行するドル不安と相まって，在来産業における「資本の過剰化」を引き起こす．それは欧州における復興期のドル不足から経済成長とともにドル過剰化へのベースとなった．

4. 冷戦体制の解体過程とグローバリゼーション

(1) 旧IMF体制の解体

　政治的必要による海外軍事・経済援助と，国内的には相手国の軍事力強化にあわせて促迫される核・ミサイル軍事機構構築による軍事支出増の論理とによって赤字財政が増大し，並行してインフレ・軍事インフレが進行した．

　軍事インフレは，一方では1969年第4四半期から70年第1四半期にかけてGNPがマイナスとなり，失業率も6％と10年ぶりの最高水準のもとで物価高・インフレが進む典型的スタグフレーション状況をもたらした．1965年以降激しくなるベトナム侵略戦争によって加速された軍事費の膨張によって財政赤字は膨張し，「大砲とバター」というジョンソン政権下の軍事インフレのコスト・インフレ化を助長してインフレ的物価騰貴が進んだ．こうした事態にニクソン政権は，69年に軍事費削減をも含む総需要抑制策を打ち出した．その結果，アメリカは69年から70年にかけて物価上昇下の不況，

即ち典型的スタグフレーションという状況に陥ったのであった.

　軍事インフレはまた,旧西ドイツそして日本の経済成長に伴う国際競争力強化とは対照的に,独占価格にあぐらをかくアメリカ独占の在来的重化学工業分野での競争力を低下させた.その結果アメリカは,1970年には実に1888年以来の83年ぶりの貿易赤字となった.それは,海外軍事・経済援助と民間資本の海外投資によるドル流出により,ついに金・ドル交換を前提とした固定レート制下のIMFの崩壊をもたらした.国際収支の赤字により,外国保有の外貨3000億ドルに対してFRB(連邦準備制度理事会)保有金は僅か100億ドル相当であり,かくしてアメリカは1971年金・ドルの交換停止,10%の一時的輸入課徴金を課す政策を発表せざるを得ないところまで追い込まれた[23].

　金・ドル交換停止は,一方では対外関係で制約されていた財政・金融の政策上の制約を解除することになった.他方でそれは,ユーロ市場,さらには世界的規模での過剰ドル・過剰信用形成・発展の条件を与えることになり,金・ドル交換によって「金為替本位制」的に擬制されていた「ドル本位制」＝「ドル体制」を実質化する契機となり,それ以後,世界はドルの価値変動・過剰ドルの闊歩に悩まされることになる[24].

　金・ドル交換停止に伴う固定相場制から変動相場制への移行とともに,アメリカの対外投資規制は全面的に撤廃され,資本の投機的移転を含む国際資本取引の自由化が急速に発展する.金・ドル交換停止は,通貨・信用管理を通貨・信用連鎖の「市場」にゆだねるものとして,国の内外における国家独占資本主義的な規制・管理の枠組みを事実上外すことを意味することとなる.

　60年代既にドルの国際的利用により大きく発展していたユーロ市場におけるユーロ・ダラーはアメリカ金融当局の規制の枠外にある.1973年の変動相場制への移行,各種対外投資規制の撤廃による国際的資本移動が活発化するにつれ,通貨価値を下げながらもドルは為替媒介通貨として,また資産決済通貨として国際金融市場においてますます重要な地位を占めるようになる.

こうした流れを決定的にしたのが，2度のオイル・ショックを契機とした74-75年の世界同時不況＝世界的スタグフレーションの発生である．この過程で1500億ドルを超えるオイル・マネーが流れ込み，米系多国籍銀行を主幹事としたユーロ銀行によるシンジケート・ローンを介してラテン・アメリカ，アジア，アフリカ等の途上国に貸付けられる．オイル・マネーの還流である[25]．

　ユーロ市場における活発な取引によって，60年代中頃にはロンドン市場がニューヨーク市場を凌ぎ，70年代にはカリブ海諸国，香港，シンガポール，バーレーンといったオフショア・センターが発展していった．こうした動きのなかでアメリカは，1981年国内に国際金融ファシリティIBFを創設し，金融機関にユーロ市場と同様の条件を提供することで国際金融業務の「オフショア型」への移行を押し進めた．事実上ユーロ市場の一部を構成することでアメリカ金融市場の地位が高まり，国際金融市場，ユーロ・カレンシー市場，オフショア市場再編成の契機となった．こうして金・ドル交換停止，変動相場制移行を契機としたユーロ・ダラー市場の新たな展開は，ドルの基軸通貨としての国際的利用を決定的に増大させ，ドル中心の通貨・信用連鎖の体系・新たなドル支配の国際経済関係構築に向けた動きとして捉えることが出来る．

　だがそれは，今日の生産力段階には不似合いな「ノンシステムのシステム」としてきわめて不安定なシステムであり，通貨・信用の連鎖は，同時にリスク連鎖として一挙に麻痺に陥るシステムでもある．投資家は絶えず為替リスクにさらされ，ドル建て海外資産を保全するためのリスク・ヘッジが発達し，コンピュータを駆使した金融工学の発展もありフューチャー，スワップ，オプションを組み合わせたデリバティブなどの金融ハイテク商品の膨大な取引が行われるようになる．それが，各国における規制緩和の進展とともに，80年代，90年代における国際金融市場の重要な特徴となった．絶えざる為替変動というリスクがリスク商品のグローバルな取引を拡大し，かくして経済実体とは無関係なところで国際資本取引が独自のメカニズムにおいて

展開し，マネーの動向に経済実体が規定されることになる．

(2) 軍事インフレ・高金利の影響：金融革命の歴史的背景

　IMF体制のもとでの流動性・ドルの供給は，欧州にとって復興時のドル不足期には意義を持つが，ドル不足の解消とともに軍事支出と，在来独占の競争力低下がもたらす対米輸出黒字とから発生する欧州のドル・バランスは借金肩代わりとしてのアメリカ債の「強制的」な売りつけに転変する．

　日・欧の経済成長，とりわけ日本の急成長とともにアメリカ製造業における競争力低下が進んだ．彪大な国家財政赤字の累積と輻輳して高進するインフレの下で，核・ミサイル軍事機構を支えた新鋭産業の分解が進み，もはや金融と情報サービスの部面にしか世界経済統括・支配の基盤を持ち得ぬほどに産業競争力の低下と国内生産の空洞化が進んだ．金・ドル交換を前提とした固定レート制下のIMF体制の崩壊と冷戦体制の解体の進展により登場した世界市場において，米・欧間の資金循環の関係が規模と場所を変えて，まさしくグローバルな形で現れることになる．

　戦後の冷戦対抗の激化に伴って核・ミサイル軍事機構を支える関連予算支出増と世界的な軍事援助関連支出の増大，特に60年代半ば以降のベトナム戦争の泥沼化に伴う「大砲とバター」の政策によって財政赤字の急膨張[26]・通貨発行量の増大による（軍事）インフレが進行した．インフレ進展による金利上昇は，1930年代不況に対応した金利規制や銀・証分離などの各種国内規制が金融資本にとって桎梏に転化し，この規制の緩和・撤廃の運動と連動して展開することになる．

　29年恐慌とその後の大不況下の金融パニックにおいて，「ヨーロッパ金融資本に対するアメリカの金融資本の格差と支配が強まるとともに，国内ではあわれをとどめた無数の預金喪失者と群小地方銀行の残骸のなかで，大都市銀行への集中とその支配が確立していった」[27]が，銀行の過度な競争が恐慌を招いたとの認識から，競争抑制的な規制の枠組みと銀行の健全経営を図るために1933年銀行法（グラス・スティーガル法）は銀行業務と証券業務の

分離と銀行預金に対する金利規制を導入した.

　金利規制・レギュレーションQは35年銀行法によりFDIC (連邦預金保険公社) 加入の全銀行に拡大され, ほとんどの商業銀行が連邦機関の定める上限金利の規制下に置かれることとなった. その結果, 1933年11月には定期性預金の上限はすべて3%, 35年2月には2.5%に引き下げられ, 翌36年1月には3ヵ月未満定期1%, 3ヵ月以上6ヵ月未満定期が2%に据え置かれ, この水準は56年12月までの20年間にわたって続いた.

　この間, 貯蓄金融機関は市中金利の上昇に対応して預金金利を引き上げていったので, 商業銀行との金利格差が広がり, 商業銀行は預金吸収面で不利な立場に置かれていった. なかでもウォール街の大銀行は, 企業が短期金利上昇過程で金利選好を強め, 利子の付かない要求払預金を最小限に減らし, 連邦債やCP等利回りの良い短期金融手段に余資を回したので, 取引比重が大きい大手企業の流動資金の預け先として大きなダメージを受けた.

　金利規制による商業銀行と貯蓄金融機関の競争条件の違いが50年代になってクリーピング・インフレ=コスト・インフレへの対処と新鋭産業構築に伴う旺盛な資金需要によるFF (フェデラル・ファンド) レート上昇とともに顕著になり, 57年1月戦後はじめて商業銀行の定期性預金の上限金利が引き上げられ, 65年末までに4回引き上げられていった. そして66年9月に預金金利規制法が成立して, S&L (貯蓄貸付組合) と相互貯蓄銀行の貯蓄金融機関も預金金利上限規制の対象に組み入れられ (但し, 商業銀行よりも0.25〜0.5%高い水準設定により調整), 69年の市中金利の上昇局面で深刻な資金吸収難に陥ることになる.

　無利息の要求払預金では旺盛な資金調達に応えられず, 61年にファースト・ナショナル・シティバンク (現シティ銀行) による金融新商品CD (譲渡性預金) の発行が認められてCD市場が急速に発展し, 70年ペン・セントラルの破綻によるCDへのレギュレーションQの適用が停止されて以後商業銀行の総預金=資金源泉におけるCD比率が上昇し, 貯蓄金融機関と商業銀行との格差は縮小していった. こうした動きに対抗して, 貯蓄金融機関

の側は，有利子の貯蓄預金の一種で，払戻請求書が実質的に小切手の機能を果たす新種の預金である NOW 勘定（譲渡可能払戻指図書勘定）の貯蓄金融機関における取り扱いを 72 年に開始し，商業銀行の要求払預金が流出する事態が生じた．金ドル交換停止による旧 IMF 体制の崩壊と変動相場制の移行に伴う高インフレ・高金利が進むと，金融新商品の開発によって激しい競争が繰り広げられ，アメリカ金融市場が大きく変貌していった[28]．

(3) 金融革命・金融の国際化

　CD の導入と CD 市場の発展は商業銀行における画期的金融商品といえるものである．CD 市場の動向は，63 年利子平衡税，65 年対外投融資自主規制計画，68 年海外直接投資の強制的規制計画など国際収支悪化に対応した海外への資本流出を抑える各種規制とも関連して，欧州ユーロ市場への米系多国籍銀行展開の 1 つの背景となる．

　ユーロ市場そのものは，1957 年ポンド危機後のイギリス政府による第三国間の貿易金融におけるポンド使用禁止措置が在ロンドン銀行に代替的措置としてドルによる貿易金融に途をとらせた．1958 年の欧州主要国の通貨の交換性回復と為替管理の緩和措置がドルと欧州通貨とのスワップ取引を可能とさせた．アメリカ市場とは異なって法定準備，預金保険，あるいは預金金利規制などの各種規制から自由であったことから，アメリカの国際収支赤字により積み上がった非居住者のドル資金がより有利な資金運用先としてユーロ市場の発達をもたらした．

　CD 市場からの最大の資金の取り手は，NY（ニューヨーク）やシカゴの大銀行であり，CD 市場への最大の資金供給者は大銀行の取引相手である大企業であった．CD の導入と CD 市場の発展は金融中心地の大銀行の信用供給能力を著しく強め，大手企業の資金需要に積極的に対応する手段となった．ところが 1965 年から 66 年にかけてのベトナム戦争拡大・軍需増大によるインフレ上昇に対応した金融引き締め・金融逼迫期に CD の新規発行はおろかその借り換えまで困難となり，大手銀行は短期資金源泉としてユーロ・ドル

を大量に取り入れはじめたのである[29]．

　ユーロ・ドルは預金金利規制・レギュレーションＱならびに預金準備率の適用対象外であったので，米銀はCD減少分をカバーする資金をユーロの取り入れによって確保できたのである．66年の金融逼迫期は，CP（コマーシャル・ペーパー）を大量に発行してそれが大企業にとっての有力な資金源となり，CP市場にとっても1つの転換点となり，アメリカの短期市場は大きな変貌を遂げることになる[30]．アメリカ国内の金融規制を逃れる資金の動きはケネディ・ジョンソン政権による金利平衡税ならび対外投融資規制などのドル防衛策の金融規制によって一層促進された．

　米銀による海外支店の展開は，米系多国籍企業と米銀海外支店ならびに外国銀行との結びつきの強化を表すものであり，直接投資規制の強化による米系多国籍企業の資金の現地調達の拡大とそれに促迫されるユーロ市場の急成長が相関的に米銀の海外活動の加速化をもたらし，多国籍企業と銀行との密接な連携を作り出していった[31]．さらに，インフレが進行し，高金利の状態のもとで資本調達市場＝株式市場で「株式の死」[32]といわれる停滞的状態（1967-82年）が続いたことも一層ユーロ市場利用を促進した．

　銀行と貯蓄金融機関との対立がアメリカにおける金融革新の前哨戦だとすれば，銀行と証券業界との攻防は本格的色彩を持つ．

　1971年SEC（証券取引委員会）は競争促進のために証券業界の固定手数料制を廃止し，ＮＹ証券取引所の取引の手数料自由化を指示し，75年に完全自由化された．競争激化と収益低下により，証券会社によって個人向け「貯蓄商品」として生み出されたのが短期金融資産投資信託MMMFであり，最も有名なのがメリル・リンチのCMAである．それは，顧客が2万ドル以上の現金又は有価証券で口座が開設され，年間28ドルの手数料でVISAカードと小切手帳が交付され，口座の出納が送付され，その決済は提携銀行によって行われるというもの．1977年にメリル・リンチが導入して以来，爆発的に増加した．銀行側も各種金融新商品を開発して対抗していった．また，支店設置や他州進出において制約の多い銀行と比べて証券界は制約がなく，

第 2 章 アメリカ資本主義と現代グローバリゼーション　　　89

銀行に近い金融サービスを全国的規模で展開できた．

　銀行は，融資取次店など銀行子会社と見なされない形での営業拠点設置で州境を超える業務拡大を追求するとともに，ATM など自動サービス設備の設置によるエレクトロ・バンキング化によっても業務を拡大した．また，83 年シティコープによるサンフランシスコの S&L フィデリティ・セービング・アンド・ローンの合併にみるように，危機に瀕した貯蓄金融機関の商業銀行による救済合併の促進により，州を超えた合併を行い州際業務拡大を追求していった．州際業務拡大は金融センターとローカルの利害対立を孕みながらも競争を通じて展開されていった．

　こうして，結局のところ，銀行による証券業務への侵攻とその逆，さらには銀行による証券会社の買収，あるいは銀行と証券会社との提携という形でグラス・スティーガル法の銀・証分離の制約が突破されていく．

　軍事インフレ・高金利はそれに対応した金融新商品の開発・金融革新によってアメリカの金融市場を大きく変貌させていったが，金融新商品，とりわけ変動相場制下インフレ激化のもとで 70 年代後半に開発された MMMF，CMA 等の金融新商品の発展の基底に，コンピュータ・通信技術の発展に依拠したエレクトロ・バンキングの展開による資金決済・情報伝達・情報処理サービス等の進展がある．コンピュータと通信の発展は，インターバンク取引の拡大と相関的に 70 年設立の CHIPS，そして 73 年創設の SWIFT という国際的な支払決済＝情報処理機構を構築し，発展したユーロ市場を主要な舞台として国際的なマネー・フローの活発化をもたらした[33]．

　60 年代から 80 年代の金融の国際化は，米系多国籍企業の対外展開と変動相場制下の為替リスク対応の金融取引というそれなりの実物取引の実体的基礎と関連していた．だが，80 年代のそれは，もはや実物取引の実体的基礎とは大きくかけ離れたところで事態が進むことになる．その背景となるのが，金融のグローバリゼーションを必須とした本国アメリカにおける再生産＝循環構造における変化である．

(4) 新鋭産業基軸の経済循環の解体過程

　核・ミサイル機構を支える新鋭産業の展開は，アメリカ資本主義の鉄鋼・機械・自動車といった在来重化学工業における大陸的蓄積基盤のうえに聳え立つ資本蓄積＝「資本主義のアメリカ的段階」を前提にして可能であった．核・ミサイル軍事機構を支える新鋭産業の構築は，国家所有・民間委託経営方式のもとで国家財政支出（DOD・AEC・NASAによる研究開発資金援助と製品調達）を通じて蓄積ファンドの多くを回すことで果たされた．

　1958年恐慌時における価格硬直性において「管理価格」＝独占価格が問題となっていたように，在来重化学工業の独占的企業は寄生的な独占価格維持によって利潤確保を行っていた．すなわち戦後独占において操業率70～80％で税引き後14％の投資収益率が実現できる価格設定がされていた．こうした価格決定方式は実は，軍需契約におけるコスト・プラス・マージンによるマーク・アップ方式が一般化したことも大きな誘因である[34]．

　欧州や日本において戦後復興から高成長に至る過程は主として国内内部循環を基調としていた．したがって戦後暫くアメリカは海外からの競争にさらされることなく独占価格維持が可能であった．こうした独占価格による利潤保障がまた，組織労働者に一定の高水準の賃金を可能にしてきた．こうして，コスト・インフレの基盤が構造的に定置されているなかで，60年代以降軍需インフレ的蓄積の進行とともにアメリカは新鋭産業基軸の経済循環へと旋回した．独占価格に寄りかかる在来独占の競争力低下は，日欧における戦後復興の局面が終わり対外競争力が増強されたもとでは，事実上「開放政策」の役割を果たしたのである．軍事インフレ的蓄積がコスト・インフレに転化し，それ故に60年代から70年代，浸透する日本・西ドイツ資本の前にアメリカは在来産業における競争力を失っていった．とはいえ，60年代から70年代において新鋭産業は直接的には核・ミサイル軍事機構構築の産物として在来産業とは重ならず，それら相互の「棲み分け」的側面を有していた．

　ME革命の進展とともに，軍事的ハイテク技術が民生的に利用可能となり，あるいは民生的に開発された技術が軍事的に使用される相互浸透＝軍民両用

技術が進展する.70年代半ばのオイル・ショックと世界的スタグフレーションを乗り切り,欧米が停滞するなかで飛躍的に成長した日本は,在来重化学工業のコンピュータ装備と生産過程の省力化によるコスト・ダウン,そして製品のME化とによって競争力を強化した.日本と対抗すべきアメリカの在来重化学工業は,独占的利潤保障と高賃金によって労資対抗を吸収するための独占価格維持によって,逆に内外における競争力低下・在来分野における空洞化の問題を取りざたされる程にその弱さをさらけ出した[60年代～70年代の空洞化].こうして在来分野における競争力の低下と生産の空洞化が新鋭産業の,特にME産業の民生的展開の基盤を奪い去り,ついには製造業全般における日本の浸食を許す羽目に陥った.

(5) ME化と生産のアジア化

既存産業の独占的企業は,「確定権利」を持つが故にリスクを回避し,必然的に参入の遅れを伴う.まして軍需に依存している場合には性能重視と注文生産の性格からコスト削減と量産の誘因は低い.この側面から既存独占はME革命の推進力たり得ない.それに対してベンチャーは,高機能の製品開発のみが軍需発注を可能とし,資本としての存立を可能としていた.

60年代冷戦対抗の激化に伴って「軍事機構」は,高性能電子部品の発注とロジスティックスによる製品の安定的供給を保証するため製品開発援助,生産技術指導,さらにはセカンド・ソーサー育成策を行ってきた.高性能の新製品の開発要求の強まりと増大する発注,それに対応した品質確保の生産の増大,これとの相関で進展するコスト削減＝歩留まり向上とそれを追求する製造過程の革新などを通じて技術革新を軸にした激しい企業相互間の競争がもたらされた.この技術革新を軸とした競争は,一方では研究・開発費の膨張をもたらすとともに,他方では新製品開発に伴う製造ラインの陳腐化・「固定資本の流動資本化」を惹起した.企業は,コスト削減のために生産の海外移転と雇用の流動化＝非正規労働の増大による人件費削減とを追求した.

ME分野における生産の海外移転,なかんずくアジア移転は70年代にお

ける日本資本のME分野への浸透によって決定的に促進された．

　日本がカラーテレビ，オーディオ製品，NC旋盤，ロボット，更にはコンピュータ産業において次々と競争力を増してきたことに対応して，アメリカ資本も70年代半ば以降ME産業を軸として生産のアジア移転による国際下請け生産・下請け調達を本格化させた．米系資本の競争力優位のもとでの対欧州展開とは全く異なっている．すなわち米系企業の競争力低下の下での競争激化に対応した展開であり，それが東アジアの奇跡・アジアNICsの成長をもたらし，中国を改革・開放政策を通じて市場経済化の途を切り拓く重要契機となった．

　ME産業は，もともと核・ミサイル軍事機構の神経中枢である情報・制御系を担う産業〔＝情報処理・コンピュータ産業〕と，その情報・制御の上から端末までの各関節を担う部品産業〔＝IC産業など〕をハード面での両軸として展開した．それらは今や，全産業の基軸的位置を占め，アメリカでは国家安全保障に関わる重要産業として位置づけられる．こうしたME産業の展開を需要面で支えたのは，軍事における核とミサイルを中心とした戦略的展開とそれに伴う軍事のME装備化であり，核・ミサイル軍事機構の，さらには民間産業の制御＝情報系の中枢的産業として創出されたIBMを頂点とするアメリカ・コンピュータ産業の世界市場制覇・世界独占であった．

　60年代から70年代にかけてのME産業の展開は，産業的には技術的制約もあって大型汎用コンピュータによる大規模な生産や情報を管理する中央集中制御の型，すなわち装置産業を需要基盤としていた．アメリカにおけるME化の展開は，金融・保険・情報処理などビジネス・サービスを中心としており，生産とは一定の距離を置く「上部構造的分野」を特徴としていた．日本の成長とは対照的にMEの展開基盤たる在来産業基盤の弱体化＝空洞化が進むもとではそれ以外ではあり得ず，90年代の金融・情報サービスを軸とした産業構造転換の背景となった．

　アメリカは，79年イラン革命と第2次オイル・ショック，そしてソ連によるアフガン侵攻を契機として，カーター政権のデタント路線に代えて新冷

戦＝レーガンの軍拡路線を展開した．レーガン政権は，軍拡と景気浮揚のための減税，レーガノミックスにより大幅な財政赤字をもたらすとともに，インフレに対して高金利政策で対応した．この高金利政策は金利差を目的とした海外からの資金流入増によってドル高をもたらした．ドル高は，アメリカ産業の一層の競争力低下とアジアからの米系多国籍企業による国際調達・アウトソーシング戦略を促進してアメリカ製造業の空洞化を決定的に推し進めた．かくして厖大な貿易収支赤字，さらには経常収支赤字の増大をもたらし，財政赤字と並んで双子の赤字が構造化される[35]．しかも今次の競争力低下と製造業における生産の空洞化は，在来的製造部面のそれではなく，他ならぬ核・ミサイル軍事機構をささえ，アメリカ資本主義の軍事的並びに経済的優位を支えた先端的部面である ME 分野でのそれである．

　欧州等の先進国直接投資の場合には技術的優位とコスト優位のために各国の軍事調達に参入し，IBM やテキサス・インスツルメントなどの米系コンピュータ・エレクトロニクス企業は欧州に展開していた．だがアジアにおいては，アセンブリー部門を中心にコスト優位を補完するものとしてオフショア生産・OEM 調達が行われ，ドル高のもとで増大する情報化投資のコスト圧力と強まる競争圧力のために在来的分野のみならずエレクトロニクス産業ですらコスト削減・低賃金を求めて生産の海外移転を強制されるに至ったのである．

　アメリカ製造業の空洞化による失業の増大は，日米を中心とした貿易摩擦の激化を媒介として日・欧の対米直接投資を呼び込む背景となった．海外からの資本流入の増大と経常収支赤字増大の帰結が，1981 年世界最大の債権国から 85 年世界最大の債務国への転落であり，85 年プラザ合意によりドル安政策への転換であった．しかし企業内国際分業として構造化された輸入依存構造が定着したもとでは，ドル安の下でも貿易赤字は増大し続け，87 年には 1700 億ドル赤字と最大の赤字を記録したのである．ここに至ってアメリカは，本格的に産業・通商政策をとらざるをえなくなった．

5. 現代グローバリゼーションの枠組みの形成

(1) アメリカの通商・貿易政策

　アメリカの競争力低下に伴い，通商・貿易政策が地域統合や米系多国籍企業との関係をも含む産業政策の位置づけを持って展開される．アメリカは既に，1960年代半ば以降建前として自由貿易の看板は下ろさず，むしろそれを守るためと称して特定品目の輸入制限措置を行っていた．しかし，経常収支赤字が巨額となり，80年代半ばに世界最大の債務国に転落したため，貿易政策を大きく変え，相手国の輸出を抑える政策から，アメリカ製品の市場確保を重視する政策に転換した．そのため，74年通商法を大幅に改正し，輸入制限などの報復措置を一方的にとることが出来る包括通商・競争力法を1988年に成立させた．そして89年「外国貿易障壁報告」が提出され，USTRは日本をスーパー301条の不公正国に特定した[36]．

　アメリカは，相互に受け入れ可能な規則に基づいた公正な貿易をめざし，必要な干渉と報復措置を施してもかまわないとして，88年アメリカ・カナダの間での自由貿易協定をめぐる交渉からNAFTA形成へ，さらには日米においては1989年日米構造協議において経済システムのアメリカ化を要求する覇権的通商政策を展開した．アメリカの要求は通商政策にとどまらず，金融・経済システムのアメリカ化をも要求するに至る．それは，1989年〜91年のソ連・東欧社会主義の崩壊による冷戦体制の解体に対応して世界市場の「アメリカ的新秩序」構想の模索のなかで，とりわけ冷戦軍事対抗の崩壊を踏まえた経済重視のクリントン政権が誕生して一層強まり，その後のブッシュ政権にも引き継がれている．アメリカは，通商問題の世界的枠組みについても再編を迫った．

　ガット・ウルグアイラウンドにおいて，関税引下げ等，従来の通商交渉分野における自由化の進展と，農業，サービス，知的所有権という従来は対象とされてこなかった分野の自由化が推進された．クリントン政権は，アメリ

カ産業構造におけるハイテク化・情報サービス化を反映して知的所有権保護とハイテクとサービス分野における積極的な市場開放を戦略的に追求した．

　知的所有権保護は，巨額の研究開発費を投入して新製品を開発する科学技術主導のコンピュータ・プログラム開発などの情報サービスやハイテクなどの産業にとって決定的重要性を持っている．ウルグアイ・ラウンド合意によって95年創設されたWTO（世界貿易機関）において，「知的所有権の貿易的側面に関する協定」（通称TRIPS協定）により知的所有権保護を多国間貿易ルールに乗せることに成功し，ハイテク・情報産業におけるアメリカ企業の知的独占による世界市場制覇を可能にした．アメリカは，WTOを通じてアメリカが強い分野での自由化，知財保護など自国に有利なルール作りを進める一方，自国に不利な紛争処理などについてはそれに従わないなど，自国産業保護と強い分野での世界市場制覇に向けてのルール作りを追求し，アメリカン・スタンダードの普及があたかも普遍的正義かのように世界に押しつけた．新自由主義経済学がそれを後押しした．

(2)　金融におけるグローバリゼーションの枠組みの形成

　ウルグアイ・ラウンドにおいて多国間協定である「サービス貿易に関する一般協定GATS」が結ばれ，金融サービスにおける自由化が推進されるとともに，WTOの協定に投資保護と自由化に関する重要原則を含む「貿易関連投資措置」に関する協定（TRIMs）が付属書に含まれた．97年には金融分野における最初の多数国間協定である「金融サービス協定（FSA）」が成立した．それは多国籍業や巨大金融資本の立場からは不十分なものなので，高い基準の投資自由化を義務づける多数国間投資協定（通称MAI）が追求された．MAI交渉では各国の利害が絡み，98年フランスが交渉離脱することで打ち切られたとはいえ，金融取引における自由化とアメリカン・スタンダード化が追求された．

　1974年外為取引失敗により経営破綻した独ヘルシュタット銀行事件をきっかけに国際金融市場で大きな混乱が生じたことから，75年先進10カ国の

中央銀行総裁会議において国際的な銀行規制・監督問題を扱う常設委員会としてバーゼル銀行監督委員会が創設され，銀行の海外拠点に関する監督のガイドラインなどを決めた．その後，83年イタリアの大手銀行倒産の処理の問題からガイドラインの改定がなされ，90年にガイドラインの追補，92年に国際業務を営む銀行グループの監督の最低基準などを定め，その後幾つかの実効性ある提案が検討されてきた．

こうした動きと併行して，規制内容を標準化する動きが進む．背景としてアメリカ国内において大恐慌以来の銀行危機，すなわち1980年から94年までの15年間に1,617の銀行と1,295のS&Lが破綻ないし公的支援を受ける事態が進行していた．その対処の過程で自己資本比率規制が提起された．またラテン・アメリカ債務危機の勃発により，融資銀行の引当問題などが生じ，83年米議会は国際融資監督法を成立させ，各当局に最低自己資本比率の設定権限と資本不足銀行への指揮命令権を与え，1988年バーゼル委員会は自己資本比率規制に関する国際基準（いわゆるBIS規制）を制定した．

冷戦体制の解体と前後して，移行経済諸国を含む多くの発展途上国がIMF 8条国に移行するとともに，国内金融の自由化と資本移動の規制緩和に踏み出した．東欧など移行諸国や新興国といわれる新たな市場の拡大と関連したバブルと投機的動きの強まり，情報化による産業構造の転換に関連した産業再編・ボーダレスなM&A（買収・合併）とリストラ，規制緩和による脱法的企業行動や企業不正の横行などが起きてくる．株主資本主義といわれるほど，金融・証券におけるグローバルな動きが証券化の進展を主導し，その破綻からくる金融システムリスクが高まってきた．それは，97-98年にアジアで通貨・経済危機が勃発してロシアに飛び火し，次いでラテン・アメリカに移り，ついには大手ファンドLTCMの破綻により世界の金融中心地NYウォール街が揺さぶられる形ではっきりと現れた．

一連の流れの中で，各国通貨・金融・財政政策の透明性の問題，破綻処理のあり方，監査や会計の国際的基準のあり方，銀行・証券・保険の規制・監督のあり方等々，全体的な金融・証券システムにおける共通な枠組み・基準

の問題が明らかになった．そこで，99年G7の財務大臣・中央銀行総裁のイニシアチブにより「金融安定化フォーラム」が設立され，そのもとで国際的金融資本がグローバルに展開する上で不可欠な課題と領域についての国際的基準・ガイドライン作りが進められることになる．それは，国際金融市場だけでなく，国内市場のあり方を大きく変える役割を担っている．すなわち「金融安定フォーラム」のもとで，国際会計基準や監査基準，支払い・決済のシステム，銀行・保険の監督などの各分野のスタンダードを一体のものとして進めることでグローバル・スタンダードとなり，それが資本のグローバルな展開を支えるインフラの役割を果たすのである．その実質は，新自由主義的規制緩和を基調として，民間機関中心の市場型ルールでデファクト・スタンダードとしていくアメリカ型スタンダードにある．

　90年代初頭に冷戦体制が解体し，分断されていた「市場」が統合されるなか，各国政府・中央銀行の財政・金融などのマクロ政策や金融商品の売買に必要な企業・会計情報の透明化等のアメリカ型スタンダード化により文字通りグローバルなレベルで資本の投資対象の比較が可能となり，また途上国の8条国移行に伴って91カ国が通貨の交換性回復など資本移動に関する国内規制が緩和・撤廃されることにより資本移動が一層促進・加速される枠組みが形成されていった[37]．

6. ポスト冷戦期のグローバリゼーション＝現代グローバリゼーション

(1) 冷戦体制解体後のアメリカの産業構造の変化

　現在のアメリカは，かつて大陸内＝自足的な帝国主義といわれた頃とは全く様相が異なり，経済の活力を海外に依存する度合いを一層強めている．知的所有権を武器に情報化におけるアメリカ標準のグローバル・スタンダード化を世界的規模で押し進め，他方国内ではハード面のみならずソフトウェア開発においても海外に依存し，情報化を推し進めようとする経済構造に変わった．そして国内では，旺盛な民間の情報化投資を成長の軸として広範な個

人消費に裾野を広げつつ，政府購入＝国家による支えを最終的堡塁とする構成をとっている[38]．

冷戦体制解体後の 90 年代以降，「冷戦支出」削減により核・ミサイル軍事機構を支えた新鋭産業において大幅な雇用減少が生じた．他方，80 年代後半にリストラクチャリングを推進していた在来的機械組立部門でも 90 年代の長期にわたる景気上昇にもかかわらず雇用が横這い状態であり，今世紀に入ってもなお減少傾向が持続している．

80 年代資本は，レーガン政権下の航空管制組合のストライキの圧殺を嚆矢として，労働組合が弱い南部地域への工場移転や組合との徹底した対決を通じて労働側を押さえ込み，自由にリストラと雇用破壊を実現する基盤を獲得した．工場労働者を中心とした削減が 80 年代のリストラ基調であったとすれば，90 年代における雇用減少は，工場レベルでの合理化と並んで情報ネットワーク化によって推進された事務・サービス労働におけるリストラによるものである．そして ME＝情報ネットワーク化の展開を担う電子・精密・コンピュータ・通信の分野でこそ事務・サービス労働を中心としたリストラクチャリングが激しく進行した．

他方，サービス業におけるビジネス・サービスの比重増大，なかでもデータ処理部門の成長とならぶ人材供給部門の急成長は，リストラと関連した非正規労働によるアウトソーシングの増大であり，まさしく，経済のサービス化・情報化による経済循環の構造変化に対応して押し進められる雇用破壊を示している[39]．

80 年代後半以降，縮小する軍事関連部門の科学・技術者の金融と情報分野へのスピン・オフが行われた．とりわけ航空・宇宙・ミサイル部門におけるリストラは，冷戦体制解体に伴う軍事費の削減もあって，これらの部門の科学・技術者の他産業への転出＝スピン・オフに拍車をかける重要な契機となった[40]．こうして新たな開発能力を得てデリバティブをはじめとした金融新商品の開発強化と情報ネットワークの展開力とに基づいてアメリカは，金融部門ならびに情報サービス部門において競争力を強め，グローバルな展開

を行った．それは，冷戦体制の中軸を担った核・ミサイル軍事機構の再編を伴う製造業のスリム化とは対照的に，膨張する金融と人材派遣ならびにデータ処理を中心としたITサービスの部門とに蓄積と収益の基盤を移したことに対応している．

アジア系やヒスパニック系を中心に合法・非合法の移民労働のアメリカへの流入もあり，80年代における新保守主義的労働制圧以来の新自由主義的雇用破壊の動きとME情報化と関連したリストラとも輻輳して，全体として賃金コストの比重が決定的に押し下げられた．こうして情報化・サービス化の進展を軸とした産業構造の転換とともに労働者の所得低下が進み，アメリカ社会において貧富の格差拡大が激しく進展した．

(2) 金融の証券化・グローバル化

銀行の金融仲介機能の後退・ディスインターミディエーションは，66年の金融逼迫期や市中の短期金利が8～9％に達して典型的スタグフレーションといわれた69年，さらには73-74年のオイル・ショック後の急激なインフレを反映した9％台の高金利を背景に始まった．金融機関も預金流出に対抗してCDなど新種の商品を開発して大口預金を吸収した．金融仲介機能の後退をさらに促進したのが，既に指摘した投資銀行の子会社が発行したMMMFである．これは72年に開発され，小口資金をかき集めてTB（財務省短期証券）・CD・CPなど短期金融証券に投資するもので，金融逼迫時の短期金利が高いときに高率の配当を見込む商品である．銀行や貯蓄金融機関も完全な自由金利付き決済勘定ないしは要求払預金であるNOW勘定を創設して対抗していった．

70年代後半インフレが激しくなり，2桁インフレが続いた．79年FRBは，それまでの金利調整中心の政策からマネーサプライ増加率を一定の目標圏内に維持することを中心とした新しい金融政策に転換したことから，市場金利は大きな上昇をみせ，80年には史上最高の水準に達した．このような状況の下でMMMFが短期金融市場金利上昇に対応した高利回りによって急速

に資金を吸収する一方で，商業銀行や貯蓄金融機関の要求払い預金や貯蓄預金，さらには小口定期預金は停滞ないしは減少に転じ，特にS&Lでは長期金融のための資金調達に困難を来した．

これら金融機関もMMMFに対抗してTBレートを基準にして高金利を付与した預金証書発行が認められ，新種の金融商品を開発して資金を集めたが，長短金利の逆ざやと長期的に固定金利で運用・貸付けを行うS&Lにおいて流動性逼迫が生じ，80年代S&Lの倒産が多発し，経営困難な金融機関が増加した．

こうした環境のなかで預金金利規制の撤廃だけでなく，貸付けに関しても金利規制を撤廃し，運用と調達の両面から金融機関の金利規制を大幅に自由化・弾力化した1980年金融制度改革法が成立した．同法に加えて1982年ガーン・セントジャーメイン預金金融機関法が成立し，これ以降高金利保障，自動振替払と店頭での無制限引き出し可能と預金保険付きのMMDAやスーパーNOW勘定など金融新商品が多く開発・承認されるようになる．こうして貯蓄金融機関と商業銀行との間の垣根を低くし，相互乗り入れという形で競争範囲を拡大していった．

住宅金融と深い関わりを持つモーゲージ市場でも，70年にGinnie MaeでMBS（モーゲージ担保証券）が売り出されて以来，次々と新商品が開発された．こうしたMBS等を媒介としてモーゲージ市場と証券=金融市場との連繋が深まり，この関係を通じてMBS販売先として海外でも市場開拓され，アメリカの住宅金融の資金源泉における国際化をもたらす．

MBS市場発展の基底には，モーゲージ保有機関であるS&Lの側で，インフレが進んで金利が高騰するなかで金利感応的資金調達への依存度が強まり，モーゲージにおける短期借りの長期貸しのもとでの経営悪化を避けるために，モーゲージ証券化が強く要請されていたことがある．商業銀行の側もまた，短期借り・長期貸しの期間ミスマッチを避け，財務比率の改善，資産流動化を図るため，手数料収入の増大に繋がる証券化業務を押し進めた．投資家もまた，個人投資家，機関投資家を問わず金利高騰下では金利感応的商

品の選択指向を強めざるを得ない．さらに，金融・サービスの分野におけるコンピュータの導入は，資金決済，情報伝達，情報処理サービスの迅速化やコスト・ダウンをもたらし，それに依拠したエレクトロニック・バンキング化と証券化の発展が金融サービス業の姿を一変させ，逆にまた金融サービスにおけるコンピュータ利用・情報化の進展が情報通信産業の発展をもたらした．ここにIT情報化と金融サービスの親和性が示されている．

こうしたモーゲージ担保の証券化は，貸付，受取勘定その他金融資産をパッケージにしてパススルーまたはパーティシペーションを通じて売却することや，これらを担保に証券を発行するなど，コンピュータにおけるデータ処理能力の発展による新たな証券化現象を生み出す．70年代のモーゲージ担保証券に次いで80年代に入ると自動車受取勘定証書（通称CARSと呼ばれ，85年ソロモン・ブラザーズ発行を嚆矢とし，同年GM金融子会社のGMACも参入し，GMの販売金融を担い，他の「ビッグスリー」も参入する），種々の受取勘定を担保にしたCP，さらにはコンピュータ・リースの受取勘定を担保にした債券などの形をとった，いわゆる「金融の証券化」現象である．

70年代そして80年代に旧IMF体制の崩壊後のインフレの進行とともに，金融の証券化が急速に進む．それは，欧州とは異なってアメリカにおいて元々比重の高かった証券発行による直接金融の比重が一層高まり，大企業の銀行離れが進んだからである．また，ファンドによる運用や年金基金をはじめとした機関投資家の比重も高まり，証券・金融市場は企業の資金調達の場から資金を運用し収益をあげる場に変わっていった．また株式所有のいわゆる「民主化」も進み，産業資本と金融資本との融合・癒着という古典的な形態の「金融寡頭制」（レーニン）の解体が進展した．

金融の証券化はユーロ市場でも展開した．貸付債権の証券化・流動化として進展し，FRNやNIFといった貸付と証券のハイブリッド型商品の出現，また2次市場としてのシンジケート・ローン退潮に伴うローンの転売市場＝ユーロ債市場の発展，さらには「アメリカ型と同一の証券化の極致」[41]とい

われるユーロCPの増大やユーロCARSまで登場する．欧米両市場で展開される証券化は，アメリカで開発された金融における新手法がユーロ市場で利用され，欧州各国のナショナルな国内市場，さらにはシンガポール，香港など国際的金融市場を通じて相互に影響し合い，共振し合いながらグローバルに波及していった．

　60年代から70年代にかけて，アメリカ大手銀行はユーロ市場において活動を活発化させた．特に旧IMF崩壊後の莫大なオイル・マネーと，インフレのもとでの高金利の圧力下各国内で規制を嫌って流出した資本のユーロ市場への流入とがその大きなインパクトとなった．ラテン・アメリカ，アジア，そしてアフリカ地域の多くの開発途上国などで，オイル・ショックによる対外支払いが増大し，また特に75年世界的スタグフレーションのもとで一次産品価格の下落で追い打ちをかけられた．それら途上国は深刻な外貨危機に陥っていった．米系大銀行は受け入れたオイル・ダラーを利用してシンジケート・ローンを組み，ブラジル・メキシコ，そして東アジア諸国に融資を集中した．80年代初頭の国際信用市場における安定性の揺らぎ，さらにはスタグフレーションに対応したアメリカの高金利政策を背景として，ラテン・アメリカで最大の債務を抱えるメキシコで1982年債務危機が勃発した．

　メキシコ債務危機を契機として途上国の債務に対して不安が拡大し，欧米各国主要銀行は途上国貸付期間の短縮を実施していった．IMF・世銀は債務リスケジュールなどの特別援助プログラム，規制緩和，企業の民営化，賃金抑制，緊縮財政など新自由主義的経済政策を基調とした構造調整プログラムなどを途上国救済策として実施していった．

　アメリカは，1985年10月ベーカー構想でIMFコンディショナリティを軸に「つなぎ融資」の拡大，89年3月にはブレディ構想において構造調整に加えて債務の証券化を新機軸として打ち出した．途上国の債務危機を背景としてユーロ市場におけるシンジケート・ローン市場は停滞・縮小し，債務の証券化による国際債券市場が拡大していった．金融新商品の開発・普及と並んで金融の証券化がユーロ市場においても進み，グローバルに展開する基

盤が形成されていったのである．

こうしてグローバルに展開する金融活動の活発化は，各国の取引所相互間の密接なリンクを通じて 80 年代後半以降デリバティブ取引など新たな取引の普及をもたらした．デリバティブ市場の拡大は各種ドル債券，先物取引，そしてドルの金利ヘッジを世界の金融市場で可能にし，ドル建て国際金融市場の拡大をもたらした．デリバティブ取引は，高度の金融技術，金融工学，そして大規模な IT 関連設備投資を賄いうる米系大銀行を軸に活発に行なわれていった[42]．それらは相互促進的に金融におけるグローバルな展開を一層加速させていった．

7. 冷戦体制解体と産業基軸の旋回

(1) 冷戦体制解体と「冷戦後」不況（90-91年不況）

1989 年 11 月ベルリンの壁崩壊から 91 年ソ連崩壊による戦後米・ソ・(中)の対抗を軸とした冷戦体制の終焉は，分裂していた世界市場のグローバルな統合によりアメリカ覇権＝アメリカ「帝国」の下でのまさしくメガ・トレンドとしての「大競争時代」の到来を告げるものであった．

冷戦体制の終焉は，アメリカにとって第二次大戦後の資本主義世界再編制の基軸国としての役割，すなわち「帝国主義の帝国主義」＝帝国として冷戦世界戦略の立案・調整者であり，軍事・経済援助，さらには世界軍事力構築の負担などの冷戦コストと過剰商品などの矛盾の吸収者の役割からの解放であった[43]．社会主義中国は既にアジア NICs の飛躍的成長を見て「改革・開放」路線を通じて 92 年鄧小平の「南巡講話」を画期に社会主義市場経済化の路線を一層押し進めることで自ら資本主義世界市場に組み込まれていった．また解体した旧ソ連・東欧社会主義国も，「移行経済諸国」として資本主義世界市場に包摂されていった．旧社会主義国の側の雪崩を打った資本主義世界市場への合流を見て，インドも 91 年には自由化路線を採用し世界市場に積極的に加わった．こうして冷戦体制崩壊後 30 億を超える人々が新たに世

界資本主義市場に加わってきた．

　他方アメリカでは，冷戦体制崩壊後に初の不況（90-91年不況）を経験し，彪大な「双子の赤字」，雇用・失業問題などへの国民的関心・圧力から経済再生が優先課題となっていた．また，体制間対抗により分断されていた市場が冷戦体制解体の結果統一されたグローバルな世界市場において新たな新秩序を構築すべく，まず何よりも自国経済の再生・復活のための戦略［93年クリントン政府による国家安全保障会議（＝世界戦略司令部）から国家経済会議（＝経済再建司令部）への転換］を推し進めた．90-91年不況は，その1つの分岐点であった．

　冷戦崩壊を反映して父ブッシュ大統領の予算教書は，「平和の配当」を盛り込み，国防支出を実質2.6％削減し，90年対GNP比5％台から95年4％まで引き下げ，キャピタル・ゲイン減税による投資刺激，貯蓄増強策，研究開発費，教育雇用対策費など，軍事より経済を一層重視した．また，S&Lの経営破綻救済費用負担などによる財政赤字の悪化に対して，90年財政調整法で91-95年に4963億ドルの財政赤字圧縮とガソリン税，酒税，たばこ税の引上げの1400億ドルの増税がセットで決定された．冷戦の「後始末」の始まりである[44]．

　90年末からリセッションに入り，実質成長率が90年対前年比1.9％から91年マイナス0.2％に2.1％下がり，失業率も90年5.6％から6.8％へと急上昇した．80年代に所得水準が上位1％の超富裕層の税引き後実質所得は95％上昇したが，全体の90％を占める中・低所得者層のそれは1％に過ぎなかった．レーガン政権下の新自由主義政策継続の結果，1920年代，そして1970年代後半から80年代の時期とならんで富の偏在＝格差が激しく進行していた．91年貧困層（90年基準で年収13,359ドル以下の4人家族）は全人口の14.7％に達し，そのうち42％までが都市に集中し，黒人，ヒスパニックの場合は60％にも達している．こうした貧困化の象徴が92年4月のロス暴動事件である．過剰消費下の格差の進行の一帰結である．

　不況そのものは，直接にはイラクによるクエート侵攻を契機にした石油価

格上昇による企業活動・個人消費の不透明感（家庭用エネルギー関連消費者物価指数89年が対前年比5.6％，90年が8.3％に上昇）を背景にした不動産，耐久消費財市場分野における景気後退によるものである．膨張する赤字財政のもとでのドル安不安は，海外資金の流入による対外バランスの調整を不安定なものにした．87年ブラック・マンデーの衝撃は，財政赤字削減を促迫するものであった．プラザ合意後に協調的に金利を下げた各国も，「対米依存症候群」の日本を除いてインフレを抑える高金利政策へと転じたからである．株価下落と不良債権の増大により，89年頃には金融界で信用逼迫状況が現出しはじめた（FFレート87年6.66％→88年7.57％→89年9.21％→90年8.10％）．これに対してFRB（連邦準備制度理事会）が89年金融政策を変更すると90年には海外資金の流入が停滞し，財政赤字が民間貯蓄を吸収し，民間投資が大きく落ち込む事態となったのである．

　リセッション下のアメリカは，90年秋以降本格的金融緩和に転じ，プライムレートは90年6.98％から91年3.25％に引き下げられた．以後92年3.00％，93年3.60％と3年以上にわたって3％台の低金利，94年インフレ予防的利上げの4％台，そして95年以後5％台を維持して，90年代前半において全体として歴史的ともいうべき低金利水準を維持した．

　90年代前半のこの歴史的低金利が株価上昇の引き金となり，また不良債権に喘ぐ金融リストラを援護することになる．リストラとIT情報化の進展によるインフレ抑制要因を背景としたインフレなき景気回復・上昇のいわゆる「ニュー・エコノミー」現象，さらには94年メキシコ通貨危機を契機としたドル不安回避のためにドル安政策の転換を95年G7でドル相場の「秩序ある反転」の合意において実現した．ドル高による輸入インフレの防止と，株価上昇とドル高を背景に海外資金の流入も加わって株価上昇が一層進み，90年代半ば以降未曾有のIPO（新株公開）ブーム，M&Aブームによる資産価格上昇の状況を生み出していく．

(2) 経済循環における基軸転換：株式資産バブルへ

　株価上昇は個人投資家も引きつけ，レギュレーションQ対応のMMMF，さらには投資ファンドにより個人資産を株式に移動させる動きを「金融革命」のなかで強めていった．

　歴史的低金利下の株価上昇に対応した各種株式投資信託に個人投資家を引き入れたのがミューチュアル・ファンドである．それは，91年の3089億ドルから99年の3兆3767億ドルへと増大した．それは，78年正式認可の401K型の確定拠出型年金とあわせて株式比率を91年の30.7%から99年36.2%へと比率を高め，株主の機関化現象を急速に押し進め，家計資産の証券化を決定的に進めていく役割を担った．また，1980年代には既に投資会社法の枠外でプライベート・エクイティ・ファンドが活躍しはじめていたが，1996年証券市場改革法が資産500万ドル以上の投資家と2500万ドル以上の機関投資家に対するファンド出資の人数制限を廃止するや，プライベート・エクイティ・ファンドに投資するファンド・オブ・ファンドが登場し，IPO，M&Aなどが株価上昇に弾みをつけていった．

　95年以後のドル高下の株価上昇により海外の資金も流入する一方，同時にファンドは高い利回りを求めてアメリカン・マネーとして流出した．海外資金は90年の一時期を除いて，米国債に流入していたが，メキシコ通貨危機以後それが一層強まり，ドル高転換も加わり，債券市場での運用を強めていた．97-98年のアジア通貨・経済危機，引き続くロシア，中南米など新興市場の通貨・金融危機を経てアメリカへの資金流入が強まり，債券ならびに株式への投資が進み，そこから株価上昇に一層の弾みをつけた形になったのである．

　株価上昇は家計保有の金融資産を膨張させ，1991年16兆ドルから2000年33兆ドルへと2倍以上も膨張し，うち株式は91年15.6%，95年19.3%，97年23.0%，2000年21.9%の比重を占め，同期間中3.58倍の伸びを示した．ミューチュアル・ファンドは91年3.6%，95年5.4%，97年7.1%，2000年には9.3%と比重を高め，同期間中実に5.3倍の伸びを示した．年金積立金

第2章 アメリカ資本主義と現代グローバリゼーション

は，91年23.5%，95年26.3%，97年26.7%，2000年27.2%で2.35倍の伸びであった[45]．

　90年代初頭のS&L危機において貯蓄金融機関の2割以上がRTC（整理信託公社）に接収された．銀行は，商業銀行によるRTCから破綻した貯蓄金融機関の買収などの激しい再編を経て，合併・業務転換などのリストラによるコスト削減と，預金者からのATM操作にかかわる手数料や投資信託，保険，個人年金販売手数料など各種手数料収入の増大，さらには92年以降の歴史的低金利を背景として収益を回復していった．また，94年州際銀行支店開設の解禁を契機に，ネーションズバンク・コープとバンカメリカ・コープの合併やバンクワンによるファースト・シカゴ・NBDの買収のように地方銀行は，買収活動を活発化させ，銀行持ち株会社への資産集中度を高めながら州際支店ネットワークを全国的規模で拡充し，この過程で重複店舗の整理・統合と人員整理によるコスト削減を強行していった．

　90年代初頭までの銀行の再編・ネットワーク構築に次いで，92年以降こうして地方を主体として合併・買収によって成立していったスーパー・リージョナルバンクとNYマネーセンター銀行との競争，更には巨大買収・合併が展開された．90年代初頭のS&Lの経営破綻処理を軸として貯蓄金融と商業銀行の州際合併が進行して同業種内の格差が拡大し，94年州際銀行業務規制撤廃を機に商業銀行を中心に地域的，業際的合併が急進展を遂げていった．規制緩和に対応した金融の動きである．

　90年代後半には，98年シティコープとトラベラーズ・グループのアメリカ金融史上最大の合併の実現，そしてドイツ銀行による旧モルガン系のバンカーズ・トラストの買収の実現，次いで2000年にはチェース・マンハッタン銀行によるJPモルガンの買収が合意されるなど，規模の大型化で世界的金融リーダーシップを強化し，「マネーセンター銀行の復活」といわれるNYマネーセンター銀行が主役の合併が行われていった．この過程で，商業銀行業務，投資（証券）業務，そして保険業務の兼営を禁じたグラス・スティーガル法の廃絶を99年には実現し，銀行業務，投資・証券業務，そして

資産管理や保険業務をグローバルなスケールで手がけるグローバル総合銀行化が追求されていった．

このプロセスでは，80年代後半の途上国貸付，商業用不動産貸付を中心とした不良債権処理に苦慮する商業銀行も合併・買収対象となり，勢力再編が進んでいったのである．この再編にはドイツ銀行など欧州金融機関も関わり，まさにボーダレスな超大型合併として証券・保険業界を巻き込んだ形で展開される[46]．

保険業務においても，83年サウス・ダコダ州での州法銀行と子会社の保険業務解禁を皮切りに引受け業務や代理店業務を認める州が増加した．91年連邦預金保険公社改善法で既得権を除いて国法銀行の本体業務に限定する新たな規制を経て，96年通貨監督局見解の後，96年バーネット銀行に対する最高裁判決で国法銀行本体による保険販売が事実上解禁され，金融と保険業界の垣根が取り払われていった．

NYのマネーセンターバンクは，ホールセール業務に加えて貯蓄金融機関の吸収・合併の受け皿となりながら，モーゲージ・カンパニーやその他の住宅金融機関を持株会社傘下の形で組込んでいった．マネーセンターバンクは，住宅金融，消費者金融領域での金融集中・統合をも進めてリテール業務に進出するなかで全国的ネットワークを構築するとともに，スーパー・リージョナルバンクや大手貯蓄金融機関との間で激しい競争を展開した．こうした枠組みのもとにローカルな個人顧客を相手にした中小商業銀行，貯蓄金融機関が群生するという階層的構造を構築していった[47]．こうして地方のコミュニティ銀行もNYウォール街のネットワークに包摂され，モーゲージ抵当証券などへの投資を媒介に住宅価格上昇を支えていき，サブプライムローン等局地的信用危機から信用システム危機転化への基盤を作り出していった．

1980年代，レーガン政権の新自由主義政策は，都市・住宅政策における政府関与の後退による住宅環境悪化と貧富の格差拡大によって社会的不満を高めた．父ブッシュ政権は，1990年に持ち家促進のためのプログラム，低所得者層への住宅供給促進を図る事業，そして住宅とサービスに関わる補助

第 2 章 アメリカ資本主義と現代グローバリゼーション

などの政策を含んだ住宅法を成立させた．次いで，92年ロス暴動もあり，不況対策の一環として「連邦住宅企業金融安全健全化法」によってマイノリティー層等低所得者への住宅融資における差別的措置の是正を行った．続くクリントン政権はコミュニティ開発金融機関基金を設置し，94年から3年間にわたり3億8000万ドルの予算措置をとり，うち3分の2を低所得地域向け貸出機関に，残りを通常の民間銀行に供給するなど，低所得者貸付などの公的政策措置がとられていった．この過程で株価上昇による家計資産の増大と95年ドル高転換による海外資金の流入による債券相場の上昇とも連動して住宅資産の価格も徐々に上昇しはじめた．

しかし，90年代半ば以降の資産価格上昇は株価上昇に先導されているところに特徴を持っていた．住宅価格上昇は政府による住宅政策に支えられた住宅取得増によるもので，90年代半ば以降サブプライムローンも登場してきたとはいえ，資産価格上昇の主導因とはなっていなかった．株価を中心とした資産価格上昇には海外による資本流入が拍車をかけた．そこでは特に，日本の低金利を利用した「円キャリー・トレード」が重要である．

即ち日本は，97年アジア通貨危機に連動していく金融危機の対策としてとられた低金利超金融緩和措置，外にあってはジャパン・プレミアムという内外2つの条件のもとで米ドル建短期資本移動へと繋がる，低金利下の国内一般円建金融市場から調達した資金を米ドル建短期資本としてカリブ海などオフショア市場を媒介にアメリカを中心に運用する，いわゆる「円キャリー・トレード」が投機資金に「実弾を供給」[48]する一方，アメリカ債券購入を通じてアメリカの低金利を支えた．

経常収支赤の増大にともなう海外資金の流入は連邦債に向かうことで低金利維持をもたらし，株価を上昇させた．株価上昇は，IPO投資増によるネット関連ビジネスを中心としたベンチャーを群生させ，また情報化の展開に対応した通信・メディア関連企業の間の株式交換による大型M&Aをも活発化させた．M&Aもまた株価と債券上昇に寄与した．こうした資産価格の上昇によりIT情報関連を中心に設備投資資金が調達され，景気高揚をもた

らした．株価上昇はまた，科学者や技術者達「労働者」を，「ストック・オプション」による「高額賃金支払い」を誘因としてベンチャーに包摂させ，かかるものとして株式の「マネー化」による賃金コストの削減を実現しつつ科学・技術労働を金融システムに包摂・リンクさせた[49]．

こうして，設備投資と科学・技術者等の人材調達は情報ネットワークに包摂され，金融市場における資産価格の動向に翻弄されることになる．資本主義を構成する諸要素の総体が金融・マネーシステムに取り込まれた．資産価格上昇を背景としてIT・情報化投資を軸とした設備投資と個人消費の増大は，アメリカ産業構造における成長基軸転換と90年代の長期の持続的「成長」を可能としたのであった．

80年代半ば以降顕著となる情報化の展開を軸にした産業構造転換によって金融・情報サービスが収益の基軸に転化し，両者の結合により情報と金融ビジネスが世界を統べる産業に成長転化した．アメリカは，リストラによる雇用の削減が引き起こす社会不安回避のために日本や欧州の多国籍企業の取り込み＝生産の肩代わりを促迫される一方で，米系多国籍企業の海外展開，さらには情報サービスにおけるリソーシングを促進し，90年代のITを中心とした株式バブルによっていわば空洞化する実物の世界からネットと金融・サービスへの経済基軸の転換を加速した．

(3) 90年代，株価上昇を軸とした資産バブルの一帰結

99年5月FRBはインフレ懸念から金融引き締めに転じ，6月，8月，11月と利上げを行い，2000年になっても2月，3月，5月と利上げを続けていった．同年2月利上げ以後，一般株は下落に転じたもののハイテク・情報関連株を中心になおも上昇を続けた．株価の二極分化状態がしばらく続いた後，3月の利上げ直後にインターネット株を中心に激しく下落し，1929年秋の大崩落以来初めてといわれる2年近くにわたる株価下落が続いた．それは株価上昇に先導されたM&AやIPOをも急減させ，民間固定資本投資の急減から個人消費をも減退させ，過剰設備と生産減少，企業業績の悪化を表面化さ

せた．インターネット・ブームに乗って設備投資を行ってきた通信機器メーカーは深刻な打撃を被り，不況に喘いだ．

ネット不況，ハイテク不況といわれる 2000-01 年の不況は，株高が誘引した IPO によってハイテク・ベンチャーが群生し，IPO により調達した資金によりネット・情報関連中心に設備投資を行い，株式バブルさらには住宅バブルなどの資産効果によって個人消費を高める経済循環図式において，軸となる株高などの資産価格上昇要因が抑制されるならば不況状況が現れる循環・蓄積構造となっていることを示した．株高を演出した歴史的低金利が持続するためには，厖大な財政赤字のもとでは海外からの余剰資金の吸引を必至の条件とする．低金利下で，またそれを支える海外余剰資金を吸引するには，アメリカと他の国々との間の金利格差の維持が必要であり，また最も発達した金融市場を持つ基軸通貨国での資産運用のための魅力的な金融商品を絶えず供給することが必要である．またスムーズに資本移動が出来るように，国際金融市場の更なる規制緩和とともに金融商品の国際的比較を可能とする共通な枠組み・市場ルールとして会計などのグローバル・スタンダードが各国市場に求められた．

この不況は，90 年代においてアメリカ資本主義が資産価格上昇に起動され，それを軸に旋回する再生産＝循環構造に転成したことを実証した．80 年代に国内競争力の低下と生産の ME 化・アジア化による空洞化が進み，国内収益基盤を金融・情報サービスに遷移せざる得なかったからである．この構造において全運動の起動力として，また軸点として，アメリカ金融市場がまさしく「世界的な余剰資金の集配センター」[50] となることは必須の条件であった．海外資金流入は，それによる経常収支赤字補填の枠を超え，アメリカの景気浮揚，経済循環維持の必須の条件にまで昇華した．そのため自由な資本移動を制約する各国金融市場の制約を撤廃する．そのことが翻ってアメリカ金融資本による世界経済制圧にリンクしていた．規制緩和とグローバルスタンダードを求める現代グローバリゼーションは，かかるものとして国際的「資金の集配センター」を実現する露払いとなっているのである．かか

る政策は，レーガン政権下リーガン財務長官の「ドル高は国益」発言以来試行錯誤的に追求され，95年クリントン政権のルービン財務長官によるドル高政策への転換で意識的に追求され，アメリカ経済循環の政策的枠組みの枢要部に定置される[51]．

8. アメリカ金融危機から世界同時不況へ

(1) 2000年IT不況への対応

2000年ITバブルの崩壊，そして01年9.11事件による深刻な不況に陥るのを避けるためにアメリカは，減税と金利引き下げによる資産価格上昇をバネに景気浮揚の再来を図った．

01年FRBによる6回の連続的利下げによりS&P500やダウ工業株30も5％を超える回復をみる．またナスダック総合も17％戻し，ハイテク・インターネット株にも揺り戻しが起きたが，6月業績下方修正発表により株価先行き不安が強まった．こうした中で01年9月11日同時多発テロがあり，そのショックによる株価下落も年末までに一旦は回復させた．しかし02年に資産総額618億ドルのエネルギー最大手のエンロンが破産し，不正会計操作，それへのアンダーセン会計事務所の加担，小売り大手のKマート，さらには情報通信の最大手で，資産総額1070億ドルのワールドコムなどの大型倒産なども加わって，株価の下げ足を強めた．02年株価崩落を食い止め，不況入りを阻止するために，FRBは既に00年FFレート6.5％から01年末1.75％まで都合11回引き下げていたが，02年には1.25にまで引き下げるともに，政府は減税措置をとった．

9.11事件を口実にした「対テロ戦争」において，国防支出の対GDP比率の対前年比伸び率は00年マイナス0.5％，01年3.9％，02年7.4％，03年8.7％となった．軍事支出増にもとづく軍需景気が景気の下支え役を担った．かかる状況下，民間対米投資も落ち込みを見せる．それをカバーしたのが外国公的資金であった[52]．アメリカによる帝国主義的覇権のあり方をめぐって

欧米の対立が噴出し始める中で，金融的混乱についてはこれを避け国際協調を進めることが国際的合意だったからである．これにより長期金利における低金利維持が可能になった．

　2001年G.W.ブッシュ政権は同年6月大型減税法を成立させ，引き続く景気低迷に対して03年キャピタル・ゲインと配当課税引き下げを含む新たな減税法を制定・実施した．並行して「オーナーシップ社会構想」に基づく住宅への補助政策の継続と新たな施策と債券市場におけるモーゲージ抵当証券 MBS への政府保証を梃子として低所得者層にまで購入層を広げた[53]．これを契機にサブプライムローンが増加し，新規住宅ローンの20%を占めるにいたる[54]．

　サブプライムローンなど低い信用度の原債権は，リスクが高いことから相対的に高い金利が付けられ，それらを組み込んだ証券化商品がハイリターンの金融商品として組成され，優先・劣後構造やモノラインの保証と格付け会社による格付けによって信用補完されることで「ローリスク・ハイリターン」の商品として2000年代，特に2004年頃より急速に膨張していった．投資銀行は，無数の小口債権をプールし，切り分けした信用度の違う債権を組み合わせ証券化商品を組成して格付け機関からの高い格付けを受け，一般の投資家に販売した．アメリカの住宅ローンは金利低下のもと住宅価格が上昇する限りでモーゲージ抵当証券の売却により，さらなるモーゲージ貸付を可能にした．それがまた住宅需要を高め，住宅価格高騰をもたらす循環を作り出したのである．

　住宅価格高騰はホーム・エクイティ・ローンの盛行をもたらし，自動車，家電をはじめとした耐久消費財需要を膨らませた．ホーム・エクイティ・ローンは住宅を保有したまま保有する現在価値から既存住宅ローン残高を控除した増分＝価格上昇分を Cash Out 現金化でき，あるいはその増分を担保に新たな貸付を可能とする．低所得者層には消費者ローン＝クレジットローンに替わるものとして消費拡大に繋がった．こうしたエクイティ・ローンは70年代から既にあったが，オープン・エンド型ローンが80年代に登場して

90年代半ば以降の住宅価格上昇とあわせて急速に普及していった．

(2) 資産バブルの再開：不動産バブルによる景気高揚へ

　ホーム・エクイティ・ローンは収入以上の消費＝過剰消費を決定的に増幅し，個人消費の増大による景気浮揚を生み出した[55]．住宅という人間の生存基盤＝最終的堡塁の借金に直接依存した景気浮揚策である．しかもこの場合，住宅価格の恒常的な上昇＝バブル促進を前提とした極めて危うい景気浮揚策である．

　この住宅価格上昇には仕掛けが用意されていた．それは1つには政府の支援策に基づく公信用が住宅抵当ローン市場を支えたこと，加えて証券化の技術革新＝金融工学による新たな証券化商品の絶えざる開発によって市場拡大を加速する構図である．すなわちFNMA（連邦抵当金庫），GNMA（政府抵当金庫），そしてFHLMC（連邦住宅貸付抵当公社）が公的信用を背景に証券化商品の流動化を支えた．HUD（住宅都市開発省）の一部であるGNMA以外のFNMA，FHLMCはGSE（政府支援企業）と呼ばれ形式上HUDの規制・監督を受けるので公的機関の性格が強いと見なされていた．GNMAはモーゲージの保証に関わり，その他は民間金融機関からモーゲージを直接購入して，プールし，MBSを発行し，支払い保証を付した．3機関とも政府関連ということから政府の暗黙の保証付き商品として扱われ，まさしく証券化商品の市場に「公信用」が参加することで証券化を支えてきたといえる．

　証券化された商品は，それを組成したオリジネーターはパス・スルー型であれば権利や義務は投資家に移転されリスクを負わない仕組みをもつ．このことがリスクの高いサブプライムローンが証券化商品MBSとして組成され市場で販売される根拠となっている．そしてこのMBS，さらには各種ローンを組み合わせたABSをもとに金融工学を駆使してさらにアレンジが加えられ理論値で高価格要件を満たすように組成され，高格付け商品CDOに姿を変える．かくして証券化商品は，「ローリスク・ハイリターン」商品とし

てこの CDO を介してハイリターンを求める世界金融市場にリンクする．

　2000 年 IT バブルが弾けるのにあわせた長期金利の低下策は政府の住宅支援策と重なって住宅取得を後押しした．その過程で激化する貸出競争が金融工学を駆使した「リスク・フリー」の金融商品の開発と相まって，金融市場と無縁であった低所得層をもローン市場に取り込んだ．新たな住宅需要層の開拓と 03 年の住宅取得頭金補助の政策がさらなる住宅価格上昇を押し上げ，住宅バブルをもたらした．他方 NY ウォール街の金融資本は，不動産ローン会社への金融機関の貸出とローン債権の証券化によりローンの切り売り＝リスク分散を行い，直接的に住宅モーゲージ市場に関わることとなった．しかも証券化技術の発展により世界の金融市場が 1 つとなって証券化商品への投資を行い，アメリカ住宅市場を支えていった．

　住宅ローンは金利調整型住宅ローンが大半を占めるが，ネットバブルが崩壊して，株価下落に替わる投資先として住宅担保証券市場の拡大が期待された．そこにノンバンクの領域に資本力のある金融機関やファンドも参入し，03 年以降利子のみの支払いや支払いそのものをオプションとした住宅ローン商品が開発され，モーゲージ市場は急速に伸びていった．

　多くの投資銀行や大手商業銀行が投資ファンドと同じ簿外処理が出来る特別目的子会社 SIV を設立し，事実上「通貨化」した CP や短期・中期証券などの短期資金を低金利で調達し CDO をはじめとした高利回り証券に投資していった．欧州金融機関も 04 年以降の住宅価格の上昇とモーゲージ市場の拡大を背景に高利回りの CDO 投資とモーゲージカンパニーの買収に乗り出し，リスクを抱え込んでいったのであった．こうしてサブプライムローンは金融工学による証券化の技術の発達と証券・金融市場のグローバルな展開を受けて世界の金融市場にリンクする．

(3) 資産バブル崩壊から金融危機・世界同時不況へ

　2000 年の IT バブル崩壊後主要国で長期金利が低水準で推移したことにより，アメリカのみならず各国の金融機関，投資家にグローバルな投資行動を

可能にさせ，リスクの効率的分散やヘッジを行なった証券化商品への投資が強まった．

04年後半よりインフレ期待を阻止するためにFRBは金利値上げに転換したため，ローンの借り換え・リファイナンスが終焉した．かくしてプライム・ローンのブームも転換しつつあった．そこで，借入当初は2〜5年程度の優遇期間中低い固定金利を適用したり，金利部分だけの返済など，一時的に返済を軽減する新型ローンが開発された．投資資金が世界中から集まる環境下で貸出競争が激化し，融資条件が緩和され，かくして「略奪的」ローンといわれる低所得者サブプライム層向けローンが急増し，住宅価格上昇は06年ピークまで数年続くことになった．資本の収奪対象としては限界的な階層を動員しての住宅価格上昇であった．住宅ローンはプライム層には融資基準の甘い，いわばノンバンクが実施し，自転車操業的に住宅ローンを買い取ってもらってローン資金を調達する（ノン・エージェンシー・ローン）．それに対して先のGSEや住宅貯蓄金融機関などは比較的審査が厳密で，こうした機関の発行する証券は2004年以降相対的に比重を下げていった．MBSは幾つかに束ねられ，各種ローンを資産担保とした証券ABSをも束ねて組成した証券CDOが創られ，再証券化されていく．ここにITバブル崩壊で縮小していたヘッジファンドと大手金融機関が投資し，アメリカの機関投資家，富裕層，金融機関の子会社SIV，さらには欧州の投資家に収益性の高い金融商品として販売していった．

住宅価格もピークになってくると，買い手の手控え，ローンの借り手の延滞率が増え，今度は逆戻りが始まる．サブプライムローン問題の発生から，証券・債券市場の崩落であり，短資市場の凍りつき，金融機関における金融資産の不良債権化である．投資家は証券化商品から離脱し，キャッシュと現物を求める．こうしてアメリカにおけるサブプライム問題発生を契機にして世界的金融危機，そして世界同時不況の過程に突入していった．金融危機から世界同時不況への転成のプロセスについては紙数の関係で省略する．問題は今次不況の歴史的位置づけであろう．

(4) 今次世界金融危機・同時不況の位置づけによせて

　冷戦体制の崩壊後，経済成長に伴う中国の軍事的プレゼンスの相対的増大があるとはいえ，旧ソ連・東欧におけるワルシャワ同盟軍の軍事力が縮小し，覇権国アメリカの軍事プレゼンスは圧倒的なものとなった．冷戦崩壊と赤字財政のもとで軍事負担の削減圧力が強まっているにもかかわらず，「軍事の革命」がアメリカ軍事力を高度化し，ハイテク化し，彼我の差を一層拡大した．

　しかし，イラクとアフガンにおける戦争の泥沼化は覇権国アメリカの国際的威信を揺るがし，実体経済における競争力低下に起因する経常収支赤字の累増・対外債務の累積と相まって，基軸通貨ドルの役割を不安定にさせている．アメリカは，基軸通貨国として経常収支の赤字を資本流入により維持しえる唯一の国である．実際，核・ミサイル軍事機構を支えてきた軍事産業が冷戦崩壊後地位を低下させる中で，金融・情報サービス産業の成長により資産価格も上昇することによって内需が拡大し，収益を求めて経常収支赤字を超える投資流入がある限り，アメリカは成長を維持することが出来た．世界はかかるアメリカの構図に依存・寄生することで成長した．

　ME 情報化の進展に伴う国際競争力の低下と多国籍企業としての海外展開は，国内製造業の空洞化と生産の海外依存を引き起こし，アメリカの経常収支赤字の構造的要因となった．アメリカは，一方では海外企業の国内引き込みによりリストラ・失業増に伴う社会不安増大に対応し，資産価格上昇に伴う消費増＝過剰消費にはドル高による輸入物価の低下で対応した．他方で NY ウォール街が，財務省，FRB の国内政府諸機関ならびに IMF・世銀・WTO などの国際諸機関，そしてこれら諸機関にリンクしている主要国の政府・中銀，主要金融機関とグローバルなネットワークを形成して，国際金融市場における覇権を保持し，国際資本の流出入を促す規制緩和とアメリカ基準の国際的スタンダード化の押しつけと金融の証券化やデリバティブ商品の開発などの金融技術の革新とによって金融のグローバル化を主導してきた．かかる関連のもとでドル高は資本の流入を支え，金融商品などの資産価格上

昇をもたらす．また資本の流入は財政赤字を補填することで低金利の持続を支え，資産価格上昇を支える．資産価格上昇は，サブプライム層など限界的な収奪層まで動員してエクイティ・ローン等を通じて個人消費の増大に寄与しアメリカ経済の成長を促してきた．こうした経済循環構造に依存・寄生して日本とドイツなどの先進主要国，そしてブラジル・ロシア・中国・インド（いわゆる BRICs 諸国）などの資源国や新興工業国において経済成長が実現された．それら諸国の成長は，アメリカにおける生産の空洞化が進展しているもとでの金融・情報・サービスの成長と過剰消費構造に依拠した現代グローバリゼーションの必然的帰結として現れた．

　だが，今次の金融危機・世界同時不況においてこうした現代グローバリゼーションの経済循環図式が崩れた．管理通貨制の下での中央銀行による厖大な資金注入によって各国の金融システム危機がかろうじて避けられている．アメリカには基軸通貨国として各国の金融危機を支えるだけの経済力と金融メカニズムはもはやない．資本の収奪対象として限界層まで動員しての資産バブルにより世界の過剰資金を集めて運用する循環図式は基本的に破綻した．それはドル高と過剰消費に依存して世界経済を統合・支配する経済的源泉を失ったことを意味する．ドル暴落の危機が恒常化した．この事態は世界の主要通貨のバスケット方式，またはアメリカをも凌ぐ GDP の EU，世界最大の外貨保有国であり世界の工場である中国［G2 構想！］，そして依然として軍事と科学技術大国を維持しているアメリカのユーロ・元・ドルの複数通貨が協力する形での乗り切りを要請している．しかしこれまた資本の形での対応である限り，諸国家の対立と競争は必然であり，資本のもとでの情報化がもたらすグローバルな規模での不安定でより深刻な危機への幕間でしかないであろう．

　冷戦対抗下，世界資本主義は冷戦帝国アメリカに支えられ成長・発展してきた．IMF・GATT の経済的枠組みの中でアメリカの圧倒的生産力に支えられ，依存する形で成長してきたのであった．冷戦対抗の過程で，そうした枠組みと生産力的基礎をアメリカは失い，軍事を別とすれば，ネットと金融

第2章 アメリカ資本主義と現代グローバリゼーション

サービスの世界に統括・支配の軸を移した．このネットと金融はその技術的特性の故に冷戦対抗の終焉とともにグローバルに展開した．ネットと金融の親和性がある限り，金融は規制を乗り越えてあらゆるものを資本主義的に包摂する包括的性格を持っていた．しかしネットの世界は金融の世界に投機と混乱をもたらす元凶になった．言い換えれば，ネットの世界は金融の枠組みを乗り越え始めたということが出来る．現代グローバリゼーションは，ネットと金融の世界的展開と表裏一体のものとして展開してきた．それ故，今次の金融危機・世界同時不況は現代グローバリゼーションの危機であり，ネットの展開に適応した「新たな世界」形成を促迫する，まさしく資本主義の全般的でグローバルな危機であると位置づけることができるように思われる．

注

1) アンソニー・ギデンズ著／佐和隆光訳『暴走する世界─グローバリゼーションは何をどう変えるのか─』ダイヤモンド社，2001年，マンフレッド・B. スティーガー著／櫻井公人・櫻井純理・高嶋正晴訳『グローバリゼーション』岩波書店，2005年参照．

2) ジャック・アタリは『21世紀の歴史』（林昌宏訳，作品社，2008年，「第Ⅰ章人類が，市場を発明するまでの長い歴史」）のなかで，人類発生以来のグローバルに展開していく活動を概観し，スティーガーも前掲書「2 グローバリゼーションは新しい現象か」の中で「グローバリゼーションが人類それ自体と同程度に古い歴史をもつ」（25頁）として先史時代（紀元前1万年〜紀元前3500年）から歴史スケッチを始める．グローバリゼーションが冷戦崩壊後に頻繁に使用されたということについては，中谷義和『グローバル化とアメリカのヘゲモニー』法律文化社，2008年，8頁，伊豫谷登士翁『グローバリゼーションとは何か─液状化する世界を読み解く─』平凡社新書，2002年，32頁，トーマス・フリードマン著／東江一紀・服部清美訳『レクサスとオリーブの木─グローバリゼーションの正体─』草思社，2000年，12頁参照．

3) 戦後の事態をレーニン『帝国主義論』の延長線の論理で捉まえようとする論者の多くに冷戦の論理の看過がみられるようである．例えば大西広『グローバリゼーションから軍事的帝国主義へ』大月書店，2003年参照．

4) 山口義行編著『バブル・リレー』岩波書店，2009年参照．

5) 以上，この項については古川哲『危機における資本主義の構造と産業循環』有斐閣，1970年ならびに南克巳「『帝国主義論』と国家独占資本主義」（『土地制度史学』第23号）を参照．

6) 吉富勝『アメリカの大恐慌』日本評論社，2008 年，59 頁．
7) 南克巳「アメリカ資本主義の歴史的段階」（『土地制度史学』第 47 号所収）参照．なお，アメリカ資本主義の成立史的特質については鈴木圭介「アメリカ資本主義の諸特質」（川島武宜・松田智雄編『国民経済の諸類型』岩波書店，1968 年所収）参照．
8) 秋元英一「戦争の経済コスト」（菅英輝編『アメリカの戦争と世界秩序』法政大学出版局，2008 年所収）314 頁．
9) 菅英輝「アメリカ外交の伝統とアメリカの戦争」（同上『アメリカの戦争と世界秩序』所収）参照．
10) 有賀貞・大下尚一・志邨晃佑・平野孝編『世界歴史大系　アメリカ史 2』山川出版，1993 年，301 頁ならびに菅英輝『米ソ冷戦とアメリカのアジア政策』ミネルヴァ書房，1992 年，196 頁参照．また牧野裕「英米金融協定の批准と対ソ借款交渉の決裂」（『冷戦の起源とアメリカの覇権』御茶の水書房，1993 年所収）を参照．
11) 大島清編『戦後世界の経済過程―ドル危機の解明―』東京大学出版会，1968 年，23-28 頁参照．
12) 吉田文彦『核のアメリカ』岩波書店，2009 年，16 頁参照．
13) 同上『核のアメリカ』17 頁．
14) NSC68 については http://www.fas.org/irp/nsc-hst/nsc-68-cr.htm 参照．またその内容をめぐっては『岩波講座現代 7　現代の戦争』岩波書店，1963 年，12-13 頁，同上吉田『核のアメリカ』19-23 頁，前掲南「アメリカ資本主義の歴史段階」21 頁等を参照．
15) New Look 戦略から「スプートニク」ショックを経て柔軟反応戦略への移行のプロセスについては，山田浩「核抑止戦略の確立」（『核抑止戦略の歴史と理論』法律文化社，1979 年所収），前掲『核のアメリカ』51-52 頁など参照．また，1949 年トルーマン大統領年頭教書を嚆矢として，57 年アイゼンハワー・ドクトリン，そして 60 年ケネディの「大戦略」として打ち出されてくる新植民地政策については，寺本光朗「新植民地主義否定論に関する若干の考察」（柴田政利編『現代資本主義と世界経済』学文社，1995 年所収）を参照．
16) 山田浩『現代アメリカの軍事戦略と日本』法律文化社，2002 年，35-36 頁，85-89 頁参照．
17) 前掲南「アメリカ資本主義の歴史的段階」参照．
18) 同上 14-19 頁参照．なお，アメリカの経済循環の構造の変化の分析については別稿を予定している．
19) 南克巳「戦後資本主義世界再編の基本的性格―アメリカの対西欧展開を中心として―」（『経済志林』42 巻 3 号所収）66-68 頁．
20) Kenneth J. Vandevelde, U.S. International Investment Agreements, Oxford University Press, 2009, pp. 11–18, pp. 24–26, pp. 465–467 参照．

21) 山田恒彦・廿日出芳郎・竹内一樹『メジャーズと米国の戦後政策』木鐸社,1977年,147-159頁参照.
22) むしろ,『アメリカの挑戦』の著者が指摘するように,「アメリカの親会社とヨーロッパの子会社との関係が単なる経済法則で決められているのではなくて,ピラミッド型階層組織の複雑なシステムによって決まる」(J.-J. セルバン-シュレベール『アメリカの挑戦』タイムライフブックス,1968年,46頁)のであり,「進んだ産業分野においては,ほとんどすべての企業にとって,一国だけの規模では不十分」(同上146頁)で,「科学研究,航空機製造,宇宙開発,電子計算機産業などの分野では,中くらいの国の経済規模では……国境にこだわっているかぎり,フランスやイギリスのように,努力が分散し,むだが多く,ほとんど成果をあげずに終わってしまう」(同上)のである.
23) 発表された経済政策には,国内的には90日間の賃金・物価などの凍結,設備投資への税額控除,個人所得税減税繰り上げ実施や自動車消費税の廃止,さらには47億ドルに上る財政支出の削減を提起するなど,翌年の大統領選挙の対策から不況による停滞を脱出する対策もあわせて提起された.結果は,国際収支を除けば,経済成長率70年0.2%,71年3.4%,72年5.3%,73年5.8%,『米国経済白書2009』より),消費者物価上昇率(対前年比で70年5.7%,71年4.4%,72年3.2%,73年6.2%),失業率(70年4.9%,71年5.9%,72年5.6%,73年4.9%)など国内経済指標においてはいずれも好成績をもたらし,当時の大統領ニクソンの地滑り的勝利をもたらす要因となった.
24) 「ドル体制」,「ドル本位制」については,奥田宏司『ドル体制と国際通貨』ミネルヴァ書房,1996年参照.
25) 奥田宏司『多国籍銀行とユーロ・カレンシー市場―ドル体制の形成と発展―』同文館,1988年,213頁参照.
26) 1965年16億ドル→66年38億ドル→67年87億ドル→68年252億ドル,69年一時的に32億ドルの黒字となるも70年には28億ドル,そして71年230億ドルの赤字となり,以後クリントン政権の一時期を除いて財政赤字が累積していく.以上の数値は,『米国経済白書2009』毎日新聞社,2009年,B-78表より.
27) 古川哲「大恐慌と資本主義諸国」(『岩波講座 世界歴史27』岩波書店,1971年所収)126頁.
28) 以上,預金金利規制などについては,立脇和夫『金融大革命』東洋経済新報社,1982年,法政大学比較経済研究所・靎見誠良編『金融のグローバリゼーションⅠ―国際金融ネットワークの形成―』法政大学出版局,1988年,西川純子・松井和夫著『アメリカ金融史』有斐閣選書,1989年を参考にした.また金融革命については,前掲立脇『金融大革命』,前掲靎見『金融のグローバリゼーションⅠ』,前掲西川・松井『アメリカ金融史』など参照.
29) 菰渕正晃『戦後アメリカ景気循環史』法政大学出版局,1969年,690-694頁参照.

30) 松井和夫『セキュリタイゼーション』東洋経済新報社，1986年，147-148頁．
31) 関下稔・鶴田廣巳・奥田宏司・向壽一著『多国籍銀行』有斐閣，1984年参照．また，宮崎礼二「パクス・アメリカーナの転換と国際通貨ドル」(紺井・上川編『グローバリゼーションと国際通貨』日本経済評論社，2003年所収) 97-102頁参照．
32) Business Week誌1979年8月13日号．野尻哲史『株式市場の『死』と『再生』』経済法令研究会，1999年4月参照．
33) 前掲立脇『金融大革命』156頁ならびに中尾茂夫『ドル帝国の世紀末』日本経済新聞社，1993年，23-28頁参照．
34) 前掲菰渕『戦後アメリカ景気循環史研究』490-518頁．
35) 1975年財政赤字532億ドル・貿易収支89億ドル黒字・経常収支181億ドル黒字→1980年財政赤字738億ドル・貿易収支255億ドル赤字・経常収支23億ドル黒字→1985年財政赤字2123億ドル・貿易収支1222億ドル赤字・経常収支1182億ドル赤字→1990年財政赤字2210億ドル・貿易収支1110億ドル赤字・経常収支790億ドル赤字である．以上前掲『米国経済白書2009』参照．
36) 戦後アメリカの通商政策については，中本悟『現代アメリカの通商政策』有斐閣，1999年，佐々木隆雄『アメリカの通商政策』岩波新書，1997年を参照．日米間の通商問題については，関下稔『競争力強化と対日通商戦略』青木書店，1996年を参照．NAFTAについては，所康弘『北米地域統合と途上国経済』西田書店，2009年，アメリカのグローバリゼーションとリージョナリズムとの関係については，中本悟「アメリカン・グローバリズムとアメリカ経済」(経済理論学会編『季刊経済理論』櫻井書店，2006年) を参照．
37) 以上，萩原伸次郎『通商産業政策』日本経済評論社，2003年，平勝「国際通貨制度への『市場メカニズムの浸透』」(平編『グローバル市場経済化の諸相』ミネルヴァ書房，2001年所収)，打込茂子『変革期の国際金融システム』日本評論社，2003年ならびに小栗崇資「IASB・IOSCOの会計グローバリズム戦略」(伊藤秀俊編著『会計グローバリズムと国際政治会計学』創成社，2007年所収)，ロバート・E.ライタン，ジョナサン・ロウチ著／小西龍治訳「リスクの封じ込め」『21世紀の金融業—米国財務省レポート—』東洋経済新報社，1998年所収) 参照．
38) 拙稿「米国経済の諸問題」(柴田政利編『現代資本主義と世界経済』学文社，1995年所収) ならびに「90年代におけるアメリカ産業構造の変化」(産業構造研究会編『現代日本産業の構造と動態』新日本出版社，2000年所収) 参照．
39) アメリカの失業率は，リストラが進行しているにもかかわらず低い．それは転職率が非常に高いことをしめしている．事実，賃金給与労働者の就業期間の統計では，12カ月未満が全体の26.0%であり，2年未満だと34.5%にもなり，3～4年まで入れると，実に54.5%の人が短期就業者である．アメリカでは非正規の雇用増が短期就業のパートタイマーの増大として現れている．また人材派遣労働の急増とともに，近年 Independent Contractor などの新たな Contingent Work 不

安定雇用が増えており，企業の人件費切り下げをもたらしている．

40) 1989年の軍事支出3697億ドル，90年3547億ドル，95年2820億ドル，99年2603億ドル．以上，渋谷博史『20世紀アメリカ財政史III―レーガン財政からポスト冷戦へ―』東京大学出版会，2005年，210-211頁参照．軍需部門の科学・技術者の他産業への転出については，庄司啓一「リストラクチャリングと労働市場の再編成」（西川純子編『冷戦後のアメリカ軍需産業』日本経済評論社，1997年所収）参照．
41) 前掲『金融のグローバリゼーションI』10頁．
42) 宮崎礼二「ドル体制とアメリカ・グローバル金融戦略」（上川・新岡・増田編『通貨危機の政治経済学』日本経済評論社，2000年所収）344-346頁参照．
43) 南克巳「冷戦体制解体とME＝情報革命」（『土地制度史学』第147号）28頁参照．
44) 渋谷博史「1990年代の冷戦終焉とアメリカ財政の再建」（前掲『20世紀アメリカ財政史［III］レーガン財政からポスト冷戦へ』所収）参照．
45) 以上，川上忠雄『アメリカのバブル1995-2000』法政大学出版局，2003年，39-47頁参照．
46) 奥村皓一「ニューヨーク・マネーセンター銀行の再編統合化」（『グローバル資本主義と巨大企業合併』日本経済評論社，2007年所収）参照．
47) 井村進哉著『現代アメリカの住宅金融システム』東京大学出版会，2002年，339-356頁参照．
48) 鳥谷一生「『円キャリー・トレード』と国際通貨金融危機」（前掲『グローバル市場経済化の諸相』所収）107-117頁．
49) マイケル・J. マンデル著／石崎昭彦訳『インターネット不況』東洋経済新報社，2001年，35-36頁参照．
50) 前掲川上『アメリカのバブル1995-2000』125頁．
51) 「貢納」循環（E. トッド『帝国以後―アメリカ・システムの崩壊―』（石崎晴己訳）藤原書店，2003年，128-133頁），「帝国循環」（吉川元忠『マネー敗戦』文春新書，1998年），あるいは「寄生的国際循環」（二瓶敏「現代（ポスト冷戦期）帝国主義をめぐって」『季刊経済理論』）等として，基軸通貨国特権を行使するアメリカの強さとともに弱さの両面を掴むための世界資金循環における新たな構造概念が提起されるゆえんである．
52) 国際収支表「その他民間投資流入」でみると，2000年6742億ドル→01年5878億ドル→02年5948億ドル→03年5165億ドルであり，「外国公的資金流入」は00年428億ドル→01年281億ドル→02年1159億ドル→03年2786億ドルである．U.S. Department of Commerce, BEA, U.S. International Transaction Data Release Date: March 18, 2009より．
53) 2003年から低所得者向けの住宅購入時の頭金補助を行うとともに，連邦住宅局FHAは住宅ローンの破綻リスクを保証する公的保険を提供することにより，住

宅ローン利用を促す政策的誘導を行った．G.W. ブッシュ政権の経済政策については，河音琢郎・藤木剛康編著『G.W. ブッシュ政権の経済政策』ミネルヴァ書房，2008年参照．

54) 『図説アメリカの証券市場2009年版』日本証券経済研究所，2009年，28頁参照．
55) 住宅投資実質GDP対前年比伸び率は，00年0.8％→01年0.4％→02年4.8％→03年8.4％→04年10.0％，そして個人消費支出の伸び率は2000年4.7％→01年2.5％→02年2.7％→03年2.8％→04年3.6％である．前掲『米国経済白書2009』より計算．

第3章

WTO 体制下における国際経済秩序と
グローバリゼーション

間 宮 　 勇

1. 国際経済関係と法的規律

　経済問題に関する国際法の規律は，主に2国間条約によって規律されてきた．産業革命以降，生産力の増大にともなってヨーロッパ諸国の海外進出が拡大していく中で，18世紀半ばに英国が厳しい輸入規制を実施していた重商主義から自由貿易主義へと政策を転換したのを契機として，ヨーロッパ諸国間で2国間通商条約が多数締結された．それらの2国間条約に挿入された最恵国待遇条項によって，19世紀は貿易の自由化が飛躍的に進んだといわれている[1]．

　慣習法による国際経済関係の規律については，国家責任法の中で，主に外国人の保護の文脈で議論され，外国人の財産の保護を目的として投資の保護を中心に形成されてきた．しかし，外国人の投資活動の許容性やその範囲は，条約によって規定されてきたのであり，投資の保護に関する慣習法の規則も，そうした条約規定を前提としていたといえる．交通・運輸・通信手段の飛躍的発展により，国際的な経済活動が拡大してきた現在でも，それらの活動が主に条約によって規律されているという点に大きな変化はない．第二次大戦後は，ブレトンウッズ―ガット体制が確立され，多数国間条約によって規律される事項が増加したが，条約の規定は，締約国間の関係に限定して適用され，慣習法の形成を促すことはなかった．

WTO は，1986 年から 1993 年にかけて行われたウルグアイ・ラウンド交渉の結果，1995 年に設立され，ガット[2] を引き継いで国際貿易秩序を維持する役割を担っている．国際貿易体制は，WTO の設立によってガット時代から大きく変化したが，その特徴は，WTO 協定の一括受諾と規律の強化，新たにサービス貿易と知的財産権の保護に関する協定が成立したことによる対象範囲の拡大，そして紛争解決手続の強化である．WTO がガットと大きく異なる点は，途上国の参加である．ガットは，先進国クラブと呼ばれ，途上締約国の数はそれほど多くなく，加入している途上国も，後述のように特別な待遇が認められ，交渉にも実質的に参加していなかった．

　WTO 協定は，参加が自由であった東京ラウンド協定とは異なり，一括受諾方式を採用し，途上国も原則として先進国と同様の義務を負っている．こうして WTO 体制は，貿易を中心とした国際経済関係において先進国のみならず，途上国についても同一のルールを適用しており，さらに東西冷戦の終結を受けて，途上国並びに旧社会主義国の参加が増大している．

　本章では，こうした現状を踏まえながら，WTO の下で進められていると言われる「グローバリゼーション」[3] が，どのような意味を有するのかを検討する．以下では，WTO における市場原理とその例外を概観した上で，近年増加している自由貿易協定などの地域的経済統合，そして知的財産権の保護を規定している TRIPS 協定やアンチダンピング制度の運用やその性格を，市場のありように焦点を当てて検討する．

2.　WTO における市場原理と国内産業の保護

(1)　物品貿易における自由化と国内産業の保護
① GATT・WTO 体制における自由化原則

　WTO 協定は，WTO 設立協定と附属書 1 から附属書 4 に含まれている諸協定からなっている．物品貿易については，附属書 1A によって規律されるが，その中でも 1994 年の GATT が加盟国の基本的な権利義務を規定して

いる．GATT は，交渉によって関税その他の貿易障壁を低減・撤廃して自由化を進めているが，その基本は，数量制限の禁止（GATT 11 条）と関税による保護の容認[4]（GATT 2 条）である．

　数量制限は，設定された数量を超える輸入が認められないため，輸入量がその数量に達すれば，それ以降，輸入産品と国産品の競争はなくなる．関税の場合，一般的には賦課された関税額に見合う価格の上昇があり，輸入産品の国内市場における価格競争力が一定程度削がれるものの，輸入数量の制限がなければ，国産品と輸入産品の競争は機能する．もちろん，非常に高い関税率であれば，ほとんど輸入されないということも生じうるが，それでも効率化による価格引き下げや価格以外の競争力を高めることで輸入が増加する可能性は否定されない．

　こうして，市場における競争を通じて効率化を進めながら，GATT 20 条に規定する一般的例外が該当する場合やセーフガード措置などの例外的な場合を除くほか，関税によって国内産業を保護することを認めるのである．しかし，関税その他の輸入障壁は，交渉を通じた削減の対象となる．交渉であることから，削減義務があるわけではないが，関税引き下げについては，ケネディ・ラウンド以降，一括引き下げ方式[5]が導入され，2 国間または個別品目の関税交渉とは別に一定の関税引き下げが達成されてきた．また，個別の関税引き下げ交渉においても，相互主義に基づき，一定の関税引き下げが期待されている．

　発展途上国については，1980 年代半ば頃まで特別な扱いが認められていた．多くの途上国が高関税を維持して国内産業を保護していたが，交渉において関税引き下げを強く要求されることもなく，逆に 1964 年の GATT 第 4 部の追加の際に 36 条 8 項で，途上国に対しては相互主義を要求しないと明記された．また，GATT 18 条は，途上国が経済発展のために採用する輸入制限を許容しているが，そこで規定された審査は，ガット時代にはほとんど機能しなかった[6]．さらに，東京ラウンドにおいて，授権条項が採択され，途上国に対する「特別かつ異なる待遇（S&D）」が認められるようになった．

1980年代半ば以降は，途上国における債務危機や通貨危機，そして世界的な不況に対応するため，また国際通貨基金（IMF）や世界銀行の融資を受ける際のコンディショナリティの実施として，途上国においても規制緩和や自由化が進められた．そうした背景の下で，1986年に開始されたウルグアイ・ラウンドにおいては，途上国も関税引き下げやサービス貿易の自由化などの自由化を受け入れ，WTO協定の成立によって先進国と同様の義務を受け入れるようになっている．

② GATTの暫定適用と運用の柔軟性

　ガット時代のGATTの運用は，その柔軟性に特徴があった．GATTは，第二次大戦後に構想された国際貿易機関（ITO）が設立されるまでの暫定的な協定として成立した．しかし，ITOの設立が失敗に終わったため，GATTが戦後貿易秩序を規律してきた．締約国は，GATT本体を条約として発効させるのではなく，暫定適用議定書という条約によってGATTの規定を適用することを約束した．GATTの柔軟性を最も明確に示していたのが暫定適用議定書の本文1項(b)である．この規定は，祖父条項と呼ばれ，GATT第2部については，GATTが発効した時点で有効な国内法の範囲内で適用すればよいことを規定していた．GATT第2部は，3条から23条までの規定で，3条の内国民待遇や11条の数量制限の一般的禁止というGATTの原則とされる重要な規定を含むGATTの実体規定の大部分を占める．

　祖父条項は，GATTがITOの設立まで暫定的に適用されるものであったことから，国内の政治的反対を抑えて早期の適用を実現するために挿入されたもので，それによってGATT締約国は，GATT規定に抵触する国内法の改廃をせずに加入することができたのである．加入後にGATT規定に抵触する国内法がGATT適合的に改廃された場合には，それ以降，同様の国内法規定を導入することは認められないが，このような取り扱いは，少なくとも現状維持を認めたことを意味する．このように，GATTは，締約国の

通商政策について，現状維持を出発点として交渉を通じた自由化を目指す枠組みを設定したのである．

　運用における GATT の柔軟性は，その規律の確保のあり方に見られる．通常の国際機関は，その機関が基本条約の規定の遵守を確保するための一定の権限を有している．しかし，ガットは，そもそも国際機関として設立されることが想定されていなかったため，その権限が明確に定められていない．したがって，規律の確保は，もっぱら紛争解決手続によってきた．紛争解決手続は，GATT 23 条の運用として慣行化されたもので，個人の資格で選任される委員によって構成されるパネルが問題を審議し，その結果を締約国団に報告する．パネル手続は，紛争当事国の同意を前提とし，一方の紛争当事国が同意しなければ手続が開始されず，手続が開始された場合でもパネル報告に不満があれば，反対を表明することによってコンセンサスの成立を妨げ，その採択を阻止することができた．また，紛争解決手続である以上，紛争当事国以外の第三国が問題を提起することはできず，GATT 違反の措置が放置されるという事態もしばしば発生した．つまり，GATT の遵守を確保することは関係当時国に委ねられ，場合によっては当事国の合意によって GATT の規定に反して問題が処理されることもあった．その典型的なものは，輸出自主規制である．

　輸出自主規制は，1970 年代に拡大したが，輸出国と輸入国の協議に基づいて実施されていたためガットに「提訴」されることがなく，灰色措置と呼ばれていた．ガットの下での貿易自由化は，相互主義に基づく輸出機会の取引によって進められてきたこともあり，紛争当事国の利害を調整するという観点からは，ルールに従った解決が最適とは限らず，GATT の紛争解決手続は，ルールに基づく解決を指向しながらも，当事国の満足する利害調整を認める柔軟なシステムといえる[7]．

　締約国の意思を尊重する柔軟な運用は，特定の分野においても見られた．それは，繊維ならびに農産物である．

　繊維については，1961 年に「綿製品貿易に関する短期取極」が合意され

て以降，1962年の「綿製品貿易に関する長期取極」，1973年に「国際繊維貿易に関する取極」が合意され，当初は綿製品に限定されていたが，後に繊維製品全般に対象が拡大されて輸出国と輸入国の間で合意される数量制限を認める管理貿易体制が確立された．この数量制限は，本来であればGATT 19条に規定されるセーフガード措置によって対応すべきものであるが，市場攪乱を引き起こしている特定の輸出国からの輸入を合法的に制限するために輸出自主規制を制度化したものである．

農産物については，例外として数量制限を認めるGATT 11条2項の援用や輸出補助金の交付が常態化していた．11条2項の援用については，国内の生産制限，過去の実績に基づく割当などの要件を満たさないものが多く，農産物貿易においては，GATTの規定がほとんど機能しないという状況であった．何よりも，EUの農業保護政策を批判していた米国自身が，1955年に1933年農業調整法の改正にともなって，25条に基づくウェーバー（義務免除）を申請して大幅な義務免除が認められ，多くの農業保護措置を維持していた．

③ WTOにおける規律の強化と紛争解決手続の強化

以上で述べてきたように，ガット時代の協定運用は，関係国の意思を重視する柔軟なものであったが，1980年代に入ると，2国間合意に基づく輸出自主規制が蔓延し，さらには米国の通商法301条に見られる一方的措置も拡大し，GATTシステムの崩壊が懸念されるようになった．そのため，1986年に開始されたウルグアイ・ラウンドは，規律の強化と紛争解決手続の強化を目指したのである．

まず，規律の強化については，WTO協定の一括受諾について指摘しておかなければならない．WTO協定は，設立協定と4つの附属書からなっているが，設立協定と附属書1から3までは，すべて受諾しなければ加盟することができない．この点は，ガット時代の東京ラウンド協定の場合と大きく異なる点である．東京ランド協定の批准は締約国の判断に委ねられたこともあ

り，途上国の多くは批准しなかった．条約は，当事国のみを拘束するものであり，途上国の多くは東京ラウンド協定に規定された義務を負わないことになる．しかし，GATT 1 条に規定された最恵国待遇によって，東京ラウンド協定に規定された利益，すなわち権利については主張することができた．このような状況を回避するため，ウルグアイ・ラウンドにおいては，その合意について原則として一括受諾の対象とすることが決定されたのである．この結果，WTO 加盟国は，附属書 3 までの協定当事国となり，その権利義務は同一のものとなった．

物品貿易に関する協定は，附属書 1 に含まれている．アンチダンピング協定や補助金相殺関税協定，スタンダード（基準認証制度）協定などの東京ラウンド協定を改定したもののほか，セーフガード協定，衛生植物検疫協定，農業協定，繊維協定など，新たに合意された協定も含まれている．東京ラウンド協定については，規定を詳細なものにして要件を厳格化するなど，保護主義的措置の抑制につながる改定が行われた．農業協定と繊維協定は，上述の状態にあった農産物貿易ならびに繊維貿易において，保護の削減と管理貿易体制の廃止を通じて，GATT の基本原則に復帰させることを定めた．

紛争解決手続の強化は，ガット時代の 1980 年代半ば頃から進められてきた．ガットの紛争解決手続は，紛争当事国の同意がなければ手続が進められないというものであったが，1980 年代半ばに事務局に法務部が設置され，パネリストに対するサポート体制が整備され，また，それまで通商外交官が選任されることが多かったパネリストに国際通商法の専門家が選任されるようになったことにより，パネル報告の法的論理が精緻化された．1989 年には，パネルの設置に際して，パネルを設置しないということにコンセンサス（反対がない状態）が成立しない限りパネルを設置するというネガティヴ・コンセンサスを採用し，パネル手続の自動化が一部導入された．WTO 設立後の紛争解決手続は，附属書 2 の「紛争解決に係る規則及び手続に関する了解」（Dispute Settlement Understanding: DSU）に規定されている．そこでは，上級委員会を設置して二審制を採用した上で，パネル設置と上級委員会への

不服申立のみならず，報告の採択においてもネガティヴ・コンセンサスを採用し，手続全体を自動化した．このことは，加盟国間でWTO協定に関する紛争が生じた場合，一方当事国がWTOに「提訴」すれば必ず手続が開始され結論がでるということを意味する．

現在，国際社会には様々な紛争解決手続が存在しているが，紛争当事国の一方が相手国の同意なしに申し立てて手続が開始されるケースはごく限られている．そうした中で一方的「提訴」を認めるWTOの手続は異例であり，その「司法化」の動きは注目を集めた[8]．しかし，WTOの手続は裁判手続ではなく，パネル・上級委員会の報告は，紛争解決機関によって採択されなければ効力を生じない．またこれまでに報告が不採択になったケースはないが，理論上はネガティヴ・コンセンサスが成立して報告が採択されないという可能性はある．

規律の強化と紛争解決手続きの強化によって，協定適合性の判断，つまりWTO協定の解釈が明確になされることになり，協定違反と認定された措置が是正されない場合に通商上の対抗措置が許容されることとあいまって，WTO協定の実効性は非常に高いものとなっている．さらに規律対象を東京ラウンド協定で扱っていなかった新たな分野に拡大し，国際経済関係においてこれまでなかった詳細なルールを定めたことによって，いわゆるグローバル・スタンダードの確立が進められてきた．また加盟国がWTO協定の一括受諾を義務付けられたことによって，途上国についても先進国と同様の義務を負うことになった．

グローバル・スタンダードの確立に関して注目すべき点は，衛生植物検疫協定（SPS協定）3条1項と貿易の技術的障壁に関する協定（TBT協定）2.4条が国際基準の尊重を規定したことである．現在，様々な分野で製品についての国際的な規格や基準が作成されている．これまで，成長ホルモンを投与した牛肉に関する事件，遺伝子組み換え作物等に関する事件，リンゴの病害虫に関する事件，アスベストを利用した建材に関する事件などが，WTO紛争解決手続において議論されてきた．それら事件では，国際基準の

存在や内国民待遇の解釈を通じて,輸入国の措置の協定違反が認定されている.

　農産物などの食物関連の国際基準よりも高い保護水準を採用する場合には,SPS 協定3条3項によって,5条1項から8項の規定に従って科学的に危険性を評価して措置の必要性を立証しなければならず,科学の不確実性を前提として確実ではない危険を回避する措置を正当化する「予防原則」の適用は否定されている.SPS 措置以外の規格・基準については,TBT 協定2.4条但し書きによって地理的な基本的要因あるいは基本的な技術的問題のために規格・基準を設定する目的の達成に効果的でなくまたは適切でない場合に,国際規格や国際基準と異なる規格・基準を設定することが認められている.

　国際的な規格・基準は,国際機関において作成される場合もあれば,国際的な民間団体において作成される場合もある.国際的な規格・基準を作成する際の議論は,各国政府や産業界の利害を反映した厳しいものであるが,それらの規格・基準が WTO 協定に取り込まれたことによってさらに厳しい議論が展開されるようになった.WTO の外部の機関によって作成された規格・基準にそうした効力を付与したことに対する批判もあるが,交渉によって合意され規定化された以上,国際的な規格・基準と異なる規格・基準を設定する場合には例外規定を援用する以外に方法はない.しかし,それが認められるためのハードルは高いのが現状である.

(2) サービス分野における自由化と国内産業の保護

　サービス貿易については,ウルグアイ・ラウンドにおいて初めて交渉の対象となった.当初,発展途上国は,サービス貿易の自由化に消極的で,交渉対象とすることについても反対の態度を示したが,農業や繊維分野における規律の強化と引き換えに,サービス貿易協定(GATS)の締結に同意した.

　サービス貿易の自由化も,交渉を通じて進められ,交渉の結果合意された自由化約束は,約束表に記載される.約束表には,自由化の対象となる分野および自由化の条件や制限が記載される(ポジティヴ・リスト方式).サー

ビス分野における自由化交渉は，加盟各国が要求（リクエスト）と回答（オファー）を出し合って行われ[9]，交渉の結果は各国の約束表に記載される．特定分野については，基本電気通信サービスに関する第4議定書（1998年2月発効）および金融サービスに関する第5議定書（1999年3月発効）が作成された．

　サービス貿易において，GATT 3条や11条に規定される内国民待遇および数量制限の一般的禁止に該当する規定は，それぞれGATS 17条および16条に規定されているが，それらの義務は，約束表に記載された条件および制限に従って課せられる．この条件および制限の内容や範囲については，特に限定されていないため，物品貿易とは異なって，外国のサービスやサービス提供者に対して差別的な取り扱いや資本や事業者数などの数量的な制限を維持することが可能となっている．そのため，交渉に際して自由化への圧力があるとしても，限定的な自由化に止め，国内産業の状況を見ながら，徐々に国内市場を開放していくということが可能となる．途上国の約束表を見ると，「約束しない（unbound）」という表記が多く見られ（たとえば，インドの約束表WTO Doc., GATS/SC/42），サービス協定の成立がサービス市場の開放に直結しているわけではないことがわかる．

　物品貿易と異なるこのような取り扱いは，サービス貿易の特性による．サービス貿易の規制は，物品と異なり，国境措置よりも国内的な規制による場合が多い．そのため，国内規制を協定の規律の対象としているが，市場の自由化と国内規制の必要性とのバランスの確保のため，あるいは経済発展段階の異なる加盟国が，内国民待遇や数量的規制を一律に受け入れることは困難であり，また途上国の交渉自体に対する反対を和らげるため，現実的な手法が採用されたのである[10]．

　このようにGATSは，サービス貿易自由化の枠組みを設定したものであり，交渉を通じて自由化の合意を達成し，その合意の実施を確保することを目的としている．交渉枠組みは，GATS 19条から21条で規定されているが，そこではすべてのサービス分野を交渉対象とすることを義務付けている．

この義務は，交渉義務であって自由化義務ではない．したがって特定の結果に合意することが義務付けられるわけではないが，GATSの目的がサービス貿易の漸進的な自由化を確保することである（前文）ため，自由化そのものを拒否することは，GATSの趣旨に反する態度となる．また，自国の経済的利益を確保するため，他の加盟国に自由化（サービス分野に限らない）を要求するのであれば，何らかの利益を提供するという譲歩をしなければならない．国際交渉においては，そうした相互主義が常に機能しており，GATS前文においても「すべての加盟国の利益を互恵的な基礎の上に増進し」として相互主義に言及していることもあって，自由化圧力が常に存在することになる．

特定の加盟国間で合意された自由化は，最恵国待遇原則によって加盟国全体に拡大される．最恵国待遇原則は，GATS2条に規定されているが，これには付則（ANNEX）による適用除外が認められていた．最恵国待遇は，どの程度の自由化を受け入れたかにかかわらず，すべての加盟国に与えられる．したがって，自由化を受け入れなかった加盟国であっても，他の加盟国の自由化による利益を享受すること，つまり「ただ乗り」が認められることになる．そのため米国は，「ただ乗り」を防止するため，一定の自由化を受け入れた加盟国に対してのみ利益の供与することを認める条件付最恵国待遇を規定すべきことをウルグアイ・ラウンドにおいて主張した．この提案は，加盟国間に差別をもたらすものとして，他の交渉参加国から反対されたが，両者の妥協として認められたのが，この例外である．付則による適用除外は，10年間に限定され，移行期間における例外と見ることができるが，暫定適用であったガット時代にあっても，最恵国待遇を規定するGATT1条は，祖父条項の適用を受けない確定適用の対象規定であったことを考えると，相互主義をより重視したものといえるだろう．

相互主義に基づく条件付最恵国待遇は，GATS7条に規定する免許や資格の相互承認に関しても導入されたと見ることができる．同条3項は，加盟国間の差別になるような態様の承認を禁じているが，同条1項は，「その承

認は，措置の調和その他の方法により行うことができ…，協定もしくは取決めに基づいて…行うことができる」と規定し，相互主義に基づくことが可能であると解釈できる．「措置の調和」を前提とした「協定もしくは取決め」は，特定加盟国間で共通の基準を設定することであり，まさにグローバル・スタンダードの設定に向けた一歩となる．

　以上，述べてきたように，GATSにおいては，GATTとは異なる形で相互主義が機能している．GATTにおける相互主義は，あくまでも自由化を進める上で利益を供与し合うという形で機能する積極的相互主義であり，無条件の最恵国待遇を守ることを通じて利益を提供しない加盟国に対しても自由化による利益を供与する．それに対して，GATSにおける相互主義は，原則として無条件の最恵国待遇を規定しながらも，部分的に利益を与えない根拠として機能する消極的機能主義を導入した．その結果，一定の自由化を受け入れ，あるいは設定された基準を充たさない限り利益を享受することができないということを通して，自由化の受入や共通基準の採用に向けた圧力を作り出すことになる．

(3) 新規加盟国の自由化約束

　以上で述べたように，WTOにおいては，原則として関税や国内規制による輸入制限を認め，国内産業保護の手段を用意している．つまり，加盟国が，自国の国内産業の状況を踏まえて，一定程度保護することを認めながら，市場原理に基づく効率化を進めることになる．

　しかし，WTO発足後，新規に加盟した途上国については，若干異なる状況がある．WTOへの加盟は，加盟国との交渉を経て認められるが，加盟交渉は，WTOに設置される作業部会における多数国間交渉と，加盟申請国との交渉を希望する加盟国との2国間交渉が並行して行われる．すべての2国間交渉が終了しなければ加盟が認められず，既存の加盟国は，いわば新規加盟に対する拒否権を有することになる．交渉の結果は，作業部会報告書ならびに加盟議定書，そして新規加盟国の譲許表や約束表に記載される．

WTO加盟国である途上国は,「特別かつ異なる待遇」が認められ,義務の免除や履行の猶予,あるいは長期の経過期間が認められている.ところが,加盟申請国が途上国であっても,2国間交渉において,大幅な自由化や政府調達協定(一括受諾の対象外)の受諾など,先進国並みの自由化を要求され,さらにWTOプラスと呼ばれる追加的な義務が設定される場合もあり,それらを受け入れなければ加盟が認められないという状況が生まれた.関税譲許に関していえば,新規加盟国は,農産物を含めてほとんどすべての品目で譲許している.平均関税率も単純平均で,農産物については10%台が16カ国中10カ国,非農産物については,10%を超える新規加盟国は6カ国しかない[11].サービス分野についても,原加盟国に比べて多くの分野で約束をしている[12].

このような状況が生じた背景には,ウルグアイ・ラウンド以降,途上国が貿易交渉に実質的に参加するようになり,シアトルの閣僚会議に見られたように,先進国と途上国の間で様々な問題に関する対立が広がっていることがある.加盟後に交渉を通じた自由化を実現することが困難であるため,一部の先進国,特に米国は,加盟交渉で可能な限り最大の関税譲許と関税引下げ,そしてサービス市場の開放を達成しようとしているのである[13].シンガポール閣僚宣言[14]も,8項で加盟申請国に対して「意味のある市場アクセス約束の提示」を要求しており,そうした先進国の態度を支えるものとなっている.

このように,植民地の自治権確立や独立にともなう旧宗主国の宣言による加入(GATT 26条5項(c))など,簡易な加入方式が認められたガット時代とは異なり,新規加盟国については,加盟交渉の時点でかなりの自由化圧力が存在している.途上国であっても,先進国に近い自由化を受け入れなければ,加盟が承認されないのが現状である.加盟後は,加盟の際に受け入れた自由化の実施に加え,交渉を通じて更なる自由化を進めることになるが,加盟後の交渉圧力は,すでに大幅な自由化を約束しているため,原加盟国である途上国に比べればそれほど強いものではない.それよりも,新規加盟国にとって問題となるのは,自由化約束の実施であるといわれている[15].譲許

表や約束表に記載された自由化約束は，GATT 2 条，GATS 16 条および 17 条によって WTO 協定上の義務となるため，義務の履行を怠れば，通商上の制裁措置を発動される可能性が生じる．サービス分野における義務違反に対しても物品貿易の分野で制裁措置の発動が認められるため（DSU 22 条 3 項），合意の実施に対する圧力は，交渉の場合よりも大きなものとなる．

3. 最恵国待遇原則と地域統合

(1) 地域経済統合の意義と要件

最恵国待遇原則は，加盟国が他の加盟国の間の無差別待遇を義務付けるもので，GATT 1 条ならびに GATS 2 条に規定される WTO 協定の中でも最も重要な原則の 1 つである．これは，戦間期のブロック経済に対する反省から規定されたもので，加盟国は他の加盟国に対して「即時かつ無条件に」最恵国待遇を許与しなければならない．

この最恵国待遇原則の例外として認められるのが，地域経済統合である．GATT 24 条 4 項は，関税同盟および自由貿易地域，そしてそれらの中間協定の締結を許容している．この地域経済統合は，ベネルクス 3 国などのような比較的小規模な統合を想定していたといわれていたが，ヨーロッパ経済共同体（EEC）やヨーロッパ自由貿易連合（EFTA）の発足によって，当初から起草者の想定を越えて運用されてきた[16]．さらに，1990 年代以降，GATT ウルグアイ・ラウンドや WTO における多角的交渉の停滞にともなって，多くの加盟国が地域経済統合にかかわるようになっている．2008 年 12 月までに WTO に通報された地域貿易協定（RTA）は 421 件にのぼり，加盟国のうちで RTA を締結していないのはモンゴルのみである[17]．

最恵国待遇の例外として認められる地域経済統合であるが，GATT 24 条 4 項は，「当事国間の経済の一層密接な統合を発展させて貿易の自由を増大することが望ましい」と規定し，その積極的な側面を強調している．それは，統合による市場規模の拡大が効率化を進めると同時に，世界全体の自由化に

も寄与するものと考えられたからである．そうした目的を実現するために，GATT は 24 条 5 項以下で要件を規定しており，その中でも重要なのは，構成地域間の「実質上のすべての貿易」について関税その他の制限的通商規則を廃止すること（GATT 24 条 8 項）である．

　GATT 24 条 8 項は，関税同盟ならびに自由貿易地域を定義している．それによると，関税同盟とは，「関税その他の制限的通商規則を同盟の構成地域間の実質上のすべての貿易について，又は少なくともそれらの構成地域の原産の産品の実質上のすべての貿易について廃止」し，「同盟の各構成国が，実質的に同一の関税その他の通商規則をその同盟に含まれない地域の貿易に適用する」ために，「単一の関税地域をもって二以上の関税地域に替えるものをいう」（同項(a)）．関税地域とは，独立の関税その他の通商規則を適用している維持している地域をいい（同条 2 項），通常は加盟国の国家領域と一致するが，中国のように香港，マカオなどの複数の関税地域を有する加盟国もある．関税同盟の場合は，構成国間の貿易を自由化するだけでなく，共通関税および共通通商規則を適用することによって複数の加盟国が単一の関税地域を構成することになる．したがって，関税同盟のいずれの構成国に輸出しても同じ関税および通商規則が適用され，関税同盟の地域内で国境を越えて移動しても，域内自由移動が構成国原産の産品に限定されない限り，再度関税および通商規則が適用されることはない．

　自由貿易地域とは，「関税その他の制限的通商規則がその構成地域の原産の産品の構成地域間における実質上すべての貿易について廃止されている二以上の関税地域の集団をいう」（同条 8 項(b)）．自由貿易地域の構成国は，それぞれが単一の関税地域であり，したがってそれぞれが独自の関税および通商規則を適用する．自由貿易地域の場合，域外国にとっては，以前と変わりなくそれぞれの輸入国の関税及び通商規則が適用され，自由貿易地域内で域外国原産の産品が構成国の国境を越えて移動する場合，改めて当該輸入国の関税および通商規則が適用される．

　関税同盟であれ，自由貿易地域であれ，構成地域間の貿易が実質的にすべ

て自由化されれば，貿易創出効果が大きなものとなる．1994年のGATTの「第24条の解釈に関する了解」は，前文で以下のように規定している．

「関税同盟を組織し及び自由貿易地域を設定する協定の締約国の経済の一層密接な統合によって可能となる世界貿易の拡大への貢献を認め，
　構成関税地域間における関税その他の制限的な通商規則の撤廃がすべての貿易に及ぶ場合にはそのような貢献が増加し，他方において，貿易の主要な分野が当該撤廃の対象から除外される場合にはそのような貢献が減少することを認め，」

これは，GATT 24条4項が規定する地域統合の積極的な側面を再確認したものであり，「実質上すべての貿易」の自由化が，最恵国待遇原則の例外として単なる特恵待遇と区別された地域経済統合が正当化されるための重要な要件であることを示している．

「実質上のすべての貿易」の意味は，必ずしも明確ではないが，「実質上のすべて」ということは，若干の制限を残すことを許容していると解釈されており，関税その他の制限的通商規則の維持がどの程度まで認められるのかが問題となる．

EECの審査を行った作業部会の報告[18]では，ローマ条約が131条でアフリカ諸国との自由貿易地域を形成することを規定し，133条3項でアフリカ諸国による関税の徴収を許容していた点について議論があった．EEC代表が，構成国間の貿易総額の80％以上が自由化されれば，「実質上のすべて」の基準が充たされると主張したのに対し，域外諸国は，特定の割合を示すのは適当ではなく，協定ごとに個別に検討すべきであると主張した．

EFTAの審査を行った作業部会報告[19]においては，ストックホルム条約が農産物を除外していたことについて議論され，域外諸国は，経済活動の主要な分野を除外することは許容されず，たとえ90％以上の貿易が自由化されても考慮すべき唯一の要素ではないとして，量的な側面と質的な側面の両方について検討されるべきことを主張した．

量的な側面については貿易量ならびに関税表の項目について検討され，質

的な側面については分野ごとに検討される．たとえば，米国とオーストラリアの自由貿易協定（米豪 FTA）の場合，オーストラリアは，2015 年までに 8 品目（中古乗用車関連製品）を残してすべて関税を撤廃することになり，2002 年から 2003 年の貿易量の平均の 99.9% が無税で輸入されることになる．米国は，2015 年までに関税表の項目で 97.2%，貿易量で 98.8%，さらに 2022 年にそれぞれ 98.4%（主に農産物 170 品目の関税が残る），99.9% が撤廃されることになる[20]．

WTO 設立以降は，地域統合が通報されると地域貿易協定委員会で検討され，そこでの議論の結果を踏まえた報告書が作成される．これまでのところ，個別の分野や品目の自由化の程度について疑義や要望が提起されているが，対象となる協定の適否について言及した報告書はない．ガット時代と同様に，委員会の意思決定がコンセンサスによるため，依然として両論併記の報告書が作成されているのが現状である．EEC や EFTA に関する議論を踏まえ，また近年の規制緩和・自由化の傾向に沿って，地域経済統合協定自体が従来に比べて幅広い範囲で大幅な自由化を規定しており，量的・質的に大きな問題となる協定がないということもあって，地域経済統合の分野では大きな対立はないようである．

サービス貿易については，GATT 24 条 4 項のような規定はないが，GATS 5 条で要件が規定され，「相当な範囲の分野を対象」とし，内国民待遇（17 条）に反する「実質的にすべての差別」を撤廃することを条件に，加盟国間でサービス貿易の自由化協定を締結することを認めている．

サービスについては，「相当な範囲の分野」や内国民待遇に反する「実質的にすべての差別」の意味に関して十分な議論がなされていない．米豪 FTA の場合，ネガティヴ・リスト方式を採用しており，附属書 I および II に記載された条件や制限を除き，原則としてすべてのサービス分野が自由化される．しかし，専門職業サービスや金融サービス，電気通信サービスなど，特定分野に関する約束において，両国ともに，GATS の約束表に記載されたものと同様の GATS 16 条に関する留保を付しており[21]，物品貿易とは異

なる状況にある．GATS 5条は，内国民待遇に反する差別の撤廃だけを要求しており，16条に規定する市場アクセスに関する制限の撤廃を要求していないため，この点が問題になることはない．

(2) 包括的地域経済統合協定

ガット時代の地域経済統合の多くは，物品貿易に限定されたものであったが，1990年代以降に広がった自由貿易協定（FTA）は，サービスや知的財産権の規定のみならず，投資や環境，あるいは労働基準にいたるまで包括的な内容を有するものとなっている．それらの多くは，投資のように多数国間の法的枠組みが存在しない分野においては高水準の規律を確保し，WTO協定に含まれる知的財産権や社会的規制に関して，より高度な規律，いわゆるWTOプラスと呼ばれる規定をおいている．

さらに指摘しておくべきことは，米豪や米韓などの先進国間の協定やメルコスールやアセアンのFTAなどの途上国間の協定もあるが，先進国と途上国との間の包括的FTAが増加していることである．途上国間の協定は，多くの場合，GATT 24条やGATS 5条ではなく，授権条項に基づいて締結されており，その内容は必ずしも高水準のものではない．それでも，1990年代以降の協定は，積極的に自由化を進めている[22]．

先進国と途上国の間の協定の増加は，途上国が，輸出拡大や先進国からの投資の受け入れ増加のために積極的であること，WTOの下での多角的貿易交渉—ドーハ・ラウンドが停滞していることなどによる．米国は，20カ国と17の協定を締結しているが（発効は14），カナダ，オーストラリア，韓国，イスラエルの4カ国以外は途上国との協定である．FTAとは別に，2国間投資協定も40カ国と締結しており，それらも相手国はすべて途上国か市場経済移行国である[23]．

途上国とのFTAの場合，たとえば，米国とモロッコのFTAでは，モロッコは，2030年までに125品目を除いて関税を撤廃する．これは，関税表の項目の99.4％，2003年から2005年の平均貿易量の94.2％にあたる[24]．投

資に関しては，10章で，設立における（投資前の）内国民待遇（後述）や受入国と投資家の間の紛争処理も規定している．サービス分野については，11章に規定があり，GATS 16条に規定する制限を留保しているものの，ネガティヴ・リスト方式を採用して原則としてすべてのサービス分野の市場開放を相互に約束している．労働基準については16章，環境基準については17章に規定があり，それぞれ国際的な基準の遵守，国内法の実施と裁判等の国内手続の利用について規定し，さらにこれらの事項が，協定に規定する紛争処理手続の対象となることも明記されている．

米―モロッコFTAは，米国が他の途上国と締結したFTAと基本的には同一の内容を有しており，上述のオーストラリアとのFTAとも大きく変わるところはない．特に，物品貿易の分野においては，自由化の程度がほぼ同一のものであり，市場統合の水準は非常に高い．ECが途上国と締結するFTAの場合，途上国側の市場開放が若干低くなっているが，それでも貿易量の80%を超える自由化が達成されている[25]．先進国であれ，途上国であれ，それぞれごく一部のセンシティヴな重要品目を除外しているが，基本的には単一の市場を形成するものとなっている．加えて，労働基準や環境などの社会的規制についても，国際的な基準の遵守と国内法および国内手続の整備と実施が義務付けられ，いわゆる「グローバリゼーション」が，実際には，WTOよりもFTAによって進められていることがわかる．

この包括的FTAに関して注目すべき点は，投資条項の存在である．国際投資に関しては，現在多数国間の枠組みがなく，2国間協定によって規律されている．しかし，一般国際法における経済分野の規律については，外国人の保護の文脈で投資の保護に関するルールが形成され，20世紀初頭から後半にかけて，国有化の際の補償をめぐって大きな議論が展開された．それに対して，貿易については，条約および国内法の規律にゆだねられ，一般国際法の文脈で議論されることはなかった．このことは，国際経済関係において投資の保護がいかに重要であったかを物語っている．

もっとも，国有化の際の補償に関するルールについては，「十分，迅速か

つ実効的な補償」が義務付けられるという主張があったものの，国連総会を中心とした国際機関の決議や 1960 年代以降の途上国による国有化の実行などもあり，必ずしも確立された国際慣習法の原則であるとは言い切れない状況であった．1980 年代までの 2 国間投資協定は，この点を明確にすることを主な目的として締結されたものが多い．たとえば，1988 年に締結された日中投資保護協定は，もっぱら受入れ後の投資の保護を規定し，国有化の際の補償は，市場価格を前提とした補償を明記し，「十分，迅速かつ実効的な補償」を義務付け，投資の受入れについては，「できる限り助長し，かつ，自国の関係法令に従って許可する」と規定して（2 条），受入れそのものは，国家の裁量の下においている．

　1980 年代は，オイルショック以降の世界的な不景気と中南米諸国の債務危機などの問題もあり，途上国の中にも従来の保護主義的な政策を転換し，市場開放・規制緩和政策を採用する国も出てきた．このことは，一定の条件付ながら，途上国の側に自由な市場における競争が受容されたことを意味し，投資自由化へ向けた交渉の基礎が成立したといえる．1994 年に発効した北米自由貿易協定（NAFTA）は，包括的 FTA のさきがけとして，知的財産権やサービス分野の規定とともに投資前の内国民待遇を含む投資ルールも規定した．NAFTA をきっかけとして，その後高水準の 2 国間投資協定が締結されるようになり，日本が韓国と締結した日韓投資協定も，ネガティヴ・リストによる例外は多いものの，投資前の内国民待遇を規定したものとなっている．

　投資前の内国民待遇の規定は，外国人（外国企業）による投資を国民（国内企業）と同様に扱うということであり，投資の自由化を意味する．上述のように，1980 年代までの投資協定は，投資後の保護，つまり利益送金規制の禁止や国有化の際の補償などを規定するものであって，投資の自由化を規定するものではなかった．一般国際法においてルール形成が先行した投資の分野における議論が，1990 年代になってようやく貿易に追いついたということがいえる．

(3) WTOにおける投資ルール交渉と包括的FTA

以上述べてきた状況の中で，1995年に経済開発協力機構（OECD）の下で多数国間投資協定（MAI）締結の交渉が開始されたが，草案の作成までは至ったものの失敗して今後も交渉再開の見込みはない．その結果，多数国間投資ルールについては，WTOの枠組みの中で交渉を開始させようという動きが強まったのである．WTOの枠組みの中で投資ルールを作成するということは，通商分野における対抗措置を含めた強力な紛争解決手続きを背景にその確実な実施を確保するということを意味する．

WTOにおける投資ルールの検討は，1997年のシンガポール閣僚会議で今後の検討課題として取り上げられたシンガポール・イシューのひとつとして，加盟国間で検討対象の範囲や構成要素の定義について検討が進められた．新ラウンド開始を宣言した2001年のドーハ閣僚会議では，2003年に予定されていたカンクン閣僚会議までさらに検討を続け，そこで交渉を開始するか否かを決定するということとなった．しかし，カンクン閣僚会議での合意は失敗し，さらに2004年8月の合意で，ドーハ・ラウンドでは投資ルールの交渉を開始しないことが決定されている．

カンクン閣僚会議で注目すべきことは，途上国，中でもマレーシア等の強硬な国々がこれまで以上に厳しい反対の姿勢を示したという点である．ドーハ以降2年間にわたり，日本をはじめとして先進国は，各地で途上国を交えたワーキングセッションやセミナーを開催するなど途上国の理解を広げ，反対する途上国を説得する努力を継続してきた．その結果，途上国の中で徐々に理解が広がり，反対姿勢も若干緩和されたような雰囲気も現れていた．しかし，カンクン閣僚会議の失敗は，それらが十分なものではなかったことを示すものであった．

途上国は，ウルグアイ・ラウンドでサービス自由化や知的財産権の保護をはじめとして大幅な自由化を受け入れたが，十分な利益を享受できていないという不満を有していた．この不満は，シアトル閣僚会議で表面化し，NGOを中心に広がった反グローバリズムの流れが合流し，先進国あるいは

先進国企業に対する不信感を募らせてきた．途上国政府が参加するセミナーやシンポジウムには，WTO 体制に批判を強める NGO[26] などの代表者も参加し，途上国政府に対する NGO の影響力が深まっており，カンクン閣僚会議の失敗には，こうした背景がある．

これまでの途上国は，多角的貿易交渉の場では，先進国に対して全体としてはまとまりつつも個別の利害関係によって対応が異なる場面が多く見られた．また，人材不足などのため，交渉の意味あるいは草案等の意味を十分に把握しないままに交渉で合意するといったケースも多く見られた．そうした中で，さまざまな NGO がジュネーブあるいは閣僚会議などの WTO 会合が開催される都市で多数のセミナーやシンポジウムを開催し，そこには途上国の政府代表なども参加するといったケースも増加している．カンクンでの途上国の異議申立あるいは強硬な主張は，そうした NGO の努力の「成果」でもあるとも言われている．

影響力のある NGO，特に OXFAM，サード・ワールド・ネットなどの投資にかかわる主張を見ると，これまでに成立あるいは提案された投資ルールは，先進国企業に有利な規定になっているという批判が中心にある．そのほかに，外国投資による技術移転，あるいは再投資による経済の活性化という期待についても，現実には意味のある技術移転がほとんどない，あるいは再投資されずに利益が還流しているといった不満も強く出されている[27]．更には，外国投資の導入を求めながら，同時に，一定の分野については国内産業を育成するため，分野を選別して外国投資を認めないという権限を確保するという要望も途上国政府にある．この間の WTO での議論や 2 国間交渉等を見ても，交渉においてそうした途上国の批判や要望は，先進国によって受け入れられていない，したがって WTO の投資ルール交渉は不必要である，あるいは交渉すれば結果としては途上国に有害な協定が成立するという主張がなされてきた[28]．

こうした状況の下で，さらに包括的 FTA を中心に 2 国間協定の中で投資ルールを規定する動きが強まっている．日本とシンガポールとの経済連携協

定もそのような傾向の中で締結された．FTA, 自由貿易協定という名称ではあるが，経済全般にわたるさまざまな問題を併せて規定をしていくというFTAの経済連携協定化が現在の流れである．この流れは，2003年のWTOカンクン閣僚会議の失敗によって加速されている．そして，2国間関係においては，FTAの対象範囲の拡大，高水準の規律の確保が現実に進んでおり，WTOを中心とする多数国間関係とは異なる様相を呈している．多数国間交渉では停滞している貿易自由化や投資ルールの形成が，2国間交渉では高水準の規律確保が促進されているのである．多数国間では，最低基準を規定する枠組協定，あるいはポジティヴ・リストによる自由化，すなわち場合によってはゼロ譲許でも構わないという提案ですら交渉を拒否するような状況にあるにもかかわらず，なぜ，このような状況が生まれるのであろうか．

　この問題を考えるにあたって興味深いのが，現に高水準の包括的FTAを締結している米国が採用している「中東FTAイニシアティヴ」(2003年5月) という政策である．これは，経済関係を緊密にしていく中で相手国と段階的に協定を結んでいくという政策である．最初のステップは，WTO加盟支援で，WTO加盟支援を通して信頼関係ができれば，次のステップとして，途上国であれば，一般特恵制度（GSP）を拡大してその国に適用し，さらに経済的に密接な連携を確立して信頼関係を深める．第3のステップは，貿易投資枠組協定の締結になる．ここでは自由化などの具体的な義務は規定せず，問題があれば両当事国間の交渉で解決して相互的な経済交流が活発になるような方向で努力するという枠組みを作る．

　こうして徐々に経済関係・連携が密接になってくると，次に，2国間投資協定（BIT）の締結となる．米国が2国間で投資協定を結ぶ場合には高水準なものを前提として交渉するため，相手国がそうした高水準の投資協定を締結できる段階にはないという判断があれば，その前の段階の貿易投資枠組協定に戻り，そこで一定の経験を積むことになる．

　最終的には包括的なFTAの締結を目指す．ここでは，投資はもちろんBITに含まれている高水準の規定を挿入し，さらにはサービス貿易，そし

て知的財産権といった経済交流全般にわたった相互の自由化，障壁の撤廃を進めていく．このような枠組みで中東自由貿易地域を形成したいというのが現在の米国政府の考え方である．多数の中東諸国との間で，少なくとも貿易投資枠組協定を締結しており，この考え方は，旧ソ連諸国や途上国に対しても適用され，現在，45の貿易投資枠組協定が締結されている[29]．

　米国が協定を結んでいる相手国は，米国企業が進出している国であり，それらの国を重点的に対象として交渉を進めている．当然，交渉相手の途上国側にも米国資本の受け入れを促進したいという考えがあり，さまざまな関係を密接にさせながら，米国企業の自国に対する関与を深め，それによって国内経済を活性化させたいという思惑があるのだろう．また経済関係が密接になれば，それだけ相互の調整を必要とし，交渉が必要になる．途上国側も自国にとって都合のいい外国投資を受け入れたいという意思があり，2国間関係であれば一定の関係を有していて外国投資のあり方にある程度の予測がつくため，交渉が円滑に進むということも考えられる．米国も，多数国間枠組みでは認めていない自由化を一定程度受け入れ，相手国の利益にも配慮している．当然に経済だけではなく，2国間の軍事的・政治的な関係も考慮されることになる．

(4) 包括的FTAにおける投資条項

　それでは，実際に投資についてどのような規定が挿入されているのかを米国と日本のFTAを比較しながら見てみたい．ここでは，米国の2国間協定については，2002年12月に合意したチリ（以下では，米チリ）のFTA[30]および2003年1月に合意したシンガポール（以下では米星）とのFTA[31]，日本については，2002年1月のシンガポール（以下では日星）とのEPA[32]を検討する．米国のFTAに関するファクト・シートによると，NAFTAを基にしながら，その後のBITやFTAの経験を取り込んで改善したものが今回のFTAであるといった表現が見られ，米国のFTA政策は，1つひとつを積み重ねてひな型を作り，可能であればそれにプラスアルファの規定

を盛り込むという形で進められている[33]．

　最恵国待遇，内国民待遇について，日本と米国のFTAは，投資前からのものを認めており，基本的に同じ規定になっている．投資前の内国民待遇を認めるということは，ネガティヴ・リストに基づいて例外を認めているが，原則として投資を自由化することを意味する．輸出を義務付けたり，部品などの国内調達を義務付けたりするなどのパフォーマンス要求についても，両者ともに原則的に禁止しており，同じ扱いになっている．

　資本移動の制限については，異なった扱いをしている．この点に関して協定本文では，日星も米チリ・米星も同様な規定を置いているが，米チリと米星のFTAは，付属書でさらに詳細な規定をおいている．米星FTAの「付属書の15A」では，資本市場に対する投機的な資金の移動について送金の制限を許容している．しかし，1年以上その送金制限措置が継続する場合には，投資家が受入国を相手取って紛争処理手続に基づいて申し立てることができる．その処理については，その措置の撤廃ではなく，送金規制によって生じた損失を損害賠償として請求することに限定されている．その反面，1年以内の措置にはそうした賠償責任はない．この手続で問題が解決されない場合には，国対国の紛争解決メカニズムが動き出す．これもまた，措置が発動されてから1年間はパネル設置要請ができず，国対投資家の取り扱いと同様になっている．

　日星EPAの場合は，例外として緊急時の送金制限を許容するという規定（80条）を有しているだけで，紛争処理手続や損害賠償の規定はない．米国のFTAは，例外を認めながらも紛争処理手続を規定し，損害賠償請求の可能性も認めている点で，大きく異なっている．交渉に際して，米国は，送金制限の例外自体認めないことを主張したが，交渉の結果妥協が成立した[34]．国際収支の擁護を理由とするものを中心として，緊急時の送金制限は，これまで国家に大幅な裁量権が認められてきた．通貨制度の維持管理は，経済政策の根幹にかかわるものであり，この点で緊急時における国家の裁量権を限定することなどは認められないとの考えが一般的であった．そうした点から

見ると，米星，米チリ FTA の規定が如何に突出したものであるかが理解できるだろう．

収用と補償については，最近ではほとんど議論の対象となっていない．しかし，補償の問題を解決することが 80 年代までの投資協定締結の主要な目的であったため，現在の投資ルールの中にも，「十分，迅速かつ実効的な補償」，あるいは「国際法に基づいた適切な補償」というかたちで規定が置かれている．したがって，80 年代初頭までの国連総会決議などで承認された「国内法に従った補償」で足りるという原則が 2 国間協定によって覆されるという状況は継続し，さらに一般化しつつあるといえる．

収用について，以上の点については日本と米国の FTA で違いはないが，米星 FTA では，土地に関しては追加的な約束が行われている．これは協定本文ではなく，協定に付属して交換された，「土地収用に関する交換公文」で規定されている．これによると，シンガポールは，「FTA 発効後 3 年間は，米投資家または米国投資の占有している土地を収用しない」という約束をした．米星 FTA は，2003 年 7 月に議会で承認されたもので，すでに発効後 3 年を経過してこの合意は失効したが，シンガポールで投資活動を行っていく米国の投資若しくは米国人の利用している土地については，収用の対象にはならないという特別な約束が存在したのである．この規定がどのような趣旨で置かれたのか，その背景は明らかではないが，シンガポールは国家領域が狭小な国であり，土地の占有・利用については多数の規制があり，また将来規制が加えられることが予想される．そうした中で，米国は，本来ならば恒久的な規定が望ましいと考えたようであるが，3 年間に限定されたのは，シンガポールの抵抗があったからであろう．しかし，そもそも収用の権限を制限すること自体，異例のことと言える．

以上が日米の FTA の間で異なる部分の概要である．その他については，個々の条文を見ると，詳細に規定されているかどうかは別にして，内容はほぼ同様のものになっている．紛争処理手続については，基本的には投資家と国との間の仲裁を認め，その中で世銀の下で設置された投資紛争解決国際セ

ンター(ICSID)の手続も利用し,そして,国と国との間の紛争処理手続きを設け,投資ルールの運用に関して合同委員会を設置し,そこで政府間で意見調整等をするなど,これもほぼ同様な規定が置かれている.そういう意味で,日星経済連携協定の投資条項も,これまで述べてきたような,2国間協定における高水準な投資ルールという基準に合致している.恐らく,日本政府が交渉する際に,米国が締結してきた包括的FTAを検討し,それらを参考にしたうえで交渉に臨んでいるのであろう.ただ,日本政府の態度は,米国ほど厳しいものではなく,逆にそれが米国の自由化への厳しい姿勢を浮かび上がらせることになっている.

(5) WTO体制における包括的FTAの意義

日本のFTA交渉を見ると,相手国の積極的な姿勢がうかがえ,そこでは,日本による農産物輸入の自由化や看護師,介護師あるいはマッサージ師の受け入れなど,相手国にとって利益となる合意も成立している.こうした事実は,多数国間交渉では困難な先進国側の譲歩を得ることが,途上国が2国間交渉に向かう契機となっていることを示しているといえよう.しかし,農産物の輸入自由化や看護師等の労働者の受け入れについては,かなり限定的なものであり,それと引き換えに相手国が受け入れた自由化との間に適切な均衡が確保されているかは,検討を要する問題である.というのも,非農業産品の自由化や投資の自由化は,現在進められているグローバリゼーションの中で,当然のことと受け止められているが,農業産品および労働者の移動については,文化的・社会的・政治的問題として依然として特殊な領域とされているからである.途上国側が得た利益が,受け入れた自由化と比較してそれほど目立ったものでなければ,ウルグアイ・ラウンド合意と同様,実施の過程でさまざまな問題が発生することになる.

たとえばメキシコは,NAFTA締結後もEUやEFTAとFTAを締結し,その他の中南米諸国とも経済連携を強め,日本ともFTAを締結するなど積極的な政策を採用してきた.しかし,その後のメキシコの国内情勢を見ると,

一時的なものかも知れないが，国内状況に変化が見られる．2003年11月に，経済相がFTA交渉の停止を発表し，2004年4月に貿易政策課題を促進するガイドラインの中で再度それを確認している．産業界でも，NAFTA以降厳しい状況にあり，EUとのFTAでさらに厳しくなり，日本とのFTAに対する批判もかなり強くなっていた．そうした中で，経済相と外務相の間で，FTA政策についての対立が生じたことが伝えられた[35]．

　こうした状況は，性急な自由化の反動と考えられるが，その反動が，一時的なものであり，国内的に処理可能なものであれば大きな問題にならないが，そうでない場合には，様々な問題が生じてくる．特に問題なのは，前述の途上国やNGOの懸念，不信感あるいは批判が強くなることである．途上国の経済発展にとって，現状では先進国の資金や技術を利用することは不可欠であり，国際的な経済活動の枠組みについて基本的な合意が達成されないということは，単に先進国企業の国際的事業活動に支障が生じるだけでなく，途上国の経済発展にとっても良い結果とはならないだろう．

　多数国間交渉においては，途上国が一定の共通利益に基づいて，一致した行動をとっているため，先進国主導の合意形成が困難になっている．2003年9月にカンクンで開催されたWTO閣僚会議の失敗を受けて，先進国は，農業分野における譲歩を示すなどの態度を示したが，結局，シンガポール・イシューのうち貿易円滑化のみが議題として承認されたといった状況で，投資ルール交渉の開始は受け入れられなかった．このように，途上国全体としては先進国に対して一定の交渉力があるが，2国間では必ずしもそうした交渉力がない．しかも，2国間交渉に臨む途上国側には，外国投資を受け入れたいという要望があり，それが交渉力を削ぐことになるため，2国間協定においては先進国が望む高水準の規律を確保することが可能になる．さらに，投資ルールが先進国と途上国の2国間で合意される場合，それは，主に先進国から途上国に対する投資に適用されるものとなり，片務的な性格を有することになる．

　そうした中で，多くのNGOが，2国間協定も含めて貿易や投資の自由化

に対して批判的な立場で運動を展開している．このような動きに対して途上国国内に理解が広がれば，2国間協定についても，同様の状況が生まれる可能性も否定できない[36]．さらには，多数国間交渉の中で投資だけではなく貿易の自由化交渉をも含めて考え直そうという機運が生まれるという可能性もある．したがって，先進国が途上国に自由化を求める場合，それが過度にならないよう，相手国の国内状況を踏まえながら，キャパシティ・ビルディングと併せて，慎重に段階的な自由化を実現することを考えるべきである．キャパシティ・ビルディングを実施する場合には，相手国が交渉内容を理解して協定の実施が容易になるような状況を作ることを目的としなければならない．何よりも相手国のニーズを優先させながら，途上国自らが，法制度の整備，透明性の確保，手続の簡素化ならびに公平な運用の必要性を十分に認識することが，技術支援および人材育成などのキャパシティ・ビルディングを意味あるものにする．シアトルやカンクンでの閣僚会議の失敗は，途上国の反対も主要な原因であり，ウルグアイ・ラウンドで十分な認識がないまま合意したという意識がその基礎にある．相手国が十分な認識を持たないことを利用するなど交渉技術を駆使して有利な条件を獲得できたとしても，短期的な利益はあるとしても長期的には問題が多いことを銘記すべきである．

　他方で，先進国が高水準の規律を要求しながら，自らの国内産業保護政策を維持するという姿勢にも問題がある．現在米国を中心に進められているグローバル化は，競争力は衰退しているが，政治力のある国内産業を保護しながら，国際競争力のある分野では徹底した自由化を進めるという選別的な自由競争の主張に基づいているという側面がある．農業や繊維など労働集約型の産業分野で先進国市場の開放が進めば，途上国の経済発展の助けになる．他方で，それらの産業は，先進国内でも中小・零細企業あるいは家族的経営によるもので地方に分散している場合が多く，その衰退は地域の社会的問題の原因となる．結局，先進国においても，無条件の自由化は問題が多く，途上国と共通の基盤を有しているのである．貧困の解消のためには，経済の効率化が必要であり，その意味で，市場における適切な競争を確保することは

必要なことである．それは，先進国であれ，途上国であれ，同様に言えることであり，問題は，それをどのような形で進めるかという点である．

現在，経済分野で拘束力のある合意を形成できる多数国間フォーラムはWTOのみであり，途上国の主張を多数国間の法制度として実現できる場もWTOしかない．2国間交渉では，交渉力の差によって先進国の主張が通りやすい．近年，WTOに対する批判が強まっているが，WTOは，国際機構として加盟国によって運営されている．その中で，途上国が一定の交渉力を有していることは，シアトルやカンクンでの閣僚会議失敗で明らかとなっている．また，カンクン以降のWTO交渉は，途上国の主張を実現することが可能であることを示した．さらに，WTOの動きを変えようとするならば，加盟国，特にその中心として活動している米国，EU，日本などの先進国の政府に働きかける必要がある．WTOは，ウルグアイ・ラウンド以降，NGOなどの批判を受けたことを契機として，それらの組織にオブザーバーとしての資格を与え，「市民社会」へ門戸を開放してきた．そしてWTOが対象領域を拡大するのにともなって，環境などの非経済的価値との調整も必要になっている．そうした中で，経済問題にかかわるNGOだけでないさまざまなNGOを含めた「市民社会」の国際的連帯を通じて，各加盟国の国内改革ならびに対外経済政策に働きかけることが公平で適切な国際経済制度を確立することにつながると言えよう．

以上で述べてきたように，WTOにおいては，それなりに自由化と国際的基準の設定が達成されたが，シアトル閣僚会議以降，WTOの枠組みでの自由化や更なる国際基準の設定は停滞している．そうした中で，FTAを中心に自由化や国際的に共通な基準の設定が進んでいる．ここで注意しなければならないことは，FTAの場合は，相手国を選別して締結されるということである．FTAの当事国間では市場の統合が進むが，それ以外の国は統合の外におかれる．つまり，「グローバリゼーション」から取り残される国が生じている．それが問題であるか否かは評価の分かれるところであろうが，そ

うした国々の多くは，経済が停滞している．そうした現実を前に，途上国は，FTAに積極的にならざるを得ない，というのが現状であろう．

4. 市場の統合と市場の分割

(1) 知的財産権の保護による市場の分断

　これまで，共通の基準に基づいた市場原理が機能する市場統合が，WTOの下でよりも，FTAによって進められていることを示してきたが，WTO体制の中で貿易障壁の撤廃を強く主張する先進国の中に，そうした市場統合とは逆の動きが見られる．それは，並行輸入規制に対する態度である．並行輸入は，1つの取引形態であるが，その規制は，知的財産権保護の性質やそのあり方，ひいては市場のとらえ方を如実に示している．

　並行輸入は，知的財産権者または知的財産権者から許諾された者以外の者によって行われる．輸入のために外国で購入される商品は，あくまでも真正商品であり，その時点での知的財産権侵害はない．しかし，先進国，特に米国やEUなどでは，知財商品の並行輸入が規制の対象となっており，輸入の差し止めあるいは国内市場での販売禁止措置が採られる．これは，知的財産権の国際的消尽を認めるか否かにかかっている．日本の判例では，従来特許商品については並行輸入を規制していたが，近年国際的消尽を明確に認めなかったものの，権利者が販売地域を限定することを明示していない場合には，並行輸入を認めるという判断が出されている[37]．

　国内では，知的財産権の消尽は認められ，中古品の販売は知的財産権の侵害にならないが，知財商品の輸入が認められないのは，知的財産権の属地的な性格を重視することによる．知的財産権は，各国の国内法によって保護されており，したがって，ある国における権利者による販売あるいは使用許諾は，当該国の国内においてのみその効力を有している．そのため，当該商品が輸出された場合は，その輸入国の知的財産法によって消尽の有無が判断されることになる．そして，TRIPS協定1条が協定の保護水準よりも広範な

保護を与えることを認めていることから，消尽を認めるか否かは，特段の規定がない限り加盟国の裁量に委ねられることになる．

　しかし，知的財産権の属地的性格は，権利の本質から導かれるというよりは各国の法制度の違いから生じるものであり，制度の国際的調和の観点からすれば，国際的に共通の制度を構築し，国際的消尽を認めるという考え方も立法政策として当然にありうる．特許権に関しては，特許独立の原則（パリ条約4条の2）によって同じ技術について権利者が国によって異なることがあるため，そのような場合に当該商品の輸入を規制することの正当性は認められるだろう．しかし，権利者が同一である場合，輸出国において自ら販売もしくは使用許諾を与えた権利者が輸入国において権利の侵害を主張することを正当化できるだろうか．これを「広範な保護」と見るのか，あるいは権利の濫用と見るのかは，知的財産権の保護の目的ならびに市場における自由な競争の確保という観点から判断する必要があろう．

　ウルグアイ・ラウンドにおけるTRIPS交渉では，この点について合意ができず，TRIPS協定6条は，最恵国待遇および内国民待遇の問題以外の紛争について「この協定のいかなる規定も，知的財産権の消尽に関する問題を取り扱うために用いてはならない」と規定した．その結果，知財商品の並行輸入を認めるか否かについては，各国の裁量に委ねられることになったのである．

　並行輸入が行われるのは，国際的な価格差が大きく，海外で購入した商品を輸入して販売しても利益が出る場合である．つまり，知的財産権者が国際的価格差別を行っている場合，低価格の市場で購入された商品が高価格の市場に輸入されることになる．ここで並行輸入を規制するということは，国際的価格差別を維持することであり，低価格の市場と高価格の市場を分断することを意味する．こうして，並行輸入の規制は，知的財産権者が，市場の分断を利用してその利潤を最大限にすることを可能とする．別の観点から見ると，並行輸入規制は，自由な競争を制限し，また市場の統合による国際的な価格の平準化を妨げることになる．

日本においては，並行輸入規制はそれほど厳しくないが，並行輸入に類似した行為の規制として，2004年の著作権法改正によって音楽CDの還流を防止することが可能となった．これは日本の企業が制作してアジア諸国に輸出した音楽CDの逆輸入を禁止するものである．日本の製作者は，アジア諸国の所得水準に合わせて価格設定を国内販売価格に比較してかなり低くして輸出しており，輸出したCDが還流すれば国内の高価格を維持することが困難になる．そのため，公正取引委員会の反対にもかかわらず，還流を防止するための措置をとったのである．これも基本的には並行輸入規制と同様の目的と機能を有している．

　他方で，GATT 6条は，輸出国の国内価格よりも低価格で輸出する場合，ダンピング輸出とし，輸入国内産業の損害が発生した場合に，アンチダンピング措置の発動を認める．つまり，高価格市場から低価格市場への低価格での輸出が規制されることになり，限定された場ではあるが国際的価格差別が否定される．ここでは，結果として高価格市場における価格の引き下げもしくは低価格市場における価格の引上げが要求される．米国やECは，これまでも積極的にアンチダンピング措置を発動しており，しかもそれを「不公正貿易慣行」として非難し，市場の分断を利用した国際的価格差別を否定する態度を採ってきたのである．

　このように，先進国は，知的財産権の保護とアンチダンピング制度の運用において，一貫しない態度を採っている．市場の統合が好ましいものとして，それを推進するのであれば，国際的価格差別を維持するための政策の採用を控えるべきであろう．知的財産権の保護の観点から見ても，真正商品の国際的流通を阻害することを十分に正当化する理由を見出すのは困難である．世界的に共通の基準を設定して市場の統合を促進するのであれば，国内市場で知的財産権の消尽が原則として認めるなら，国際的消尽も認めるべきである．しかし，WTO体制は，知的財産権の保護をその規律対象に包含し，そこでミニマム・スタンダードを設定し上でそれ以上の保護を，上限を定めずに容認した．その結果，市場の統合に逆行する制度の採用を許容したのである．

異なる制度・分野とはいえ，1つの体制の下で国際的価格差別に対する対応が正反対であることは，国際市場において一貫した共通の基準を適用する段階に至っていないことを物語っている．世界標準といっても，そのような現状であることは銘記しなければならない．

(2) 市場の統合と人の移動

人の移動についても，市場の分断という観点から見ることができる．WTO は，サービス貿易の自由化も実現し，その中で，GATS 1 条 2 項(d)は，「自然人の存在を通じて行われる」サービス提供の形態（第 4 モード）を規定している．しかし，サービス提供者である自然人とサービス提供者が雇用する自然人の国境を越えた移動については，大きな制約を課している．ウルグアイ・ラウンドにおいて，途上国は，特に建設サービスについて，労働者の越境移動を交渉対象とすべきことを主張したが，先進国はそれに反対した[38]．GATS の「この協定に基づきサービスを提供する自然人の移動に関する附属書」は，2 項で「雇用市場への進出を求める自然人に影響を及ぼす措置及び永続的な市民権，居住又は雇用に関する措置」の適用除外を規定し，3 項で「サービスを提供するすべての種類の自然人の移動に適用される特定の約束について交渉することができる」として交渉の継続を規定している．

これは，先進国が，金融サービス交渉の継続と引き換えに途上国の要求を受け入れた結果である．交渉の結果，約束表の改定を行ったのは，オーストラリア，カナダ，EC，インド，ノルウェー，スイスだけであるが[39]，それらも，必ずしも途上国の要求に沿ったものにはなっていない．たとえば，EC は，法人に雇用された自然人に限定し，それぞれの分野で必要な教育あるいは資格を有することを条件としている[40]．米国や日本は，企業内での移動で管理的な地位に就く者や専門的な職業に限定している[41]．

FTA においても，取引や交渉のために一時的に入国する場合以外には，同様に管理職の企業内移動や専門的な知識や技術を有している者に限定して

いる．たとえば，日本とマレーシアの経済連携協定（EPA）（2005年12月13日署名，2006年7月13日発効）附属書6「第99条に関する特定の約束に係る表」も基本的にGATSの約束表と同様に規定している．米国のFTAの場合もほぼ同様である．

日本がフィリピンと締結したEPA（2006年9月9日署名）は，附属書8「自然人の移動に関する特定の約束」で，フィリピンの看護師および介護福祉師の受入れを規定している．しかし，看護師の受け入れについては，フィリピンの看護師資格を有する者が看護師として受け入れられるわけではなく，日本での資格取得を目的として語学研修および日本の看護師の監督の下で知識と技術修得を行うために1年間の滞在（2回の更新が可能）が認められ，さらに日本の資格を取得すれば3年間の滞在（更新が可能）が認められる．タイとのEPAにおいても，附属書7「自然人の移動に関する特定の約束」で，タイ料理やスパ・サービス，舞踏や音楽など分野で技術や知識を有する者の受入れを規定している．

このように，特殊あるいは限定的な分野で労働者の移動を認めるFTAも締結されているが，それは例外的なものである．ウルグアイ・ラウンドにおける建設サービスに関する交渉で，労働者の越境移動について交渉することを拒否した先進国は，労働移動が各国の社会的背景を踏まえて規制されているため，単に経済的理由のみで交渉することは適当ではない，と主張した[42]．しかし，このような主張は，各国の国内産業が，それぞれに様々な社会的な状況の中に置かれていることを考えれば，程度の問題はあるものの，WTOが規律するすべての分野に当てはまるともいえよう．

移民の受け入れは，社会全体に大きな影響を及ぼすため，各国とも慎重に対応している．しかし，市民権や永住権をともなわない労働者の受け入れは，労働力不足に対応するために時に拡大される．労働は，資本や土地と並んで生産要素とされるが，資本の移動の自由化が進められ，外国人の土地の取得も広範に認められるようになっているにもかかわらず，労働の移動は依然として大きな制約の下にある．結局，各国の社会状況を踏まえながら，経済的

な考慮とその他の社会的な考慮のバランスを考えながら規制のありようが決定されている．労働移動に関しては，明らかに経済以外の社会的要素が重視され，依然として国境あるいは国籍が大きな意味を持っているのである．

5. 経済効率と価値の序列

　以上で見てきたように，ヒト・モノ・カネの移動を自由にしようという流れがある一方で，それらの移動を制限しようとする動きも同時に存在している．確かに，経済効率を高めるためには，規制緩和を進め，経済活動の自由を拡大することが必要であろう．しかし，経済の効率化が，常にその社会にとって好ましい結果をもたらすとは限らない．実際，経済効率を犠牲にしても護るべきであると考えられる社会的価値が存在しており，WTO であれ，FTA であれ，そうした価値を擁護するための制限を例外規定の下で原則として承認している．

　問題は，国際社会において，そうした護るべき価値であると各国が考えるものが必ずしも一致しないことである．一国内では，簡単ではないが，ある程度共通に受け入れられる価値の序列を形成することが可能であるが，国際社会において共通の価値の序列を形成することは容易ではない．その結果，WTO を中心とした交渉の場で，交渉力の差に加えて，それぞれの国内経済状況に応じて，各国が有する価値の序列を修正せざるを得ない状況が生じるのだろう．しばしば批判の対象となっている「グローバリゼーション」は，そのような状況の中で進められているのである．

　それは，必ずしも一貫したものではなく，矛盾する制度が同時に存在する．また，先進国による一方的な強制ではなく，途上国が何らかの利益（と考えるもの）と引き換えに受け入れているものでもある．そこで比較されている様々な価値それ自体は，それぞれ承認されているものだけに，各国が考える序列の違いが問題となる．大きな経済格差が存在している現在において，このような状況は避けられないものであろう．しかし，この問題に対処するた

めには，そうした価値の序列の真の意味を見極め，対応していくほかないように思われる．

注
1) この時期は，レッセ・フェールの時代と呼ばれているが，必ずしも自由貿易論に基づく貿易自由化が進められたわけではない．詳細は，村瀬信也「最恵国待遇条項論（一）（二・完）」『国際法外交雑誌』72巻4号，5号（1974年）を参照．
2) GATTは，国際機関を設立する規定を有していないが，事務局を有する事実上の国際機関として活動していた．そのため，以下では，関税貿易一般協定を示す場合はGATT，国際機関を示す場合はガットと記述する．
3) 本稿で用いる「グローバリゼーション」は，世界標準が形成され，世界的に統一的な基準が用いられるようになるという一般的な意味で用いる．
4) GATT第2条は，関税譲許の実施を義務付ける規定となっているが，譲許関税率を超えない限り，加盟国は自由に関税率を定めることができる．また農業協定によって農産物輸入規制の関税化が合意された（第4条2項）が，この規定も消極的であるが関税を容認するものといえる．
5) フォーミュラー方式と呼ばれ，一定の数式を用いたり，セクターごとの引き下げ方式を決定したりするなどの方式が採用されてきた．中川他『国際経済法』（有斐閣，2003年）105-106頁を参照．
6) ロバート・E. ヒュデック（小森光夫監訳）『ガットと途上国』（信山社，1992年）188-190頁．
7) 小寺彰『WTO体制の法構造』2000年，51-52頁．
8) たとえば，Erunst-Ulrich Petersmann, "The Dispute Settlement System of the World Trade Organization and the Evolution of the GATT Dispute Settlement System since 1948," *Common Market Law Review*, Vol. 31, 1994; Edwin Vermulst and Bart Driessen, "An Overview of the WTO Dispute Settlement System and its Relationship with the Uruguay Round Agreement: Nice on Paper but Too Much Stress for the System?" *Journal of World Trade*, Vol. 29, No. 2, 1995; Michael Reisman and Mark Weidman, "Contextual Imperatives of Dispute Resolution Mechanism: Some Hypotheses and their Applications in the Uruguay Round and NAFTA," *Journal of World Trade*, Vol. 29, No. 3, 1995. を参照．
9) 自由化交渉の手続とガイドラインは，WTO Doc., S/L/93, 29 March 2001を参照．
10) 外務省経済局国際機関第一課編『解説WTO協定』（日本国際問題研究所，1996年）473-474頁．John H. Jackson, The World Trading System, 1997, p. 307.

11) WTO Doc., WT/ACC/10, 21 December 2001, pp. 23-26.
12) *Ibid.*, pp. 29-31. なお，加盟条件の詳細については，濱田太郎「WTO 加盟交渉における発展途上国に対する「特別かつ異なる待遇」条項の空洞化」『国際経済法学会年報』，第 12 号，2003 年，193-221 頁を参照．
13) 濱田，同上論文，209-211 頁．
14) WTO Doc., WT/MIN(96)/DEC, 18 December 1996.
15) 濱田，前掲論文，209 頁．
16) K.W. Dam, "Regional Economic Arrangements and the GATT: The Legacy of a Misconception", 30 U. Chicago L. Rev., 1960, p. 615.
17) http://www.wto.org/english/tratop_e/region_e/region_e.htm
18) GATT, BISD, 6th Supp., 1958, pp. 70-109.
19) *Ibid.*, 9th Supp., 1961, pp. 70-87.
20) WTO Doc., WT/REG184/3, 11 June 2007, pp. 5-11
21) WTO Doc., WT/REG184/3, 4 June 2007, pp. 11-17.
22) たとえば，アセアン FTA は，1977 年のアセアン特恵貿易協定に比べると，自由貿易地域の設立を明記し，格段の自由化を進めている．詳細は，拙稿「アセアン自由貿易協定のほう構造」『地域協力機構と法』（アジア経済研究所，1994 年）101-125 頁参照．
23) http://www.ustr.gov/Trade-Agreements/free-trade-agreements
24) WTO Doc., WT/REG208/3, 26 November 2007, pp. 10-11.
25) たとえば，2007 年 12 月に発効した EC―アルバニア FTA では，アルバニアの最終的な関税撤廃は，品目で 92.7%，貿易額で 86.3% に達する．WTO Doc., WT/REG226/1, 25 January 2008, pp. 6-7.
26) NGO は，WTO に対する理論的な批判を強め，出版活動にも力を入れている．See Lori Wallach and Patrick Woodall/Public Citizen, Whose Trade Organization: A Comprehensive Guide to the WTO, 2004.
27) See Oxfam International, The Emperor's New Clothes: Why Rich Countries Want a WTO Investment Agreement, Oxfam Briefing Paper 46, April 2003.
28) Emperor's new clothes, Oxfam Briefing Paper No. 46, 2003.
29) USTR のホームページ（http//www.ustr.gov/trade-agreements/trade-investment-framework-agreement）を参照のこと．
30) テキストは，USTR のホームページ（http://www.ustr.gov/trade-agreements/free-trade-agreements/chile-fta）に掲載．
31) テキストは，USTR のホームページ（http://www.ustr.gov/Trade_Agreements/Bilateral/Singapore_FTA/Final_Texts/Section_Index.html）に掲載．
32) テキストは，外務省のホームページ（http://www.mofa.go.jp/mofaj/area/singapore/kyotei/index.html）に掲載．
33) 各 FTA のファクト・シートについては，USTR のホームページ（http://

www.ustr.gov/Trade_Agreements/Bilateral/）を参照のこと．
34) ホワイト・アンド・ケース「アジアにおけるFTAイニシアティブに関するレポート」に基づく．
35) 『中南米投資関連制度ニュース』（日本機会輸出組合）2003年12月，No. 54, 23-26頁，2004年5月，No. 59, 16-17頁．
36) Oxfamは，中央アメリカ自由貿易協定（CAFTA）の締結に際して，米国の政治的経済的圧力の下で拡大している地域協定あるいは2国間協定が，多数国間枠組みにおける途上国の利益を侵食しているとして，明確に反対を表明している．そこでは，分野によっては，途上国の利益を共同で守ることが可能な多数国間交渉へ回帰すべきことを主張している．See, A raw deal for rice under DR-CAFTA, Oxfam Briefing Paper, No. 68, November 2004, p. 42.
37) 最高裁判決平成9年7月1日．商標については，最高裁判決平成15年2月27日．
38) 外務省経済局国際機関第一課編，前掲書（注10），467頁．
39) 同前，508頁．
40) WTO Doc., GATS/SC/31/Suppl.2, 28July 1995.
41) 米国については，WTO Doc., GATS/SC/90, 15April 1994, pp. 1-7. 日本については，WTO Doc., GATS/SC/46, 15April 1994, pp. 1-5.
42) 外務省経済局国際機関第一課編，前掲書（注10），467頁．

第4章
市場のグロバリゼーションと企業ガバナンス

坂 本 恒 夫

　本章では，まず株主価値経営のもとで展開される企業の国際化と，株式市場のグローバル化を段階的に提示する．

　次に典型的に展開される英国銀行のM&Aを具体的に取り上げ，市場のグロバリゼーションのもとで，イギリス四大銀行の1つロイヤル・バンク・オブ・スコットランド（以下，RBS）がどのように成長・拡大していくか，そのプロセスを実証的に説明する．

　続いて株主価値経営の担い手であるファンドとそれを支える制度について，投資事業組合制度の創設とその整備，つまり規制の強化と緩和について論述する．

　そして最後に日本的財務を企業のガバナンスの視点で捉えなおし，株主価値経営の破綻についてその要因を説明し，まとめとしてガバナンス構造の変化について言及する．

1. 企業価値とグローバル市場

(1) 企業価値とは何か
① 英米の機関投資家

　日本では，現在，企業価値が注目されている．この企業価値が誰にとっての価値を指しているかと言えば，それは言うまでもなく「投資家」にとっての価値である．従業員，消費者，経営者などそれぞれの利害関係者にとって

の企業価値も考えられるが，時価総額のランキングなどが注目されている現状を見れば，これが投資家にとっての企業価値であることは明白である．

さて投資家であるが，投資家も様々ある．個人の投資家もいれば，長い間，日本の株式市場に君臨していた銀行や商社などの法人投資家もいる．メーカーなどの事業法人もいれば政府などの公的投資家もいる．しかしここでの投資家は間違いなく保険・年金・投資信託の機関投資家である．ただ機関投資家と言ってもその規定は難しい．国内の機関投資家もいれば海外の機関投資家もいる．国内の機関投資家も次第に存在感を増しているが，やはり今日注目されているのは英米の機関投資家である．したがって企業価値といっても，それは英米の機関投資家にとっての企業価値なのである．

② 所有の効率化

われわれは日本における企業を対象にしているのに，なぜ英米の機関投資家を論じなければならないのだろうか．株式所有構造を見ればそこには，個人もいれば銀行や事業法人もいる．そして日本の機関投資家も存在している．それなのに，なぜ英米の機関投資家なのか．

それは，英米の機関投資家が，「所有の効率化」を目標として，様々な仕掛けを日本の企業に行っているからである．当初は株式の大量売買で経営に揺さぶりをかけたが，次にはガバナンス行為をつうじて経営に口を挟んできた．そして最近では，買収ファンドのM&A行為を通じて企業そのものの所有に関わってきているのである．

英米の株主・投資家は，かつてオーナーとして企業に君臨した．それは，まさに所有者として企業を占有したのである．しかし，経営の巨大化，資本の有機的構成の高度化は，所有を分散化させ，次第にオーナーは中小株主化した．株主の中小株主化は，相対的に経営者の立場を強化し，主要な企業ではいわゆる経営者支配を出現させた．

経営者支配の時代の企業価値は企業そのものの価値増殖であった．ここでは総資本や経営資本の利益率が重視されたし，利益留保などによる自己金融

表 4-1　企業価値の概念

項　目	内　　容
主　体	投資家，年金・保険・投資信託などの英米機関投資家
目　的	所有（投資）の効率化（収益性）—投資家の価値増殖
評　価	将来キャッシュフロー，投資リターン

が注目された．しかし機関投資家支配の時代では，投下資本利益率や資本コストが重視されるのである．つまり投資家の価値増殖が問題とされるのである．

③ 企業価値の計算

　企業価値は「資産の集合体である企業が将来どれだけのキャッシュを生むかで決まる」と言われる．これは予想される中長期的な獲得営業キャッシュがどれくらいかによって企業価値を見ていこうというものである．つまり，結果としていかほどの投資リターンが得られるか把握しようというものである．もう1つの計算方法は，企業価値とは負債価値と時価総額との和であるというものである．負債価値は貸借対照表上の負債とほぼ等しいので，時価総額，つまり自己資本＝純資産に営業権，ブランド，成長性などの無形価値を加えたものが企業価値だとするものである．これも，やはり投資家が企業を投資対象として評価した説明である．

　以上から明らかなように，企業価値とは基本的には英米の機関投資家が株式所有の効率化の観点から投資対象として計算した企業評価ということができる[1]．

(2)　株式市場のグローバル化

① 日本企業の海外投資：1960-80 年代

　ところで，ここで問題となっている機関投資家は，なぜ英米なのであろうか．これは日本の株式市場が，いまや日本の投資家だけではなく世界の，と

りわけ英米の投資家が活躍するほどに国際化・グローバル化しているからである．

振り返れば，日本企業の国際化はアジア地域への第1次海外投資ブームを現出した1960年代からスタートしたが，欧米も視野に入れた投資活動として活発化したのは1970年代になってからといってよい．日本と欧米の間での貿易摩擦や，アジアにおける関税・輸入規制への対応，そしてアメリカに対する研究開発の強化などを理由として，日本企業は海外投資を飛躍的に増加させた（第2次海外投資ブーム）．またその後，サービス・関連部品の工場の進出も見られ，日本企業の国際化・多国籍企業化は大きく進展した．

また80年代においては，円高によってもたらされた過剰流動性および地価上昇と株高によるバブル資金を原資にして，飛躍的に海外投資が活発化した．とくに米国，欧州，そして環太平洋地域を中心にして不動産投資，株式などへの投資が増加した．日本のオーバープレゼンスが世界的に問題になった時期である[2]．

② 欧米の対日投資：1990年代

欧米の投資家による対日投資が本格化するのは，1990年代のバブル崩壊後である．それまでは日本の株式や不動産が高価格であったことと，株式持合いなどによって投資対象としての流通市場の形成が不十分であったことから，対日投資はきわめて低迷していた．

しかしバブル崩壊と長期の経済の停滞は，不動産価格や株価を崩落させ海外投資家にとっては，きわめて購入し易い対象となった．とくに株式投資の局面で言えば，まずソニーなどの国際的にも名の知れた超優良企業がその対象となり，その次は技術的にも評価の高い医薬品などの企業が投資先となった．

日本企業の株式所有構造において，外国人保有とされる比率は長期にわたって5%以下で低迷していたが，90年代に入り9%台にまで上昇した．そして90年代の半ばになると20%台にまで上昇しきわめて大きな存在感を示

表 4-2 株式市場のグローバル化

時　代	内　　容
1960-80 年代	第1次海外投資ブーム―アジア 第2次海外投資ブーム―アメリカ，欧州 第3次海外投資ブーム，環太平洋，オーバープレゼンス
1990 年代	欧米投資家による対日投資
2000 年代	投資ファンドの活発化

すものになった．

③ 投資ファンドの動き：2000 年代

英米の機関投資家の存在感が大きくなる中で，2000 年代に入って注目されたものは投資ファンドであった．これは関連法規が整備されたこともあって，投資組合の形態で機関投資家，個人投資家の資金を呼び込もうとするもので，大型の投資組合が形成された．

当初は，不良債権の整理や不動産の流動化のための再生ファンド・不動産ファンドが組成された．しかし，バブル崩壊による不良債権処理や不動産整理が一段落すると，今度はベンチャー・ビジネスを育成するためのベンチャー・ファンド，ベンチャー・キャピタルが次々に設立された．IT ブームなどを背景に大学のシーズやニューアイデアをもとにこの方面での投資組合設立の活発な動きが見られた．

次の段階では，既存・成熟企業に対して経営改善を要求するアクティビスト・ファンド，MBO で見られるように企業を丸ごと買い取り非公開化させ経営をテコ入れしたうえで再上場させるプライベート・エクイティー・ファンドが活躍した．

いずれにしてもこれらファンドは，米国，欧州の資金を中心にオイルマネーも加わって国境を超えて展開した結果，株式市場はグローバル化の様相を見せた．

(3) グローバル連携と企業価値向上

① 国内連携

英米の機関投資家を中心に企業価値向上を求めた資本の移動や経営改革が進められてきたが、こうした動きの究極にあるものは何であろうか．それは生き残りをかけた企業連携である．企業連携は基本的には国内的な生き残りをかけてまず展開されるが、今日では国境を越えて世界的な規模で展開されている．

ここでは、日本の清涼飲料業界を例にして説明しておこう．

わが国の清涼飲料業界、とりわけビール業界はアサヒビール（以下、アサヒ）、キリンホールディングス（以下、キリン）、サッポロホールディングス（以下、サッポロ）、サントリーホールディングス（以下、サントリー）の4社で、シェア競争が厳しく展開されてきた．かつてはキリンが他を大きく引き離していたが、スーパードライの躍進で近年ではアサヒが首位をキープしている．

しかし現在では少子化や若者のアルコール離れを背景に同業界の環境は一層厳しさを増しており、2008年の国内のビール販売量は94年から16％減少した．今後も市場規模の縮小は避けられない見通しで、各社はこれまで国内での市場占有率争いにしのぎを削ってきたが、収益を拡大するには内需依存を早急に改め、海外に活路を求めざるを得ない状況に迫られたのである．

② 国際連携

このような状況の下、キリンとサントリーは2011年春をめどに経営統合を行うことになった．これは表面的には国内連携のように見れるが、実際は海外進出を睨んだ国際的な動きである．日本では少子化が進み経済成長も望めない．国内の限られた需要の奪い合いではなく、海外に活路を見出さなくてはならないのである．海外はリスクが高いうえ、強力なライバルも多いので、それに対応するためには経営統合を進めて規模拡大をはかり競争力を高める必要がある．例えば、欧米でもベルギーのビール大手はアメリカの企業

を買収して，アンハイザー・ブッシュ・インベブという巨大企業を誕生させている．

これに対して，アサヒは1997年から中国・広東省でスーパードライを生産しているが，さらに2010年1月からはデンマークの世界大手カールスバーググループと海外販売で提携する．まず香港で同社の営業網を活用し，ビールを販売する．さらにサントリーもアメリカ・ペプシと組んで中国全土で販売を行う．サッポロもカナダやベトナムで出資先を増やしている．

③ グローバル連携

よく指摘されるように，企業規模を大きくするとスケールメリットが働き製品当たりのコストを下げられる．また企業数を減らしてシェアを高めることもできる．製品の価格を決める力も強くなる．資金が豊富になれば，研究開発などに投じる資金も増やせる．

キリンはサントリーの統合を控え，石川・栃木の2工場を閉鎖して設備過剰問題を解消し，コスト削減を確実なものとして国内問題から軸足を海外に移している．かつては取引銀行や官公庁が背後で演出して業界再編を促すこともあったが，最近は企業独自やファンドの判断によるものが主流である．主要企業は積極的にM&Aによって企業価値を高めていこうとしているのである．

以上のように，英米の機関投資家を中心に価値向上を求めた資本の移動や経営改革が進められているが，こうした動きの究極にあるものは，生き残りをかけた企業連携である．企業連携は基本的には国内的な生き残りをかけて展開されるが今日では国境を越えて世界的な規模で展開される．

キリンは三菱グループに属して財閥色の強い体質，サントリーは佐治家の同族色の強い性格であったが，共に安定した経営基盤と歴史を有する大企業である．それがなりふり構わず合併をするということは，世界の競争環境，国内の経済構造が極めて厳しい状況にあることを物語っている．グローバルな市場のもとで巨大企業がしのぎを削り，国内的には市場が縮小していく中

表4-3　ビール業界の企業連携

時　代	内　容
1980・90年代	国内連携―日本での市場占有率争い
2000-05	国際連携―海外に生産拠点を移す，出資の国際化など
2005-10	グローバル連携―アジア，欧米も巻き込んだ巨大化・体力強化

で，企業連携は必然の行動なのである．表面的には国内的に見えるM&Aも本質的にはグローバルな企業連携の内容を有するものなのである．

(4) 成長戦略と新ビジネスファイナンス

① 成長戦略

このように，現在のビジネスファイナンスの環境は，基本的には英米の機関投資家が株式所有の効率化という観点から企業に対して経営の効率化を求め，企業は投資家・株主の価値向上という観点からダイナミックな経営や改革を実行している．

また，具体的にはフリーキャッシュフローの増大の中で，借入金などの返済が一定程度進み，自社株保有や配当重視の株主還元策がとられている．さらに戦略的な投資が展開され，付加価値対応の設備投資，加えてM&Aへの積極的展開などが見られる．つまりコスト削減，効率化戦略から成長戦略への転換である．

② 新ビジネスファイナンス

企業価値向上のための新ビジネスファイナンスにおいては，したがって株主・投資家による株式市場での評価を意識しつつ，戦略的設備投資やM&Aが展開される．

経営者支配の時代の企業価値は企業そのものの価値増殖であったが，しかし機関投資家支配の時代では，投下資本利益率や資本コストが重視され，投資家の価値増殖が問題とされる．配当政策も投資家サイドの利益が優先され

る．

　またM&Aについても大きな変化が見られる．例えばファンドの動きも，当初は不良債権の整理や不動産の流動化のための再生ファンド・不動産ファンドが活躍したが，次はベンチャー・ビジネスを育成するためのベンチャー・ファンドや既存・成熟企業に対して経営改善を要求するアクティビスト・ファンドのM&Aが活発になる．そして現在では，MOBで見られるようなプライベート・エクイティー・ファンドが活躍している．

　さらに証券化においても，当初は資金調達や固定費の変動費化のための資産削減であったが，今日では積極的に利益を誘導するための資産入れ替えの目的で展開されている．

③　新ビジネスファイナンスの課題

　新ビジネスファイナンスを実現するための株式市場や銀行など金融環境は大きく変化させている．例えば，株式市場は新興企業向け市場を創出するだけではなく，取引所のグローバル的統合を実現させ，企業の世界的連携と成長に対応している．また銀行は，これまでの資金供給を果たす役割のみではなく，企業の戦略的設備投資やM&Aを仲介・誘導するアドバイザリー的役割の存在になってきている．

　また，会社法制度や投資家保護制度も企業のダイナミズムや新ビジネスファイナンスに併せて大きく変容している．法制度の実質化にとどまらず新たな会社形態の導入や内部統制制度の導入は，成長戦略による価値向上のための新ビジネスファイナンスに対応するものであることは言うまでもない．さらに会計制度もいっそうの基準の国際化・統一化が進行しており企業と市場のグローバル化に歩調を併せている．

　しかし，成長戦略による価値向上のための新ビジネスファイナンスとそこでのグローバル化は，一方で多国籍企業を成長・発展させるが，他方でその効率化・利益の巨大化のもとで非収益性セクターが排除されることによって，企業活動の不確実性とリスクを潜在化・内在化させ，環境や貧困など将来に

表 4-4　成長ファイナンスとその課題

項　目	内　　容
戦　略	フリーキャッシュフローによる自社株保有, 配当重視, M&A
財　務	利益率と資本コストの重視
M&A	プライベート・エクイティー・ファンドの活発化
課　題	内部統制の強化, 非収益性セクターの排除―貧困

大きな課題を先送りするものになっていることも忘れてはならない.

2.　英国銀行の再編成とグローバル連携

(1)　RBS のナットウエスト買収

英国の銀行業界の再編成は，1980・90 年代においてまず国際業務・投資銀行業務からの撤退，リテール業務への特化という形で始まった．具体的には，まずミッドランド銀行が躓き，ナットウエスト，バークレイズの両銀行が後退した．逆にロイズ銀行は住宅専門金融会社 TBS の買収に成功し，90 年代の後半，イギリスのリテール業務におけるリーディングバンクに成長した．

2000 年代に入り，低迷していたミッドランド銀行が，国際金融市場においてリテール業務で活躍していたスコッドランド系多国籍銀行の HSBC に買収された．HSBC はこの買収によってロンドンに本拠を移すと同時に，時価総額銀行ランキング部門でシティバンクに続いて第 2 位の巨大銀行に成長した[4]．

次に，国際銀行業務・投資銀行業務からの撤退で体力が衰えていたナットウエスト銀行は，まずスコットランド銀行によってテイクオーバーをかけられた．99 年 10 月 14 日，スコットランド銀行はナットウエストを株式公開買い付けで買収するための正式提案書を株主に送付した．同提案書には，ナットウエストの経営者はその経営のまずさ故に株主を失望させ続けてきた．

10年でナットウエストの株価はスコットランド銀行のそれを61％も下回っているとと数字を上げて批判した．

　買収はナットウエスト株1株に対し，スコットランド銀行株1.6株であった．換金可能な1.2ポンド相当の証書を発行して実施した．買い付け価格は買収表明前のナットウエストの株価に22％上乗せした水準になるとされた．株主の回答は99年11月4日に締め切るとされた．

　これに対してナットウエストは，まず最高経営責任者CEOのディレック・ワレンスが引責辞任し，会長のデービッド・ローランドが当面CEOを兼任するとした．そしてロイズ保険組合の前のCEOであるロン・サンドラーを新しいCEOに任命するとした．そして，あらゆる手段を講じてスコットランド銀行のTOBを阻止するとした．これは買収総額が212億ポンドというイギリスでは最大級の敵対的買収であった．

　ところで大事なことは何故，このような事態になったのかということである．

　ナットウエストは，1990年代初めからリテールで上げた利益を投資銀行部門や国際部門の強化のためにつぎ込んできた．しかし投資銀行や国際部門は競争が激しく，必ずしも目的の経営成果を上げることが出来ず，株価も低迷した．またリテール分野でも，住宅金融組合やスーパーマーケット・バンクが競争を仕掛けてきており，収益基盤が侵食されてきた．

　このような状況の中で，ナットウエストは，より競争力があり収益性の高い分野への経営資源の集中を明確に打ち出さざるをえなかった．プライベート・バンキングや保険商品などの個人顧客に近い分野に力を入れ，シェア挽回を図ろうとした．その象徴的行動が99年9月の大手生命保険会社リーガル・アンド・ゼネラルの買収発表であった．

　これは総額が110億ポンドと巨額なもので，リテール業務で首位を独走するロイズTSBが6月に準大手生保スコティッシュ・ウィンドウズを70億ドルで買収することに対抗するものであった．

　しかしこの買収は断念せざる得なくなった．前述したスコットランド銀行

表4-5 RBSのナットウエスト買収

項　目	内　容
目　的	リテール業務の特化と強化
手　段	スコットランド銀行とのTOBの応酬
背　景	ナットウエスト銀行の投資銀行・国際銀行業務の失敗
決定要因	EU連携の資金力

の株式公開買い付けによる敵対的買収を仕掛けられ，自衛策の検討を余儀なくされたからである．

それだけではない．1999年11月29日には，この買収戦にあらたにRBSが参戦した．これはナットウエスト株1株に対してRBSの新株0.968株プラス換金可能証券3.05ポンドで交換に応じるというものであった．これはスコットランド銀行の買収額を3％強上回るもので買収総額は264億ポンドであり，日本円164で換算すると4兆3,000億円になった．

さらに注目すべきは，このRBSのバックには，スペイン最大手のサンタンデール・セントラル・イスパノ銀行が存在し，資本提携で12億ポンドを株式買取権付き社債で提供していた．しかもサンタンデール・セントラル・イスパノは，同時にフランスのソシエテ・ゼネラル，ドイツのコメルツ銀行，イタリアのサンパオロ銀行の3行と資本提携をしており，ナットウエスト銀行へのTOBを単なるイギリスの銀行買収ではなくEU統合の中でイギリスを戦略拠点として位置付けたものであった．

そして最終的には，この買収戦はRBSが勝利を収めた[5]．

(2) RBSのオランダ金融会社買収

バークレイズ銀行は，テーラー社長の解任劇など経営上での混乱が長く続き，一時は米国シティバンクによる買収話が噂で流れたりしたが，近年ではようやく経営も安定してきたと伝えられていた．経営立て直しの中で，バークレイズは2007年4月，オランダのABNアムロ（以下，アムロ）との経営統合を発表した．アジアなどに幅広く海外拠点を持つアムロはグローバル

展開を狙う欧米大手銀行の買収の標的になっていた．買収価格は1株当たり36ユーロ（約5,800円）と当時の株価と同水準であった．

　バークレイズ，アムロの両行は，アムロの子会社であるアメリカ地銀のラサールを分離し，バンク・オブ・アメリカに売却する予定であった．ラサールは米中西部を地盤とする有力地銀で，売却価格は総額210億ドルで日本円で約2兆5,000億円である．実現すれば，バンク・オブ・アメリカは手薄だったシカゴなど中西部の拠点網を一気に拡充できるとされていた．

　しかし，これらの動きに対してまたもRBS，スペインのサンタンデール・セントラル・イスパノ銀行，オランダのフォーティスの欧州3行連合が，アムロに対して買収交渉を申し入れた．バークレイズの買収総額が640億ユーロ（約10兆3,000億円）であるのに対して，RBSなどの3行連合は720億ユーロ（約11兆6,500億円）を提示した．

　また3行連合は，2007年5月，前述のラサールを245億ドル（約2兆9,000億円）で買収すると提案した．この売却はバークレイズによるアムロ買収計画の一部で，当初契約では5月6日までに競争応札がなければバンク・オブ・アメリカへの売却が成立するところであったが，3日にオランダ裁判所がアムロの株主の了解を得るまで売却手続きを停止するよう命じた．

　しかし，欧州3行連合に対し，バークレイズは反撃に出て7月に買収総額を675億ユーロ（約11兆3,000億円）に引き上げることを発表した．これには，中国の政策銀行である国家開発銀行とシンガポール政府系投資会社のテマセク・ホールディングスから総額34億ユーロの出資を受けていると報じられている．ヨーロッパ，アジアの連携である．これでも3行連合の買収価格が高いが，株式交換比率ではバークレイズ側が有利なためこの成り行きが注目されていた．

　2007年10月，バークレイズは，アムロの買収提案を撤回すると発表した．理由はアムロの株主から支持を得られなかったためとしている．買収価格が株式交換を含むため変動するものの，10月4日時点でRBS側が1株38.01ユーロとバークレイズ側の33.28ユーロを14％上回っているためと見られ

表 4-6　RBS の ABN アムロ買収

項　目	内　容
目　的	アジア，アメリカを含めたグローバル展開
手　段	バークレイズ銀行との TOB 応酬合戦
背　景	グローバル競争
決定要因	サブプライム問題でバークレイズ撤退

ている．

(3)　統合から分割へ：のしかかるサブプライム問題

　約半年に及ぶアムロ争奪戦は，バークレイズの敗北宣言を受けて，RBSなど欧州3行連合の勝利となった．

　バークレイズの誤算は米国の信用力の低い個人向け住宅融資・サブプライムローン問題に伴う市場の混乱で買収のハードルが高くなったことである．またRBSなど欧州3行連合側は世界的な信用収縮により買収ブームが減速する逆風下で巨大銀行の分割買収という難事業に挑むことになる．

　3行連合は，2007年10月8日，アムロに対する買収提案に株主の86%が応募したと発表した．総額で700億ユーロ（約11兆6,000億円）超の過去最大の銀行買収になる．3行連合はアムロを3分割することで，それぞれ戦略部門の強化に必要な部分だけ傘下に収める．

　RBSは北米・アジアの拠点，グローバルな市場部門・企業金融部門を獲得し，投資銀行業務のグローバル展開を加速させる計画だという．

　サンタンデールはすでに基盤を持つブラジルなど南米とイタリアの子会社を買い取り，スペイン国外での事業を強化する．

　フォルティスは地元オランダで個人金融の拠点網をライバルだったアムロから買い取ることでシェアを高める．

　バークレイズは，資金力に劣るため，株式交換比率を高くして自社の株価が上がれば買収価格も上がるとアムロ株主にアピールしたが，サブプライムショックで銀行株価が低迷し，アムロ株主の支持が得られなかった．アムロ

表 4-7　RBS のアフターマージャー

項　目	内　　容
目　的	戦略部門の強化（3分割）
分　割	RBS－北米・アジア拠点，グローバル市場・企業金融部門獲得 サンタンデール－南米拠点・イタリア子会社買取り，スペイン国外で事業強化 フォルティス－個人金融の拠点ライバル・アムロ買取り
背　景	グローバル下の選択と集中
課　題	サブプライ問題が大打撃

をめぐる買収戦は，以上のように RBS を中心とする3行連合の勝利に終わった．そしてアムロは3行にとって都合のいいところだけが吸収され，残りは分解・切り売りされた．M&A の非情な論理が今回も勝利したと言ってよい．

しかし，もう少し大局的に見れば，銀行の歴史が合併・買収の歴史であるということ，そしてそれは全体的に言えば「国際的な選択と集中」の一再編劇に過ぎないということである[6]．

(4)　これからの M&A

最後に，これら一連の M&A の特徴について述べておこう．

まず第1は，買収価格は買収対象企業の企業価値で決まるのではなく，買収主体の企業価値が決めるということである．

これは，企業買収が株式交換で行われることが一般的になると，交換主体となる買収企業の株式価格がいくらであるかによって買収の成否が決まるということである．ここで取り上げたナットウエストをめぐるスコットランド銀行と，RBS の買収戦における勝敗は RBS の株価が決め手になったことを見ればこのことは歴然であろう．またオランダ，ABN アムロ金融会社におけるバークレイズ銀行と RBS の買収戦においても勝敗を決したのは双方の株価の違いであった．

敵対的買収の時代に入ると，買収企業同士のそれぞれの企業価値が比較さ

れる．したがって，連携先がどのような企業であるかだけでなく，企業価値を高めるだけの戦略と経営の見通しを有しているかどうかが勝敗の決め手になると言える．

　第2は，買収戦の勝利を決めるのは買収主体企業の単体の資金力だけではなく連携の資金力であるということである．

　まずRBSがナットウエスト買収でスコットランド銀行に勝利を収めたのは，提携先のサンタンデール銀行に支援を仰ぎ，買収総額264億ポンド（スコットランド銀行は212億ポンド）を提示できたことである．サンタンデール銀行は資本提携で12億ポンドの株式買取権付社債で資金協力をしている．そしてこのサンタンデール銀行のバックにはフランスのソシエテ・ゼネラル，ドイツのコメルツ銀行，イタリアのサンパオロ・IMIが控えていたのである．

　次に取り上げたバークレイズ銀行もRBSも共に連携している同盟銀行に支援を仰いだ．買収戦においてどれほどの資金を注入できるのか，そしてそれをどのように表現できるのか，連携の資金力が勝敗を決めると言うことである．バークレイズは中国の政策銀行である国家開発銀行とシンガポール政府系投資会社のテマセク・ホールディングスから総額34億ユーロの出資を受け，買収戦を勝ち抜こうとした．これに対してRBSも，スペインのサンタンデール・セントラル・イスパノ銀行，オランダのフォーティスの3行連合が，アムロに対して買収交渉を申し入れた．バークレイズの買収総額が640億ユーロ（約10兆3,000億円）であるのに対して，RBSなどの3行連合は720億ユーロ（約11兆6,500億円）を提示したと言われる．

　いずれにしても，今回の買収劇は，買収主体企業の単体の資金力だけではなく，連携の資金力で決まるということを見せつけるものであった．

　第3は，近年の買収・合併は地理的に述べれば，国内から世界的規模に拡大したということ，グローバル連携であるということである．

　まずナットウエストの買収ではRBSが連携した銀行は地理的に見て狭い限定されたものではなくかなり広いものであった．それはスコットランドと

いう一地方でもなく，イギリスという一国でもなく，EUであった．またアムロの買収戦では，バークレイズ銀行の提携先はヨーロッパではなく，中国，シンガポールというアジアの新興エリアの銀行であった．

英米の機関投資家を中心に企業価値向上を求めた資本の移動や経営改革が進められているが，こうした動きの究極にあるものは何であろうか．それは生き残りをかけた企業連携である．企業連携は基本的には国内的な生き残りをかけてまず展開されるが，今日では国境を越えて世界的な規模で展開されているのである．

第4は，買収対象企業の分割である．

これまでの合併・買収は，$1+1=2$ もしくは3というものであったが，これからは $1+0.3=2$ もしくは3というケースもありうるということである．これは買収対象企業をそのまま併合するのではなく，2分割もしくは3分割して，複数の買収主体企業がそれぞれ自分にメリットのある部分を吸収するというやり方である．

従来は買収をした後，買収主体企業の本業部門や今後の成長部門を吸収し，自分のところでメリットのないところは売却処理するというのが一般的であったが，これからのグローバル連携の下での買収戦では最初から分割を念頭においてM&Aが展開されるということである．

欧州3行連合を率いたRBSのグッドウィン最高経営責任者（CEO）は，当初から買収・分割戦略を買収戦の中核においていたに違いない．バークレイズの連携戦略が資金だけに重心をおいた国際連携であったのに対して，3行連合の国際連携は企業価値，株主価値の向上を考えた買収分割の成長戦略であったのである．

以上のように，今日の合併・買収は，従来と異なったいくつかの特徴があるが，これらは機関投資家およびファンドによるガバナンス下の株式市場の新たな評価環境と銀行のリテール業務におけるグローバル・マーケット・ビジネスの世界的戦略という2つの構造的背景から展開されていると言える．

表4-8　これからのM&A

項　目	内　容
価　格	買収対象企業ではなく買収主体企業の企業価値
資金力	買収主体単体の資金力ではなく連携の資金力
範　囲	国内・国際からグローバルへ
効　果	1+1=3から1+0.3=3へ

3. 育成からルール整備へ転換したファンド行政
―投資事業有限責任組合契約に関する法律[7]をめぐって―

(1) M&Aとファンド

　事業買収，分割そして併合と日本のバブル崩壊以後華々しく経済・経営再建に貢献してきたM&Aファンドは，2009年に入り金融クライシスの影響もあってきわめて低迷した状態にある．しかし事業の再編やM&Aそのものは決して低迷しているわけではなく，ただファンドの活動が沈滞しているに過ぎない．

　最近の新聞報道によれば，2009年8月のM&A総額は前年同月比51%減の720億ドル（約6兆7,000億円）と，単月としては2003年2月以来6年半ぶりの低水準であった．地域別でも，米国では130億ドルと15年ぶりの低水準であった．また欧州でも，同様に低迷が続いていると言われている．しかし日本では，2008年の1-10月の総額は9兆8,746億円と，前年同期比39%の増加であった．とくに目立つのが日本企業の海外企業の買収である．同期間で6兆6,678億円と3.7倍に伸びている．三菱ファイナンシャル・グループのモルガン・スタンレー，新日本製鉄・伊藤忠連合のブラジル鉱山，それにパナソニックの三洋電機の買収などがそれらの事例としてはあげられる．

　一方，ファンドの動きも部分的ではあるが大きな案件が報じられている．米国サン・マイクロシステムズ創業者ビノッド・コースラが率いるベンチャ

ー・キャピタルのコースラ・ベンチャーズは総額10億ドル（約930億円）以上のベンチャー投資ファンドを設立した．全米ベンチャー・キャピタル協会によると4-6月期のファンド調達額は前年同期比8割減の17億ドルであったが，夏以降は一部ベンチャー投資家が大型ファンドの組成に成功している[8]．

金融クライシスですっかり存在感が薄れたが，ファンドはビジネス発掘の有効手段でもある．特に既存の企業を内部から改善し，企業価値を向上させ投資収益を実現させるバイアウトファンドは，企業が次のステージに飛躍することを支援する重要な役割を担っている．金融クライシスが一段落し，世界各国の財政出動，超低金利政策と量的緩和によって，世界景気はとりあえず回復の様相を見せている．しかし持続的に回復するためには公的資金だけでは不充分であり，民間のリスクマネーが戻ってくることが不可欠である．米国の官民投資プログラムや日本の産業革新機構など官民共同の投資ファンドも始動している．いまこそ本来のリスクマネーである投資ファンドの再登場が期待されている[9]．

本節は，このように経済・経営の活性化や成長回復に重要な役割を担うファンド，特にバイアウトファンドやベンチャー・ファンドの制度について，その概念，わが国への導入の経緯などについて，それらの問題点や課題を指摘したい．

(2) 投資事業組合制度の概念と変遷

① ファンドとは何か

ファンドとは，「投資家から小口の資金を集めて，マネジャーが運用するもの」をいう．そして投資事業組合はファンドの運用形態の1つをさしている．

ファンドの運用形態を法律的に区分すると，①民法上の組合としての任意組合，②商法上の組合としての匿名組合，そして③投資事業有限責任組合契約に関する法律における投資事業有限責任組合の3種類ということになる．

これらをファンド資金の調達するやり方で区分すると，①公募型の投資信託と②私募型のプライベート・エクイティー・ファンドに区分することができる．投資信託は，広く社会的に資金を集めて，証券会社などが運用するものだが，プライベート・エクイティー・ファンドは，非上場，または公開株を非上場化して，事業の価値を高め，その後，新規株式公開や上場で，投資資金の回収を図るものである．したがって，情報開示を広く社会に向けて行うことはない．

逆から説明すると，プライベート・エクイティー・ファンドの場合，民法上の組合の任意組合と投資事業有限責任組合契約に関する法律による投資事業有限責任組合があるということになる．

投資信託は歴史も長く日本の証券市場にも定着しており，近年はエコファンドなどが環境問題の関心の高まりもあって注目されている．

しかしここで取り上げるプライベート・エクイティー・ファンドは，1990年の日本のバブル崩壊以降に登場して，日本の経済・企業再生に一定の役割を果たし，2008年の金融クライシスの中でそのあり方が問われているものである．具体的に名前を上げれば，アメリカのローンスター，サーベランス，リップルウッドなどである．これらは日本の銀行や企業が過剰債務を抱え込んだ時，この不良債権を大量に買い取り果敢にリスクをとりながら，リストラクチャリングを断行してきたのである．リップルウッドは経営破綻した日本長期信用銀行（現・新生銀行）を買収した後，経営立て直しを行い，そして高値で株式公開を実践し注目された[10]．

表4-9 ファンド（投資事業組合）の概念と形態

項 目	内 容
1．概念	投資家から小口資金を集めてマネジャーが運用するもの
2．運用	①民法－任意組合 ②商法－匿名組合 ③投資事業有限責任組合契約に関する法律－投資事業有限責任組合
3．調達方法	①公募型－投資信託 ②私募型－プライベート・エクイティー・ファンド

② 投資事業組合の変遷

【1982年から97年：民法組合の活用】

　もともと日本においては投資ファンドが組成されるようになった80年代では，民法上の任意組合か商法上の匿名組合しか存在していなかった．そしてファンドを組成する場合は，民法上の任意組合が利用されていた．しかしこの任意組合は全ての出資者が無限責任を負わねばならず，ファンド業界ではこの責任の重さが足かせになっていた．

　投資ファンドは，機動的かつ柔軟な資金調達・資金運用を行う必要があり，様々な規制を強く受けたのでは広く一般に情報公開をする組織としては適切に機能できない．そうではなく私的自治であっても運営の方法を自由に設計できる任意組合のほうが好都合であったのである．しかしまた任意組合の出資者は，債務について無限の責任を負わねばならないので，投資ファンドを大規模にしていこうとすると，この無限責任がネックとなっていた．

　英米などでは1980年代から，日本でも90年代から，年金や保険などの機関投資家がその資金規模から飛躍的に台頭してきていたが，この大量の資金をファンド市場に呼び込むためには，任意組合の無限責任制度を克服する必要があったのである．

【98年から2004年：中小企業等有限責任組合制度の創設とその活用】

　1998年（平成10年），「中小企業等投資事業有限責任組合契約に関する法律（中小有責法）」が成立した．これは，事業者に対する投資事業を行うための組合契約であって，無限責任組合員と有限責任組合員を区別する制度を確立することによって，円滑な資金供給を促進しようとするものであった（同法第1条）．

　この法律で想定された企業は，ベンチャー企業であった．したがって，この投資事業有限責任組合制度はベンチャー・キャピタルに大いに利用された．

　しかし中小企業等投資事業有限責任組合契約に関する法律が想定していたのは，あくまでも未上場のベンチャー企業の株式を取得するエクイティー投資であった．しかしその後，事業再生やバイアウトなどの投資，そして融資

表 4-10　任意組合，匿名組合，投資事業有限責任組合の比較

項　目	任意組合	匿名組合	投資事業有限責任組合
根拠法	民法	商法	投資事業有限責任組合契約に関する法律
事業目的	制限なし	営業に限定	投資事業に限定
事業執行	組合員の過半数	営業者	無限責任組合員のみ
組合員の責任	全員無限連帯責任	有限責任	無限責任組合員以外は有限責任
財産の帰属	共有	営業者	共有
出資形態	財産出資プラス労務出資も可	財産出資のみ可，労務出資不可	財産出資のみ可，労務出資は不可
登記	不要	不要	必要
税務上の取扱い	パススルー課税	ペイスルー課税	パススルー課税
投資事業組合としての使い分け	ごく少人数のプロ投資家による	多数の個人投資家の資金調達	比較的多数のプロ投資家による

出所：田中・保田『投資事業組合とは何か』より作成．

の実行およびローン債権の買い取りなどのデッド投資へのニーズが高くなったことから，2004 年に「投資事業有限責任組合契約に関する法律（LPS 法）」が制定された．

【2004 年から 2007 年：ベンチャー，再生，バイアウトなどが積極的活用】

投資事業有限責任組合とは，「投資事業有限責任組合契約に関する法律（LPS 法）」によって成立する無限責任組合員および有限責任組合員からなるものいう．

これは，任意組合や匿名組合とは異なり，投資ファンドや投資対象となる事業に関して相当程度の経験を持つプロの投資家が参加することを想定している．ここでは 1 名以上の無限責任組合員のみが業務執行に当たる一方，業務執行組合員以外の組合員は有限責任となっている．

また利益配分等が比較的自由に設計でき，パススルー課税が認められている．さらに登記が求められている．これは組合契約に関する必要事項を一般に開示することにより，誰が無限責任を負うことになっているかを知ることができるよう担保しておこうと言うものである．加えて公認会計士による監

表4-11 ファンドの歴史的変遷

時　代	内　　容
1982-97	民法組合の活用，無限責任が足かせ
1998-2004	中小企業等有限責任組合制度の創設，ベンチャーで活用
2004-07	投資事業有限責任組合契約に関する法律（LPS法）制定，再生・バイアウトファンドでも活用
2007-	金融商品取引法で位置付け，プロ・アマの峻別，規制の強化と緩和

査もうけねばならない．これは，自己責任の原則のもと，外国人投資家を含む多くの投資家が参加することが想定されることから，情報開示の徹底とその適正性を保証するために同法が外部監査を規定したのである．

(3) 投資事業有限責任組合契約に関する法律（LPS法）の問題点
① プライベート・エクイティー・ファンドの隆盛

プライベート・エクイティー・ファンドの代表的なものは，企業買収ファンドである．これは，企業の成長が鈍化した成熟企業や企業の一事業部門を買収して経営に参加して，企業価値を長期的に高めて株式公開や戦略的売却によって収益を図る事業である．複数の投資家から預かった資金をファンドにして，銀行などの融資を組み合わせながら買収資金を組成して，企業を買収するのである．平均的な投資期間は3～5年程度である．

企業買収の手法は，テイク・オーバー・ビッド（TOB），マネジメント・バイアウト（MBO），マネジメント・バイイン（MBI），レバレッジド・バイアウト（LBO）などであるが，これらにはプライベート・エクイティー・ファンドが利用されることが多い[11]．

TOBとは株式公開買い付けのことである．企業の支配権の取得・強化を目的として，不特定多数の株主に対して，一定期間内に一定の数量以上の株式を一定の価格，つまり通常は時価を超える価格で買い付けることを公表して行われる．MBOは，企業内部の経営者，幹部役員が，現在の事業の継続を前提として，外部の投資家によって構成されるグループとともに株式を買

い取ることによって，経営権を取得する方法である．

MBIは，企業を買収した投資ファンドがその企業に外部から経営者を送り込んで経営の立て直す手法である．

LBOは，買収対象企業の資産や将来のキャッシュフローを担保に，買収資金の大半を借り入れで調達して買収を行う手法である．

② 金融商品取引法下の規制緩和と強化

投資事業組合のジェネラル・パートナー（無限責任社員）はリミテッド・パートナー（有限責任社員）となってくれるヒトを募って投資資金を調達する．そしてこの投資資金を運用する．この出資持分の募集と資金運用は，証券会社や投資顧問会社の行う資金運用と実質的に変わるところはない．しかし投資事業組合についてはまったく規制対象となっていなかったのである．

金融商品取引法は，投資家保護の観点から，これまで証券取引法が扱っていた国債や株券，信託業法が対象としていた信託受益権などを包括して幅広く規制の対象とした．そして出資持分やデリバティブ商品など投資事業組合に関わるものも規制を適用することとしたのである．ただ規制内容の緩和という大きな流れは維持するため，投資家をプロとアマに区分して，個人投資家を中心にしては徹底した投資家保護，機関投資家のプロに対しては規制を最小限に緩和し，円滑な取引を保障したのである．

金融商品取引法で見直しの対象となったものは，開示制度，公開買付制度，大量保有報告制度，罰則の強化などが挙げられる．

ところで投資事業組合を連結の対象とするか否かは，会社が有限責任で業務執行権を持たない場合でも，連結の範囲に含めなければならないことになった．業務執行権の過半数を持つ無限責任社員が緊密者で，かつ自社で投資事業組合の資金の過半を拠出していたり，利益の過半の分配を受ける場合，投資事業組合を連結に含めなければならないこととなったのである．

さて金融商品取引法では，任意組合か匿名組合か，また投資事業有限責任組合か，といった法的形態を問わず，投資事業組合の出資を募集する行為に

ついては,「金融商品取引業」と位置付けたわけである.さらに投資事業組合で行われる資金運用は,「資金運用業」とした.したがって投資事業組合は原則として金融商品取引業者の登録が必要となった.ただし,機関投資家などのプロ投資家を有限責任社員とする投資事業組合の場合は,届出ですむということになっている.

届出の場合は,金融商品取引業者として直接規制を受けないが,当局が投資事業組合に対して,報告を求めたり資料を提出させたり,立ち入り検査は認められている.また登録の場合も企業内容開示の対象となるのである.

以上のように,投資事業組合は当局の監視下におかれることになった.

(4) ファンドとその制度の今日的課題
① 投資事業組合と借入金

最後に,金融クライシスの中で問題となったいくつかの内容について,紹介しておこう.

投資事業組合は,契約書で定めれば,企業と同様,借入金を利用して投資を行えるということである.いわゆるレバレッジである.プライベート・エクイティー・ファンドやヘッジ・ファンドは,借入金を積極的に利用して利益率を上げようとするのである.プライベート・エクイティー・ファンドは,実際に自ら出資する金額よりも大規模な会社を買収することがありうる.またヘッジ・ファンドは借入金によって運用資金が大規模になり,彼らの投資

表4-12 投資事業有限責任組合契約に関する法律(LPS法)の内容と問題点

時代	内容
1. 範囲	金融商品取引法,金融商品取引業および資金運用業
2. 目的	規制緩和と投資家保護
3. 投資家	無限責任社員と有限責任社員,とりわけ有限責任社員
4. 見直し対象	届出と登録 ①開示制度 ②公開買い付け制度大量保有報告制度 ③罰則の強化

活動が株式市場や経済全体に大きな影響を与える．

ただプライベート・エクイティー・ファンドの場合は，ファンド自体が借り入れを行うのではなく，投資先の会社が借り入れを行うので，返済義務は投資先の会社が負うことになる．ヘッジ・ファンドの場合は，自らが行うので返済義務はファンドが行う．

② 運営者の基本報酬

金融クライシスで投資銀行や証券会社の役員報酬が問題になった．それでは投資事業組合の運営者はどれくらいであろうか．

ファンドの運営者はまず管理報酬を，ファンドの金額に対して年間2.5%程度受け取る．もし4年間続ければ10%ということになる．この他に成功報酬も存在している．一般的には利益に対して20%程度である．もちろん成功しなかった場合，報酬はゼロとなる．

成功報酬が単純に規程してある場合，運用に成功していない場合も成功報酬を受け取ることができる．しかしこのことは不合理なので成功報酬を返す条項を決めておくこともできる．これが「クローバック条項」である．またハイリスクの物件に投資した場合，ハイリターンを保障するために「ハードルレート」を設定して，それをクリアした時に成功報酬を支払う条項も存在する．

表4-13　ファンド規制・検査のポイント

ファンドの種類 (一般投資家数)	内容	主に一般投資家対象 (50人以上)	主に機関投資家対象 (49人以下)
金融庁	規制	登録制	届出制
金融庁	処分	あり	なし
証券監視委員会検査	権限	あり	あり
証券監視委員会検査	頻度	検査計画つくり，ほぼ定期的	必要と判断した場合に限定
証券監視委員会検査	内容	リスク管理，出資募集・運用の適切性など包括的に	虚偽の表記など

出所：『日本経済新聞』2007年6月25日朝刊．

③ コンテンツファンドと特別目的会社

最近注目されているものにコンテンツファンドがある．これは映画やアニメの製作に対して投資をする特別目的会社を設立し，株式市場や銀行から資金を集め，特別目的会社への出資を募るものである．これにより製作スピードが上がるというものである．

ビジネスの新分野やイノベーションでの特別目的会社の利用は，文化や科学の拡がりと奥行きを深めるものであり活用が期待される．

④ ポスト金融クライシスとファンドの役割

ファンドは投資実績が高かった場合は，多くの投資家から関心を持たれたが，金融クライシス以降は急激にその投資は停滞している．冒頭に述べたように，しかしファンドはビジネス発掘の有効手段でもあり，既存の企業を内部から改善し企業価値を向上させ，企業が次のステージに飛躍することを支援する重要な役割を担っている．現在，世界各国の財政出動と超低金利政策と量的緩和によって，世界景気はとりあえず回復の様相を見せている．しかし持続的に回復するためには公的資金だけでは不充分であり，民間のリスクマネーが戻ってくることが不可欠である．いまこそ本来のリスクマネーであるファンドの再登場が期待されているのである．とくにBRICsをはじめとする新興成長国に対してはファンドをつうじて投資を展開することも可能であり，モノから知識・情報へという産業構造の変化，店舗からバーチャルへという流通構造の変化にも適っている．イノベーション新時代を向かえ，外部化からネットワーキングへという経営戦略にもマッチしている．

ファンドの効用と限界を適格に把握しつつ，投資家からの透明性を維持しながら，ポスト金融クライシスの先兵となることを求められているのである[12]．

表 4-14　金融クライシスとファンドの今日的役割

項　目	内　容
1.　レバレッジ	借入金の限度，無限責任・有限責任の所在
2.　経営者報酬	成功報酬の返済義務
3.　特別目的会社	コンテンツビジネスでの積極的活用
4.　今日的役割	新興国への投資・イノベーション投資での活用

4.　コーポレート・ガバナンスと日本的財務

(1)　残ったメインバンク・システムと株式持合い

① 本来の財務

「日本的財務」とは何であろうか．

それは，今日英米で見られる本来の財務経営＝株主価値経営が日本の特殊な事情で完全に貫徹せず，かつての日本の経営原理であった企業集団経営＝法人資本主義経営の一部を残したかたちでつくられたものである．つまり日本特有の〈変形した株主価値経営〉のことである．

本来の財務の構造は，まず頂点に個人（家計）が存在する．個人は自らの金融資産を高いリターンを求めて様々な形で運用するが，今日のように運用技術が高度化し，投資先がグローバル化した時代は専門の運用機関である年金・保険・投資信託などに委託する．これらの機関は機関投資家と呼ばれるが，これらの調達資金＝運用資金は莫大な金額であり，こうして機関投資家は，まず量的に大きな存在となる．現代が機関投資家の時代，機関投資家資本主義の時代と呼ばれるゆえんである．

機関投資家は，個人から集めた資金を効率的に運用するために自らも工夫するが，併せてリスク管理のためにもファンド（投資事業組合）を利用する．ファンドは一般的に無限責任の管理専門会社もしくはファンドマネジャーが運営・管理を行う．最適な資金運用を目指してグット・ポートフォリオを組むのである．このプロセスで機関投資家やファンドのための投資理論や投資

手法が，学者やシンクタンクから提供される．キャッシュフローやEVAに関わる多くの理論はこうした背景から産まれたものである．

　機関投資家とファンドは，理論的にも手法的にも様々なやり方で投資効率とリスク管理を徹底させようとするが，それでも株式市場の動きは流動的でダイナミックであるために，その効率性とリスク管理を保証させるために社外取締役を会社に送り込む．コーポレート・ガバナンスと呼ばれる株主価値経営の監視である．会社の会長や社長，財務担当重役などの執行役員は，社外取締役による監視によって株主価値経営の徹底を迫られるのである．選任委員会，報酬委員会，監査委員会は，人事，報酬，会計などあらゆる側面からチェックをするのである．

　機関投資家，ファンド，そして株式市場と取締役会内部からガバナンスを受け，経営者は株主価値経営を猛烈に展開する．株価を上げるために，まず行うのが利益率の引き上げである．仕入れ，賃金，そして在庫でのコスト削減，それらの事例は枚挙にいとまがない．正規従業員の非正規化，資産の流動化・証券化などの固定費の変動費化はコスト圧縮の典型的なものである．コスト面だけではない．高利益率部門への選択と集中は特化戦略と呼ばれて利益率の引き上げに貢献した．非収益部門からの撤退・売却，そして高収益部門への資源の集中はMBOなどの大胆な事業再編戦略，M&Aなどの高収益事業会社の買収，プライベート・エクイティー化などである．

　利益率の引き上げには，分子の利益の絶対額を増加させる方法もあるが，分母の資本，とりわけ自己資本を減らすことによっても可能である．フリーキャッシュを原資にして展開された自己株式の取得，配当の増額は，自己資本を小さくする政策である．自己資本減額政策は，株式市場で株価が低迷している場合，そして株主を慰撫する手段としては有効である．配当抑制策を長く継続していた企業が最近になって配当額を引き上げているのは，株価への影響や株主リターン重視のメッセージを配慮してのことである．

　以上のように，本来の財務＝株主価値経営は，機関投資家のガバナンスを通じて経営者が実践するものであり，ほぼ英米ではこのような経営が貫徹し

表 4-15 本来の財務

項　目	内　容
所有主体	家計⇒機関投資家，ファンドの活用
取締役会	社外取締役（コーポレートガバナンス） 選任委員会，報酬委員会，監査委員会
経　営	株主価値経営 ・利益率の引き上げ（コスト削減） ・正規従業員の非正規化 ・資産の流動化，証券化（固定費の変動費化） ・選択と集中（特化戦略） ・MOBなどで事業再編 ・自己資本の圧縮（自己株式取得，配当の増額）

ていた[13]．

② 日本的財務

それでは日本ではどうであろうか．日本でもこのような構造にはなっているのであろうか．

日本では，まず家計であるが，金融資産運用先として年金，保険，投資信託にも多くを振り向けるようになっている．しかし，いまだ銀行への預金も多い．そして銀行はこれらの資金で同系の企業のかなりの株式を保有して影響力を行使しているのである．また，メーカーや商社などの事業会社も一定程度同系企業の株式を保有している．事業会社はこれらはかっての株式持合いではなく，海外の企業やファンドなどによる敵対的買収への防御，そして同業会社との事業提携のためだとしている．

理由はともあれ，いずれにしても家計からの銀行資金および事業会社の株式保有は1995年以前と同様，いまだに大きな比率を示していて，日本企業の経営行動に大きな影響を与えている．

また日本の機関投資家やファンドに流れた資金は，英米のように必ずしも株主価値経営のガバナンスに寄与しているのではなく，もの言わぬ共同出資者（サイレントパートナー）の性格が顕著である．つまり，企業集団，企業

表4-16 日本的財務

項　目	内　　容
所有主体	機関投資家と銀行など法人が併存
取締役会	社外取締役，監査役，機能せず弱体
経　　営	取引拡大指向と株主価値経営が併存〈変形した株主価値経営〉

グループの利害のチェックが中心で，そうしたことに抵触しないかぎり経営には口出しをしない．したがって海外企業やファンドなどによる敵対的買収にも日本の銀行・事業会社と共同歩調で防御にまわることが多く，むしろ株式市場や株主の利益とは相反する行為にでることも度々である．こうした共同歩調は株主価値経営の遂行ではなくて，同系企業の取引拡大が主目的であり，欧米の機関投資家やファンドとは対立することもある．

以上から明らかなように，日本では銀行，事業法人，機関投資家の従来型の投資と英米の機関投資家の投資効率向上のための投資が混在している．したがって，コーポレート・ガバナンスも取引拡大指向と株主価値経営とが入り乱れて要求されてくるのである．

株式会社の経営においても，監査役会は温存されたし，社外取締役もバックに強力な機関投資家がいないので株主価値の監視も中途半端である．したがってコスト削減・圧縮も徹底されないし，選択と集中も大胆ではない．

以上のように，日本の財務経営＝取引先重視経営と株主価値経営の混在は，英米のような株主価値経営の貫徹ではなく，日本特有の〈変形した株主価値経営〉の状態を現出しているのである[14]．

(2) 日本における機関投資家の依存体質とファンド経営の短期成果主義
① 機関投資家の法人依存と低い運用収益

日本の銀行と事業会社が取引拡大の目的で株式投資をして必ずしも株主価値の最大化を要求しなかったとしても，日本の機関投資家はもっと積極的に株主価値経営の貫徹を経営陣に要求してもおかしくないのに，なぜ強く要求

しなかったのであろうか．その理由は2つ考えられる．

まず1つは，日本の機関投資家のビジネスの依って立つ基盤が多くは企業に依存しているからである．年金会社，保険会社にしても保険ビジネスを展開する場合，個人にセールスする比率は少なく，多くは同系企業の会社やそこの従業員が顧客である．例えば損害保険会社が自動車保険や火災保険のセールスを行う場合，同系と関係の深い自動車会社や住宅会社と連携して保険商品が販売される．したがって，投資先の企業に取引の拡大は要求しても株主価値経営を求めることは副次的である．

2つ目は，日本にはエリサ法が存在しないということである．エリサ法とは，1974年にアメリカで制定された従業員退職所得保障法のことだが，アメリカでは同法の制定により年金受給権者保護が制度化され，年金基金は年金受給権者のために慎重に行動することが義務付けられた．アメリカではこうして年金会社の株主価値経営は制度的に保証されたのに対して，日本ではこうした裏付けになる制度は存在しない．したがって，年金や保険金の運用は，年金会社や保険会社の自らの経営努力のみによって運用されているのである．欧米のファンド会社が，日本の低収益環境に嫌気がさして撤退する光景が間々見られるが，これは以上のような背景から起きているのである．日本の機関投資家がもっと積極的に株主価値経営の貫徹を経営陣に強く要求しなかった理由の2つ目は，ここにあるのである．

(2) ファンド経営の出資構造と短期成果主義

前節で詳しく述べたように，ファンドとは，投資家から小口の資金を集めて，マネジャーが運用するものであるが，これには①公募型の投資信託と②私募型のプライベート・エクイティー・ファンドがあり，ここでは後者のプライベート・エクイティー・ファンドを取り上げる．これは会社を非上場，または公開株を非上場化して，事業の価値を高め，その後，新規株式公開や上場で，投資資金の回収を図るファンドであるが，これにはファンドの法律形態として，①民法上の組合―任意組合，②商法上の組合―匿名組合，③投

資事業有限責任組合契約に関する法律―投資事業有限責任組合がある．プライベート・エクイティー・ファンドの場合，民法上の組合―任意組合か，もしくは投資事業有限責任組合契約に関する法律―投資事業有限責任組合に基づくものがある．

投資事業組合の変遷は，当初1982年から97年においてはベンチャー未公開株中心で民法組合を活用して投資が行われたが，98年から2004年においては，中小企業等有限責任組合制度の創設とその活用がはかられ，機関投資家の動員がはじまり事業再生がはかられた．2004年から2007年においては，ベンチャー，再生，バイアウトなどのファンドが積極的に活用されたが，ライブドア事件や村上ファンド事件などでインサイダー取引が発覚して，活用の限界が露呈した．2007年からは，証券取引法改正され金融商品取引法が成立し，投資家保護の観点から規制対象になった．そして匿名組合からの脱却，届出から登録制度に移行して，今日では企業内容の開示などが問題とされている．

さて，アメリカのファンドが年金基金や保険会社の投資を中核にしているのに対して，日本のファンドの中核は銀行と事業会社である．アメリカのファンドが高い株主価値経営の成果を求めるのに対して，日本のファンドはむしろ継続的な取引拡大を求める．銀行や事業会社がファンド資金の中核であるということと，ファンドの運用会社もしくはファンドマネジャーの性格とは無縁ではない．運用会社およびファンドマネジャーの社員の多くは，銀行や事業会社から出向として派遣されている．彼らは運用の実績を上げることよりも，そのビジネスが本社でどう評価されているかを気にかける．大方のファンドマネジャーはこの取引が本社の継続的取引に貢献するかどうかを気にかけながら，運用するのである．

このことは運用の内容についても決定的な意味を持つ．アメリカのファンドマネジャーが長期的にモニタリングをして高い成果を追求するのに対して，日本のファンドマネジャーは本社に帰るまでの無難で短期の成果を追求する．資金を短期で転がして，問題を起こさず運用したがるのである．

表4-17　日本における機関投資家・ファンドの特徴

項　目	内　容
機関投資家	・ビジネス基盤―法人依存 ・エリサ法の不在
ファンド	・出資者が銀行と事業会社 ・本社の継続的取引へ配慮 ・成果は短期主義

　日本のファンドがもっと積極的に株主価値経営の貫徹を経営陣に強く要求しなかった理由はここにもあるのである[15]．

(3)　破綻した株主価値経営と日本的財務経営

① アメリカ発金融クライシス

　今回の金融クライシスを本質的に見た場合，銀行がおかれていた2つの制約について考えておかねばならない．

　1つは，BIS規制である．まずBIS規制下では総資本＝総資産を増やすことが出来ないということである．規模の追求が出来ないのである．したがって総資本を増やそうとすると自己資本も増やさなくてはならないということになるので，この道は選択できない．

　2つは，株主価値経営である．株主に貢献するためには株価を上げねばならないが，それには基本となる自己資本利益率を上昇させることが必要である．このためにはまず金融資産の高収益化を目指さざるを得ない．株主価値経営においては資産を入れ替えて高収益資産化することは当然のように行われていた．選択と集中に見られたように高収益部門に経営資源を振り向けることである．銀行はリテールへの特化などで収益性の向上に挑戦したのである．

　金融資産の高収益化が限界に近づくと，次に考え出されたのが分母の自己資本を小さくすることである．しかし，これをするとBIS規制に対応できない．それでは自己資本を小さくして高い収益を上げるにはどうすればよい

表 4-18　アメリカ発金融クライシス

項　目	内　容
背　景	・BIS 規制 ・株主価値経営
要　因	高収益化と自己資本の縮減〈証券化手法の導入〉
影　響	・アメリカ経済後退⇒輸入低下⇒日本，深刻な不況⇒日本型財務見直し

か．その方法は総資産を圧縮することである．こうして考え出されたのが，資産の売却である．

資産を売却すれば自己資本を小さく出来る．自己資本を圧縮するために採用されたのが，積極的な配当である．特に株価が低迷している時は，株主に貢献できたし，一石二鳥の財務政策であった．また自己株式の取得も自己資本を減少させて，なおかつ株式市場における株価上昇にも貢献できた．したがって資産の圧縮，住宅ローンの債券化，特定目的会社への販売は，充分に理にかなったことであったのである．

さて金融クライシスは，この住宅金融をはじめとするローンの返済不能から始まった．特にサブプライムという低所得者層への住宅ローンの返済不履行は，銀行から特定目的会社を通じて証券化商品として販売されていたために，この証券化商品がデフォルト状態になったのである．しかもこの金融化商品は多くの投資家，機関投資家，ファンド，銀行などが投資していたために，投資回収不能に陥った．アメリカの投資銀行，ファンド，欧州の銀行への打撃は50兆円とも100兆円とも言われた．

② 日本的財務経営の破綻

日本ではアメリカのサブプライムローンをはじめとする証券化商品への投資は一部の銀行や投資家を除けば絶対量が少なく，金融クライシスの影響による打撃は比較的少ないと見られていた．

しかし欧米での金融クライシスによる法人・個人への影響は甚大で，金融のみならず経済全体の規模縮小をもたらした．消費マインドのみならず投

資・信用も減退させてしまった．日本経済への影響は比較的少ないと見られていたが，欧米への輸出に依存する日本企業は決定的な打撃を受けることになった．輸出関連メーカーが生産を縮小したが，これはたちまち中小関連企業に波及し，日本経済全体に大きな影響をもたらした．さらに雇用にも深刻な影響を与え，特に株主価値経営でもたらされた雇用の流動化政策，そして大量の派遣労働者には深刻なものとなった．

こうして不徹底と言われた日本の株主価値経営および財務は，アメリカの金融クライシスによって，もろくも破綻し，見直しを迫られることとなった．製造業の派遣制度の議論が始まり，ワークシェアリングが導入されるようになった．

(4) これからの日本的財務
① 国家管理と雇用の確保

さてこれからの財務，そして日本的財務はどのようになるのであろうか．短期的側面と長期的側面の２つの面から考えてみよう．

まず短期的に見た場合，財務面は，一方で部分的な国有化政策を採り過剰な株式資本を塩漬けにしながら，株価の回復を待つという展開になるであろう．また他方の現実資本の局面では，消費者と労働者に販売価格および労働コストの領域で一定程度の譲歩をしめしながら，在庫管理，経費管理ではコスト削減を徹底して利益率を回復させていくであろう．

具体的には，例えばアメリカではシティバンクが株式の約３分の１を政府所有とした．アメリカ政府は同銀行を事実上の政府管理とすることによって，人事や経営方針など重要事項の決定に影響力を行使する．シティは政府管理下で非中核部門の事業売却や役員報酬の削減などリストラ策を徹底する．またイギリスでは，政府の「資産保証プログラム」によって，信用補完を行いながら経営幹部，事業内容の中身を審査する．そして不適切とした場合は事業売却や人事に介入することによって，事業の立て直しを行う方針である．

日本でも公共性の高い銀行には資本を注入しながら，経営の建て直しを求

めていくことになろう．例えば，地方銀行ではほぼ国際 BIS 基準でいうところの補完資本部分が毀損しており，その金額が貸し渋りを起こしていると言われている．政府・日銀はこの部分に相当するところに資本注入しながら地銀の合併などを通じて業務の改善やコストの削減を求めることになろう．

また，雇用面では非正規雇用の正規化やワークシェアリングを進める企業に財務面で支援する一方，他方で在庫削減や経費の節減で利益率の回復を目指すことになろう．

② 社会性概念の導入

次に長期的側面から考えて見よう．長期的視点で財務を考えて見た場合，やはり問題となるのは株主価値経営のあり方である．株主や株式市場のみを重視して他の利害関係者を軽視していいのかという問題である．そして収益性という観点だけではなく社会性という観点から経営を見つめ直そうということである．

これは，株主価値経営における株価極大化や株主リターン極大化という利益率指向ではなくて，経営の価値観を別のところに求めていこうとするものである．具体的には，社会貢献という経営目的で企業を運営する．これは貧困の解消や健康の増進，環境問題の解決や住宅問題の解決を目的とするというものである．例えば，ムハマド・ユヌス氏が提唱するグラミン銀行やグラミンダノンがその事例である．グラミン銀行は貧しい人に起業を促して収入を生むというものだし，グラミンダノンは栄養価の高いヨーグルトを生産し，栄養不足の子供達に低価格で供給しようというものである．

NPO の中にもこうした経営理念を掲げるものは多い．失業者の救済や就職支援，高齢者や身体の不自由な人の介護や補助をする NPO などその目的は多様である．これらはやはり社会貢献や文化活動などを経営理念に掲げ，利益の獲得を目標とはしていない．

社会性とか社会的責任という概念はこれまでも度々問題とされた．しかし今回の社会性概念は，強く株主，株式市場重視に修正を求めるものである．

表 4-19　これからの日本型財務

項　目	内　容
国　家	銀行など企業の資本を塩漬けし，国家管理強まる
雇　用	非正規から正規の雇用促進，ワークシェアリングの支援
経　営	社会性概念の導入，株主だけでなくステークホルダーへの配慮
財　務	短期成果主義の排除，抑制的な価値観で見直し，透明性の徹底

株主価値がもたらした弊害に対する強い批判である．どのように他の利害関係者と調和をとるか，あるいはどのように社会や環境と調和をとるか，これらの問題が指摘されているのである．

したがって財務も，そして日本的財務も，株主，株式市場重視でも，そしてかつての同系企業・法人の取引重視でもなく，多様な利害関係者や社会・環境とどのように調和をとっていくのか，そうした人間的で多様かつ強欲的でない抑制的な価値観での経営観点からの見直しが求められているのである．

あとがき

これまでわれわれは，まず株主価値経営のもとで展開される企業の国際化と，株式市場のグローバル化を分析し，それを具体的には典型的に展開される英国銀行の M&A を取り上げ，市場のグロバリゼーションのもとで，RBS がどのように成長・拡大していくか，そのプロセスを説明した．

続いて株主価値経営の担い手であるファンドとそれを支える制度について投資事業組合制度の創設とその整備，つまり規制の強化と緩和について述べた．そして日本的財務を企業のガバナンスの視点で捉えなおし，株主価値経営の破綻についてその要因を説明し，まとめとしてガバナンス構造の変化について言及した．

さて株主価値経営が破綻し，現在は次の経営原理を求めて，経営者や研究者は模索中ということができる．しかしポスト株主価値経営の時代になっても所有構造の頂点に機関投資家が君臨していることは少しも変わらないので

ある．機関投資家は現在，新たなコーポレート・ガバナンス体制を構築しようとしているのであるが，具体的にはただ社外取締役を派遣して経営監視をするだけではなく，あらゆる企業・経営状態を開示し，いままで外部化で見えなくなっていたものを「見える」状態＝可視化して，ガバナンスの徹底をはかろうとしているのである．つまり単に透明化するのではなく積極的に開示させて，そこで効率性や収益性をはかろうとしているのである．さらに短期主義との決別である．株主にのみ果実を獲得させても企業は維持できるものではない．ステークホルダーと果実を分かち合い，そして企業を維持できてこそ最大の収益性を長期的に実現できるのである．現在は短期成果主義の排除こそガバナンスに求められていることなのである．

いずれにしても市場のグローバル化の中で，われわれはいまの時代が産業構造的にも，また流通構造的にも，そして経営戦略の面からも大きく変化していることを認識しておかねばならない．産業構造はモノから知識・情報基盤に，流通構造はリアルからバーチャルへ，そして経営戦略はエクスタナライジング（外部化）からネットワーキング（連携）に大きく根底的に転換しているのである．

こうした時代の市場のグローバライゼーションにおけるコーポレート・ガバナンスは，機関投資家にとってよく見えるための，単なる透明化ではなく積極的な開示であり，自らのための短期的成果主義ではなくステークホルダーに配慮した持続可能な長期的成果主義に基づいたものでなくてはならないのである．

注

1) 例えば，英国企業の株主価値経営については，坂本恒夫編，レディング・ワークショップ，英国企業・経営研究会著『実証分析　英国の企業・経営』中央経済社，2002年を参照せよ．
2) 日本企業の段階的な国際投資について当初の説明は，田中拓男著『国際企業経営入門』日本貿易振興会，1985年を参照せよ．
3) 英国銀行の合併については，坂本恒夫「多国籍銀行の経営戦略と銀行・株式市場間関係―英国4大銀行を中心にして―」『経営論集』明治大学経営学研究所，第

48巻第3・4合併号，2001年3月31日，1-23頁，またイギリスの商社については，Geoffrey Jones, Merchants to Multinational, Oxford, 2000.（ジェフリー・ジョーンズ，坂本恒夫・正田繁監訳『イギリス多国籍商社史19・20世紀』日本経済評論社，2009年）を参照せよ．

4) Geoffrey Jones, British Multinational Banking 1830-1990, Oxford, 1993.（ジェフリー・ジョーンズ，坂本恒夫・正田繁監訳『イギリス多国籍銀行史1830—2000』日本経済評論社，2007年，537-548頁）

5) 坂本恒夫「多国籍銀行の経営戦略と銀行・株式市場間関係―英国4大銀行を中心にして―」『経営論集』明治大学経営学研究所，第48巻第3・4合併号，2001年3月31日，1-23頁．

6) 坂本恒夫「金融ビッグバン以降の英国銀行経営における戦略リスクの増大―ナットウェスト・グループを事例として―」『経営論集』明治大学経営学研究所，第47巻第2・3合併号，2000年3月31日，35-55頁．

7) ここで取り上げるものは，1998年6月3日法律第90号，種類は民事法の投資事業有限責任組合契約に関する法律である．

8) 『日本経済新聞』2009年9月28日．

9) 髙井裕之「投資ファンド再考」〈十字路〉『日本経済新聞』2009年9月3日．

10) M&Aの歴史的意義については，坂本恒夫，文堂弘之編著『図解　M&Aのすべて』税務経理協会，2006年および「世界金融異変の裏側―ファンド全解明」『週刊　東洋経済』2007年8月25日号などを参照せよ．

11) 投資事業組合の変遷について詳細は，田中慎一，保田隆明著『投資事業組合とは何か』ダイヤモンド社，2006年を参照せよ．

12) M&Aの今日的特徴については坂本恒夫，文堂弘之編著『ディール・プロセス別　M&A戦略のケース・スタディ』中央経済社，2008年，181-193頁および今田栄治著『投資ファンド』日本実業出版社，2006年を参照せよ．

13) 英国の財務の構造と機能については，坂本恒夫「英国4大銀行のコーポレート・ガバナンス」『商学論纂』第44巻第3号，2003年3月31日，103-138頁を参照せよ．

14) 日本的財務の構造と機能については，坂本恒夫著『企業集団財務論』泉文堂，1990年を参照せよ．

15) ファンドの構造の日米的特質については，鯨井基司・坂本恒夫編・中小企業・ベンチャービジネスコンソーシアム著『ベンチャービジネスハンドブック』税務経理協会，2008年を参照せよ．

第5章

日本経済におけるグローバル資本主義への移行

飯 田 和 人

　グローバル資本主義は，第1章で示したように，先行する福祉国家体制を解体しつつ，資本と労働力の国際的移動を通してその資本—賃労働関係の維持・再生産を実現する独自のメカニズムを構築することで確立される[1]．そのさい，また資本そのものはグローバル資本への転換を遂げていることが重要である[2]．

　ただし日本資本主義の場合，福祉国家体制の解体からグローバル資本主義への移行が直線的に進んではいないという点に注意しなければならない．あとで詳しく論ずるが，そこでは，周知の日本的経営システムを基盤に据えた「輸出主導型経済」という独自の発展メカニズムを成立・介在させることで，その移行が先送りされているからである．したがって，日本資本主義の場合，この輸出主導型経済が破綻し解体されていく過程がグローバル資本主義への移行と重なり，この移行過程の分析が重要性をもつ．そこで，本章では，この問題を取り扱うことで日本経済におけるグローバル資本主義への移行を論じていくこととしたい．

1. 輸出立国モデルの崩壊

　アメリカのサブプライム金融恐慌に端を発した，近時の世界同時不況は，1929年恐慌以来の深刻な経済的危機となっている．当初はアメリカ発の金融危機であり，日本経済への影響は比較的軽微だと言われていたが，2008

年の第4四半期（10-12月）における実質GDPは年率換算でマイナス12.8％，さらには翌09年の第1四半期における実質GDPはマイナス12.4％とその減少率は戦後最大となり，はじめて4四半期連続のマイナス成長となった[3]．輸出の状況は，昨年秋以降「総崩れ」と言われるような状態に陥り，2008年10月から現在（09年11月）まで14ヵ月連続で前年同月比マイナスを更新している．日本経済への打撃は極めて深刻だったと言わざるをえない．

　また，今回の景気回復過程は，戦後最長であった「いざなぎ景気」の拡張期間（57ヵ月）を抜き69ヵ月を記録したが，これはもっぱらグローバル資本による輸出と設備投資に主導された景気回復であった．それはまた，ある種の輸出主導型経済であったとは言えるが，それがグローバル資本の輸出に主導されていたかぎりで，その景気牽引力は極めて脆弱なものでしかなかったのである．その脆弱性がどこからきているのか．この点は，本章において検証すべき課題のひとつである．

　ところで，2002年1月から始まる景気回復は小泉構造改革の成果であり，それが下降局面に転じたのは構造改革のスピードが鈍化したからだ．その証拠に，アメリカ発の金融危機が始まる前に日本経済は下降局面に転換していたではないか．と，このような主張をたまに聞くことがある．むろんこれは間違いであり，あえて言えば詭弁である．

　確かに，2002年1月から始まる日本経済の回復過程（第14循環の回復過程）が下降局面へと転換したのは，2008年9月のリーマン・ショックによって世界経済全体が大幅な収縮を見せる約10ヵ月も前（07年11月）であった．またアメリカ経済についても，それまでの消費拡大を牽引してきた住宅バブルが崩壊したのは2006年夏以降であり，2001年11月以来続いてきたITバブル崩壊後の景気上昇過程がピークアウトしたのは2007年12月であった．

　日米ともに，実体経済における景気後退のあとに金融恐慌の大津波に襲われて経済がさらに悪化したというかたちになったわけだが，サブプライム金融恐慌をも含めて問題の根源はアメリカの住宅バブル崩壊にあると言わなけ

ればならない.この住宅バブルが,2001年以降のアメリカの過剰消費に牽引された世界経済の拡大を支えると同時に,中国を始めとするアジア諸国の輸出拡大を支え,さらには2002年1月以降の輸出主導による日本経済の回復過程をも支えてきたからである.そして,この住宅バブルの崩壊が,サブプライム金融恐慌へとつながり,すでに減速していた実体経済をさらに急激に収縮させて今回の深刻な世界同時不況をもたらしたのである.さきに紹介したような詭弁は,2002年以降の日本経済の回復がこのアメリカを含む世界経済の動向にいかに依存していたのかを無視することで成り立っている.

実際には,2002年1月以来の回復過程がピークアウトした2007年11月以前,景気はその数ヵ月前から「横ばい」の動きを示し,ある種の「踊り場」的な状況[4]を迎えていた.一方,アメリカではこの頃すでに住宅バブルが崩壊し,民間住宅投資と輸入の大幅な減少が始まっていた.その影響で,2007年における日本のアメリカ向け輸出の伸び率は対前年比で早くもマイナスに転じていたのである.

アメリカ経済の変調はこの段階で日本の景気動向に反映されており,これは2002年1月以来の輸出主導型の回復過程がアメリカの経済動向に深い関わりをもっていたことを示している.このアメリカの動きが,日本のアジア向け輸出の減少となって顕在化したのが2008年であり,とりわけその年の後半からは対アメリカ向け,対EU向けも含めて大幅な減退を見せ「輸出総崩れ」状態に陥ったのである[5].ここから言いうることは,仮に2008年以降の輸出の壊滅的な減退がなかったとすれば,07年後半における景気「横ばい」の動きはたんなる景気の踊り場ですみ,日本経済は引き続きダラダラとした「回復」過程をたどっていくことも不可能ではなかった,ということである[6].

要するに,2002年1月以来の景気回復は,構造改革などといった内生的要因によるのではなく,輸出主導という文字通り外生的な要因に多くを依存していた.そして,この外生的要因が消滅したことで日本経済の回復過程も終了せざるをえなかった,ということである.

こうした日本経済の実情を踏まえて，この時点で「日本の輸出立国モデルは崩壊した」という結論を下す論者もいる[7]．その点について異論はないが，日本の輸出立国モデルは実はこの時点で崩壊したのではない．それよりもはるか以前に崩壊していたと言うべきである．では，そのような輸出立国モデルとはどのような経済を言うのか．

ここでいう輸出立国モデルとは，実は福祉国家体制の解体からグローバル資本主義への移行を先送りさせた，上述の輸出主導型経済にほかならない．では，それはどのようにして形成され，やがて崩壊へと至ったのか．これを明らかにするためには，時代をはるか1970年代にまでさかのぼって行く必要がある．そこで，この問題は節を改めて論じていくこととしよう．

2. 輸出主導型経済の形成

1950年代，60年代の高度成長が終焉すると，70年代にはブレトンウッズ体制の崩壊や2度にわたるオイルショックなどが続き，先進資本主義諸国は軒並み低成長を余儀なくされるようになった．こうした中で，資本主義経済は福祉国家体制からグローバル資本主義の時代へと移行していったのである．この移行過程では，福祉国家体制の重要な柱であった完全雇用政策が放棄され，それによっていわゆる産業予備軍効果が再確立されることとなった．それは，言葉を換えるならば，賃金と利潤との分配関係の調整を市場メカニズムに委ねることで資本—賃労働関係の維持・再生産を実現していこうとするものであった．

ただし日本資本主義の場合には，高度経済成長が終わっても直ちに完全雇用政策（あるいはケインズ主義的政策）の放棄に向かうことはなく，福祉国家体制が解体されていくということもなかった．むしろ「福祉国家元年」が謳われたのは，高度経済成長がすでに終焉した1973年のことであった[8]．

さらに言えば，高度経済成長が終焉した1970年代後半以降，先進資本主義諸国は低成長に苦しんだが，日本資本主義だけは例外だった．日本におい

表 5-1 OECD 諸国と日本の経済成長率

暦年	1975	1976	1977	1978	1979	1980	1981	1982	1983	1984	10 年間の平均
OECD 諸国	−0.2	4.7	3.8	4.2	3.4	1.5	1.7	−0.1	2.7	4.8	2.7
日本	2.7	4.8	5.3	5.2	5.3	4.3	3.7	3.1	3.2	5.1	4.3

出所：財務省『財政金融統計月報』第 446 号（1989 年 6 月号）より作成．

ても，70 年代後半以降，かつての高度経済成長は不可能になったが，それでも OECD 諸国の中では抜群の経済成長率を維持し続けたのである（表5-1 参照）．

それを可能にしたのは，日本の圧倒的な輸出競争力であった．日本経済は，この輸出競争力を背景に 1970 年代後半から 80 年代前半にかけて，いわば輸出主導型経済ともいうべき独自の発展メカニズムを作り上げたのである．それを支えたのは，独特の労使協調路線を中軸に据えた日本的経営システム（日本的ミクロ・コーポラティズム）であった．この日本的経営システムを基礎にして，日本資本主義は 1970 年代後半に徹底的な減量経営を実現し，1980 年代前半にはまた ME 化・ME 技術革新を成し遂げることで，圧倒的な生産力を誇る輸出主導型経済を確立していったのである[9]．

そして，この輸出主導型経済が順調に機能しているかぎり，日本資本主義は自覚的なかたちで（つまり新自由主義的な立場から）ケインズ主義的な完全雇用政策を放棄する必要もなかったし，福祉国家体制の看板（政策的な建前）を取り下げることもなかったと言える．換言すれば，そのかぎりにおいて日本資本主義は，賃金と利潤と分配関係の調整を市場メカニズムにゆだねることなく，日本的雇用システム（もしくは日本的ミクロ・コーポラティズム）という独特の機構を介して資本―賃労働関係の維持・再生産を実現していくことができた，ということである．

ただし，この輸出主導型経済は，1980 年代半ばと 1990 年代前半に 2 度の為替ショック（＝「超円高」）という試練に見舞われるなかで徐々に変容を余儀なくされていった．そして，この変容プロセスは同時に日本的雇用システム（日本的経営）の崩壊過程[10]であり，日本経済における福祉国家体制か

らグローバル資本主義への移行過程ともなったのである.

そこで，日本経済における福祉国家体制からグローバル資本主義への移行を論ずるためにも，この独特の発展メカニズムを持った輸出主導型経済の形成とその変容の過程を見ていくことが必要だということになる.

(1) 輸出主導型経済の歴史的位置づけ

ここでは，まず輸出主導型経済の時期区分を確定しておこう．表5-2「戦後景気上昇局面の期間一覧」は，1990年版の『経済白書』からの引用である．ここには，第二次世界大戦後の日本における景気循環（短期循環）が，1950年代の第2循環から1991年2月にバブル経済の崩壊によってピークアウトする第11循環の拡張過程までが提示され，その平均成長率，内需寄与度，外需寄与度などが比較されている.

このうち，第3循環（その拡張過程の通称は神武景気），第4循環（岩戸景気）そして第6循環（いざなぎ景気）までの期間が日本の高度成長期にあたる．それに続く第7循環は高度成長終焉後の低成長経済を公共事業の拡大によって乗り切ろうとする田中角栄内閣の列島改造論によって主導された，ある種の内需主導型経済である．この時，列島改造ブームによって確かに景

表5-2 戦後景気上昇局面の期間一覧

(単位：％)

	谷	山	上昇期間	平均成長率	内需寄与度	外需寄与度
第2循環	1951年10月	1954年 1月	27ヵ月	12.7	14.7	−1.5
第3循環	1954年11月	1957年 6月	①31ヵ月	9.4	10.6	−1.0
第4循環	1958年 6月	1961年12月	②42ヵ月	11.5	13.5	−1.7
第5循環	1962年10月	1964年10月	24ヵ月	9.9	10.9	−0.9
第6循環	1965年10月	1970年 7月	③57ヵ月	12.1	13.1	−0.9
第7循環	1971年12月	1973年11月	23ヵ月	7.3	9.9	−2.4
第8循環	1975年 3月	1977年 1月	22ヵ月	5.7	4.7	1.0
第9循環	1977年10月	1980年 2月	28ヵ月	5.4	5.2	0.1
第10循環	1983年 2月	1985年 6月	28ヵ月	5.0	3.5	1.4
第11循環	1986年11月					

出所：経済企画庁『1990年度版 経済白書』第1章第1節より.
備考：①神武景気，②岩戸景気，③いざなぎ景気.

気回復はみたが,それは狂乱物価(ハイパー・インフレーション)によって壊滅している.内需依存型としては,これが60年代,70年代の成長パターンの最後のものである.

問題の輸出主導型経済は,第8循環(全期間1975年3月～1977年10月:ピーク77年1月)の拡張過程が始まってから,第9循環(1977年10月～1988年2月:ピーク80年2月)を経て,第10循環(1983年2月～1986年11月:ピーク85年6月)における上昇期間までのおよそ10年間である.

外需寄与度を見ると,この3循環の上昇期間だけがプラスの値をとり,あとはすべてマイナスになっている.ちなみに,内需寄与度はこの輸出主導型経済が始まる直前の第7循環(内需寄与度＝9.9％)を除き,それ以前の循環ではすべて10％以上である.

この輸出主導型経済は,第10循環のピークアウトをもって終わりを迎えたが,それにとどめを刺したのはプラザ合意(1985年9月)後の異常円高(第1回目の「超円高」)の進行であった.そして,その後17ヵ月間の景気後退局面を経てスタートする第11循環(1986年11月～1993年10月:ピーク1991年2月)は,周知のように,その拡張過程の最終段階でバブル経済となり1990年代初頭のバブル崩壊をもって終わっている.

(2) 輸出主導型経済の内実

そこで,まずは問題の輸出主導型経済の時期,すなわち1970年代後半から80年代前半における輸出依存度を確認しておこう.図5-1を見れば,1970年代には第7循環の下降局面にあたる1974年から輸出依存度が急騰し,その後1980年代に入って12～13％で推移したあと,プラザ合意後の異常円高局面(1980年代後半)から低下し始めていることが分かる.この輸出依存度に関して言えば,1970年代後半から80年代前半にかけては相対的にみてかなりの高水準にあることが見て取れるであろう[11].とはいえ,これをもってこの時期の日本経済を輸出主導型経済と特徴づけようとしているわけで

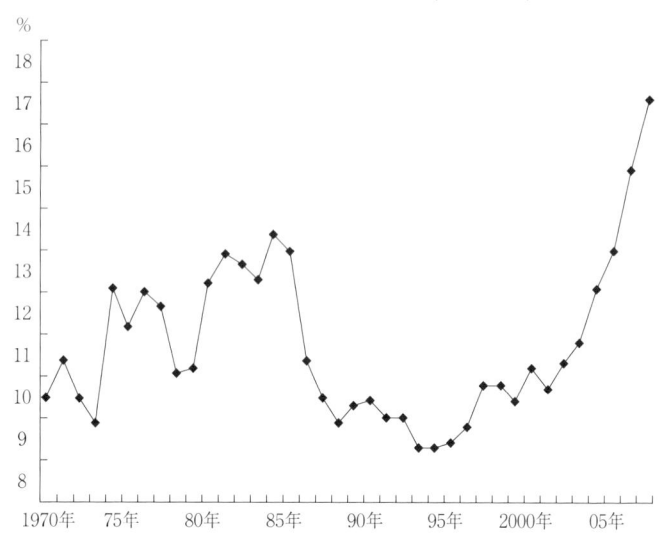

図 5-1 輸出依存度（＝輸出総額÷名目 GDP）の推移

出所：財務省『貿易統計』および内閣府「国民経済計算（SNA）関連統計」より計算し作成．
備考：輸出総額は財務省『貿易統計』，名目 GDP は内閣府「国民経済計算（SNA）関連統計」．
　　　なお，2000 年以降の名目 GDP は 2000 年以降基準，それ以前は 1995 年基準．

表 5-3　内需寄与率と外需寄与率

暦　年	1975	1976	1977	1978	1979	1980	1981	1982	1983	1984	1985
内需寄与率	69.1	82.8	84.9	110	112	25.8	67.5	83.8	66.7	78.8	79.7
外需寄与率	30.9	17.2	15.1	−9.8	−12	74.2	32.5	16.2	33.3	21.2	20.3

出所：内閣府『国民経済計算』を基礎に計算した．

はない．

　この時期であっても，内需寄与率と外需寄与率と比べて見れば，前者のほうが圧倒的に大きいからである．表 5-3 を見れば，1980 年を例外として，いずれの年も内需寄与率は外需寄与率を上回っている．ちなみに，1976 年から 1985 年までの 10 年間における内需寄与率の平均は 79.2％ である．日本経済の約 8 割が内需なのである（なお，1980 年は前年 79 年の第 2 次オイルショック後の不況過程であって，ここでいわば集中豪雨的な輸出攻勢をかけたことで外需寄与率と外需寄与率との逆転が起こっている．）

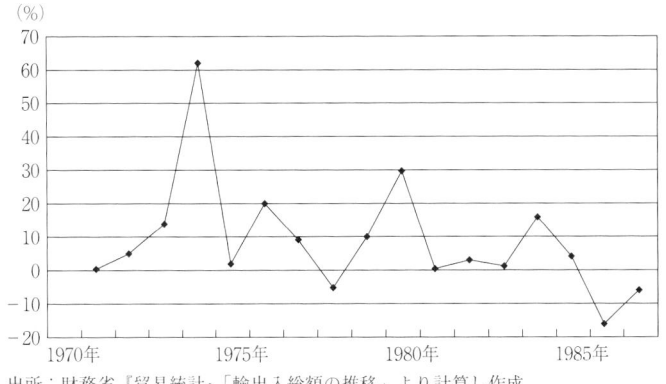

図 5-2　輸出伸び率の推移 (1971-88 年)

出所：財務省『貿易統計』「輸出入総額の推移」より計算し作成．

　では何をもって，1970 年代後半から 80 年代前半を輸出主導型経済というのか？　ここで輸出主導というのは，不況から脱出させ経済を回復軌道に乗せるための，ある種の景気回復の呼び水としての機能を指している．1970 年代後半から 1980 年代後半の時期，日本の輸出産業は，不況に陥ると強烈な輸出ドライブをかけて，この意味での輸出主導で経済を立て直していった．図 5-2 は，1970 年代から 80 年代中頃にかけての輸出の伸び率の推移を示したものである．

　ここには，輸出の伸び率が前年比で 30% を超える年が 1974 年（前年比 62% 増）と 1980 年（30% 増）の 2 回示されている．前者は 1973 年の第 1 次オイルショック後の不況過程における輸出ドライブによるものであり，後者は 1979 年の第 2 次オイルショック後の不況過程を乗り切る輸出ドライブを示すものである．この他に，小さな山が 1976 年（前年比 20% 増）と 1984 年（16% 増）の 2 つ示されているが，これは景気拡大期の輸出増であり，景気をさらに引っ張り上げる役割を果たしている．

　また，1986 年，87 年と輸出の伸び率が 2 年連続マイナス（−16%, −6%）で推移しているのは，1985 年のプラザ合意後の異常円高によって輸出が大幅に減退した影響である．なお，1978 年にも輸出の伸び率はマイナ

スになっているが，これは金額ベースでは前年比20％増で小さな山を作った1976年よりも大きい輸出額を記録している．要するに，これはこの1978年の輸出鈍化が輸出主導型経済の中でのたんなる「足踏み」程度のものでしかなかったということである．

これに対して，1986年，87年と2年連続で輸出の伸び率がマイナスになったことは，1987年の輸出金額が1980年代の最低水準にまで落ち込んでしまっていることから見て，輸出主導型経済がこの異常円高によって持続不可能になったことを示すものにほかならない．実際，1980年代の輸出のピークであった1985年の輸出金額（41兆9557億円）を超えるのは，実に6年後の1991年（42兆3599億円）を待たなければならなかったのである．

さて，日本経済は，1970年代後半から1980年代前半にかけて，このような不況下の輸出ドライブによって景気の落ち込みをできるだけ小さくすると同時に，それによって不況からの脱出を図っていったが，ただそれだけではなかった．そのことは，同時に下の表5-4の(1)に示されるような好循環メカニズムにつながっていったのである．

簡単に説明しよう．(1)「内需の循環的拡大メカニズム」は，本格的な景気拡大の条件を示している．景気が回復軌道に乗り，やがて拡大していくためには，そのきっかけを与えるものが投資であれ輸出であれ，あるいは経済政策であれ，それが表5-4の(1)に示したような内需の循環的拡大メカニズムに繋がっていかなければ本格化しない．1970年代後半から1980年代前半の

表5-4　輸出主導型経済における好循環メカニズム

(1) 内需の循環的拡大メカニズム
　　　①生産増→②雇用増→③家計所得増→④消費増→⑤生産増
(2) 輸出主導型経済における好循環メカニズム
　　　輸出拡大→〔内需の循環的拡大メカニズム（①生産増→…
　　　→⑤生産増）〕

輸出主導型経済においては，表5-4の(2)に示したように，この内需の循環的拡大メカニズムに連動するきっかけを与えたのが輸出であった．

つまり，不況下の①輸出拡大は，やがて②生産の増大をもたらし，それはまた③雇用増大から④家計所得の増大，さらには⑤消費の増大へと繋がる．そこからまた⑥生産の増大がもたらされ，これは再び③雇用の増大を誘発していくことで，内需の循環的拡大（②〜⑥→②→…）が実現されていく．この内需の循環的拡大の結果，さらに〈生産増→企業収益増→設備投資増→生産増〉というサイクルに繋がって行くことで，景気は本格的な拡張過程に入っていくことが可能になるわけである．

かつての高度成長期には「投資が投資を呼ぶ」というかたちで内需主導型の循環的な景気拡大が実現されたが，1970年後半から80年代前半の輸出主導型経済においては，このように輸出をきっかけとして内需を拡大させていく好循環メカニズムが機能していたのである．

こうして，この時代の輸出主導型経済の特徴は，外需拡大から内需拡大への連繋がスムースであり，外需拡大によってきっかけを与えられた内需がつぎには循環的拡大（②〜⑥→②→…）を実現する——したがってまたその内需寄与率が80％近くを占める——好循環メカニズムをもっていたと言うことができる．

もちろん，日本からの強烈な輸出攻勢をかけられた欧米諸国にとっては，それによって国内産業が大きな打撃を受けるわけで，その結果この時代には貿易摩擦が激化し，日本は「失業を輸出している」と世界中から非難されることにもなったのである．

3. 輸出主導型経済の試練

その後，この輸出主導型経済は2度の試練を受けることになる．最初は，1985年プラザ合意後の異常円高すなわち最初の「超円高」による試練であり，つぎは1990年代前半における2度目の「超円高」である．

(1) プラザ合意と内需主導型経済（バブル経済）

1979年の第2次オイルショックの後,日本経済は第9循環（1977年10月～83年2月：1980年2月ピークアウト）の不況過程に入ることとなった.ただ,この第2次オイルショックについては,日本経済は先進諸国でもっとも良好なパフォーマンスで何とか乗り切ることに成功したが,その下降局面は戦後最長（1980年2月～1983年2月：36ヵ月）となった.この不況下では,かなり強い輸出ドライブがかかり,この輸出拡大が不況の深刻化を防ぎ,さらには不況脱出の原動力となったのである.

こうして1983年2月に底を打った景気は,増加する輸出に支えられて,従来ならばここから輸出主導型の好況過程を現出するはずであった.しかし,この時にはそうはならなかった.それにストップをかけたものが,1985年9月のG5プラザ合意をきっかけとした異常円高であった.円相場は,プラザ合意直前の1ドル＝242円から1985年末には200円になり,その1年後には150円にまで急騰した.この超円高は,第10循環（1983年2月～1986年11月）の上昇局面で起こり,この為替ショックによって日本経済はいわゆる「円高不況」に陥っていくこととなったのである.ただし,その下降局面（円高不況：1985年6月～86年11月）は,第9循環から比べれば短いもので（その後退期間は17ヵ月,戦後の景気循環の平均より少し長いぐらいで）あった.

表5-5 年別輸出入額の推移（1978-86年）

(単位：1億円〔1億円未満四捨五入〕)

	1978	1979	1980	1981	1982	1983	1984	1985	1986
輸 出	205,558	225,315	293,825	334,690	344,325	349,093	403,253	419,557	352,897
輸 入	167,276	242,454	319,953	314,641	326,563	300,148	323,211	310,849	215,507

出所：財務省『貿易統計』「年別輸出入総額（確定値）」より.

表5-6 円相場（円／ドル）の推移（1980-89年）

(単位：円)

暦 年	1980	1981	1982	1983	1984	1985	1986	1987	1988	1989
円／ドル	226	221	249	238	238	238	168	145	128	138

出所：内閣府『2008年度 経済財政白書』「長期経済統計」,通関輸出入／国際収支等統計より.

プラザ合意による超円高によって，輸出主導での景気回復の道を遮断されると，日本経済は内需主導によって立て直しを図ろうとした．円高によって外需依存が困難になることから内需拡大策に活路を求めたという点で，これはブレトンウッズ体制崩壊後に登場した田中角栄内閣による日本列島改造ブームとよく似ている．このプラザ合意後の回復局面も，中曽根康弘内閣による民活路線に主導された内需主導型経済だったからである．ただ類似していたのは，それだけではなかった．ブレトンウッズ体制崩壊後の内需拡大策は，列島改造ブームによって確かに景気回復を実現させたが，それはハイパー・インフレーション（狂乱物価）によって壊滅してしまった．他方，このプラザ合意後の民活路線による内需主導型経済も同じような運命をたどった．それは，円高を背景としていたためにインフレこそ生み出さなかったが，周知のように最終局面で猛烈な資産インフレ（バブル）を生みだし，このバブルの崩壊によって止めを刺されたのである．

(2) 2度目の超円高

1990年代は，このバブル経済の崩壊から幕が開いた．最終段階でバブル経済をともなった第11循環は，1991年2月にピークアウトし，それ以降，後退局面に入って32ヵ月後の1993年10月に底を打っている．まずは，この間の政策当局の動きを確認しておこう．

日本銀行が，バブル経済の一因ともなった超低金利を転換（2.50％→3.25％）したのは，1989年5月31日であった．その後，日銀は極めて性急な利上げに転じ，1989年10月11日に3.75％，同年12月25日には4.25％，1990年3月20日に5.25％，8月30日には6.00％の引き下げと，いわば大慌てでバブルつぶしに取りかかったわけである．

ところが，1991年の2月に第11循環がピークアウトすると，今度はまた慌てて利下げ（6.00→5.50）に転じている．同年7月である．そこから先は同年11月14日（5.00％），12月30日（4.50％），1992年には4月1日（3.75％）と7月27日（3.25％）に公定歩合を連続的に引き下げ，1993年に

は2月4日（2.50％），9月21日（1.75％）と矢継ぎ早の利下げ政策を展開している．バブル崩壊による景気の悪化がいかに深刻であったのかを示すものと言える．

　一方，政府もまたこの間，大型の緊急経済対策を連続的に打ち出している．1992年4月に公共事業の前倒し執行等を柱とする緊急経済対策を打ち出したのを皮切りに，同年8月には過去最大規模となる総額10兆7000億円の総合経済対策を決定している．翌93年4月にも，事業規模約13兆2000億円（過去最大）という，公共事業の拡大など13項目からなる総合経済対策が続いている．

　また，その年の5月に，いわゆる55年体制が崩壊して自民党政権に変わり非自民八派連立による細川護熙内閣が誕生したが，この新内閣も同年8月に事業規模約6兆1500億円（政策減税を除く）という緊急経済対策を決定している．このとき緊急経済対策の中に盛り込まれた94項目の規制緩和策は，経済界からの強い要望を背景にしていたが，これはその後の日本経済立て直しの切り札とされた規制緩和（＝構造改革）路線の嚆矢となったものである．この種の緊急経済対策は，翌1994年2月にも続き，5兆4700億円の所得税，住民減税を盛り込んだ総合経済対策として，総額15兆2500億円という，これもまた過去最大級のものとなった．

　こうした懸命の景気浮揚策によって，日本経済は何とか1993年10月に底打ちをするが，ここから力強く回復軌道に乗っていくということはなかった．要するに，日本経済はある種のカンフル注射によって，それ以上の悪化を食い止められたというのに過ぎなかったのである．

　では，この間，輸出の動きはどうであろうか．輸出主導型経済が健在であれば，この輸出に牽引されることで不況過程からの脱出が可能になったはずである．

　輸出は，1985年の最初の超円高の直後はさすがに停滞したものの，1989年からは拡大傾向を見せており，1990年，91年，92年と増加し続けていた．このまま続いていけば，バブル崩壊後の不況局面においても，かつてのよう

表5-7 年別輸出入額の推移 (1985-95年)

(単位：1億円〔1億円未満四捨五入〕)

暦年	1985	1986	1987	1988	1989	1990	1991	1992	1993	1994	1995
輸出	419,557	352,897	333,152	339,392	378,225	414,569	423,599	430,123	402,024	404,976	415,309
輸入	310,849	215,507	217,369	240,063	289,786	338,552	319,002	295,274	268,264	281,043	315,488

出所：財務省『貿易統計』「年別輸出入総額（確定値）」より．

表5-8 円相場（円／ドル）の推移 (1990-99年)

(単位：円)

暦年	1990	1991	1992	1993	1994	1995	1996	1997	1998	1999
円／ドル	145	135	127	111	102	94	109	121	131	114

出所：内閣府『2008年度 経済財政白書』「長期経済統計」，通関輸出入／国際収支等統計より．

な猛烈な輸出ドライブをかけることで何とか不況からの早期の脱出ができたのかもしれなかった．

ところが，1993年〜95年にかけて為替相場は再び円高局面を迎え，1995年には2度目の超円高といわれるような状況になった．輸出主導型で景気回復を実現できる環境ではなくなってしまった，ということである．円高は，1993年頃から続いていたが，これが超円高と呼ばれるような激しい上昇を見せるのは，1995年3月以降であり，4月15日には史上最高値1ドル＝79円75銭を記録するにいたった

要するに，ここにきて日本経済は内需依存でも外需依存でも立ち直りのきっかけをつかめない状態に陥ったというわけである．この超円高を受けて，政府は再び緊急経済対策を発動させ，日銀もまたさらに利下げに踏み切っている．

(3) 輸出主導型経済の変容

さて，この2度目の超円高の下で実施された内需拡大策や大型減税によって，1995年，96年と民間需要が拡大し，また95年夏以降には円安転換が行われたことや世界経済の好調さにも助けられて1997年には輸出の拡大と設備投資の拡大が見られた．ここから日本経済は，1970年代後半〜80年代前半にかけて見られたような外需依存型，輸出主導の回復過程に入る可能性を

見せたわけである．

　ところが，実際にはそうなる前に景気後退過程へと転換してしまった．その理由の1つは，2度の超円高によって促迫された製造業の海外直接投資（生産拠点の海外移転）やそれを主因とする製品輸入比率の上昇あるいは逆輸入比率の上昇などによって，輸出がかつての力強さを失ってしまっていたということがある．

　さらに言えば，この景気回復過程の特徴は，輸出の拡大にともなって設備投資の拡大が見られたというところにあった[12]．かつての輸出主導型経済においてみられた好循環メカニズムにあっては，〈輸出増→生産増→雇用増→家計所得増→消費増→生産増〉というメカニズムが，外需拡大から内需拡大へとつながり，そして最後の生産増が〈企業収益増→設備投資増→生産増〉というサイクルに連動することで，本格的な景気拡張過程へと結びつく可能性をもつものであった．

　ところが，1990年代後半の第12循環の景気拡大期ではそうでなく，輸出増から設備投資増へとつながっているにもかかわらず，それが内需の本格的拡大に結びついていかないのである．つまり，輸出増と設備投資増とが〈生産増→雇用増→家計所得増→消費増→生産増〉というサイクルに連動していかない，ということである．これは，景気回復過程にありながらも設備投資と並ぶもう一方の民需の柱である消費が拡大していない（したがってまた家計所得が増加していない）ということを意味している．これでは，何か起こればすぐに景気後退局面に転換してしまうような，極めて脆弱な再生産構造になっていると言わざるをえないであろう．

　実際，この1996年，97年の景気回復過程は，橋本内閣による消費税の3％から5％への引き上げや医療費の引き上げ，さらには特別減税の廃止等を含む，約9兆円の民需の削減（国民の負担増）というショックに耐えられず，消費の大幅な減退によって一挙に下降局面へと転換してしまっている．

　さらに，この第12循環に続く第13循環（1999年1月～2002年1月）の回復過程においても，同じように輸出増と設備投資増とが併走することで景

表5-9 OECD諸国のGDP成長率の推移（前年日）

(単位：％)

暦　年	1994	1995	1996	1997	1998	1999	2000	2001	2002	2003	2004	2005	2006
アメリカ	4.0	2.5	3.7	4.5	4.2	4.4	3.7	0.8	1.6	2.5	3.6	3.1	2.9
ユーロ圏	2.5	2.5	1.4	2.6	2.7	2.9	4.0	1.9	0.9	0.8	1.8	1.6	2.9
OECD合計	3.3	2.6	3.0	3.6	2.6	3.3	4.0	1.1	1.6	1.9	3.1	2.6	3.1

出所：財務省『財政金融統計月報』第674号より作成．
資料：OECD, *Economic Outlook*, No.82.

気を主導するかたちが見られた（2000年の実質GDP成長率は2.8％，そのうち輸出のGDP寄与度は1.5，民間設備投資は1.3であった）．

このような輸出拡大の背景にあるのは，この時期における世界経済の拡大であった．この第12循環と第13循環が展開された1990年代は，日本経済の長期停滞期にあたるが，1990年代後半にはアメリカのニューエコノミー的な長期繁栄に世界経済が牽引され，アジア通貨危機（1997年）が欧米の経済にほとんど影響を与えなかったこともあって，この欧米を中心とした世界経済の拡大（表5-9参照）によって，日本はその輸出の拡大を図っていくことができたのである[13]．

ただし，この時の輸出の拡大は，かつてのような不況下に強烈な輸出ドライブをかけて景気回復を図っていくというような能動的かつ積極的なかたちにはなっていない．もっぱら外需の動きに依存した，いわば受動的で消極的な輸出になっているのである．

とはいえ，これはこの段階で日本製品の輸出競争力（市場開拓力）が落ちてきてしまったということを意味しないであろう．あとで確認するように，2度の超円高によって加速された日本企業の生産拠点の海外移転（海外生産比率の上昇）によって，日本国内からの輸出が海外生産基地からの輸出に代替されるようになってきた結果と見るべきである．つまり，強烈な輸出ドライブ力を行使できるのは最終財を供給する日本企業の海外生産拠点であり，日本国内はそのための中間財あるいは資本財の輸出基地として位置付けられるようになったことから，こうした間接的な影響を受ける構造になってきているということである．要するに，これは輸出主導型経済の変容を示すもの

であり，これはまた日本経済のグローバル資本主義への移行を示唆しているということでもある．この点については，第14循環の景気回復過程を検討する中で再確認することとしたい．

4. 輸出主導型経済の破綻とグローバル資本主義への移行

　世界経済の拡大を背景とした第13循環の回復過程も，2000年11月にはアメリカのITバブル崩壊の影響を受けて下降局面に転じたが，その後のアメリカ経済の急速な立ち直りを受けて，日本経済は2002年の初め頃から緩やかな回復過程に入っていった．

　しかしながら，景気回復感は当時ほとんど感じられることがなかった．2002年の前半期には1万1000円〜2000円台で推移していた日経平均株価も，すでに不況の底を打ったとされる同年8月から1万円を割り込み始め，翌年の03年4月28日には7607円88銭というバブル後最安値を記録した．こうしたきわめて不安定な経済環境を背景に，同年6月には大手金融グループの一角を占めていた「りそな」に公的資金注入（事実上の国有化）が実施されている．実体経済の回復はその1年半も前には始まっていたのに，である．1990年代以降の日本経済の停滞があまりにも長すぎて，人々の不安心理は極度に高められていたと言うほかはなかろう．

　日経平均株価がようやく2002年前半期以来の1万円台を回復するのは，2003年8月中旬以降のことであった．また，日銀短観において主要な指標となる大企業・製造業の業況判断指数（DI）が「良い」が「悪い」を上回ってプラスの数値をつけるのは2004年3月の短観からで，このあたりまでは企業マインドも含めて人々の心理状況は1990年代以降の長期停滞の延長線上にあって，日本経済全体として自信を持ち得ないままにあったのである[14]．

　とはいえ，実体経済そのものは2002年1月から着実に回復軌道に乗っていた．この回復過程の特徴は基本的に輸出主導型であり，また輸出に誘発さ

れた設備投資も景気を牽引していた．この点では，1990年代における2つの景気回復過程と似たようなパターンをもっていたのである．さらに言えば，この輸出と設備投資とに主導された第14循環の回復過程も，それに引き続くはずの〈生産増→雇用増→家計所得増→消費増→生産増〉という，いわゆる好循環メカニズムを作動させないままに終わってしまっている．この点も，1990年代と似ていたが，違いはその持続性にあった．

第14循環の回復過程は，1990年代の2つの景気循環における回復過程とは違って，なかなか腰折れを見せなかったのである．これは，あとで明らかにするようにアメリカの住宅バブルにともなう過剰消費に牽引された世界経済の拡大が持続したためであり，また日本資本主義のグローバル化が進展して国内経済が世界経済の拡大に適応できるようになった結果でもある．

さらに，この段階では，かつて日本経済を牽引した輸出産業は完全にグローバル産業化して，世界最適地生産という視点から経営展開（グローバル経営を展開）することから，国内の景気過程も，このグローバル企業独自の運動を無視しては語りえないものとなっている．この意味で，日本経済のグローバル資本主義への移行を視野に入れなければ，問題の第14循環の回復過程の特徴は把握できなくなったとも言える．見方を変えれば，わが国経済のグローバル資本主義への移行期を特定するためにも，この第14循環における回復過程を分析する必要がある，ということである．

(1) 第14循環の回復過程を主導した諸要因

まず，この第14循環の回復過程が輸出と設備投資に主導されたことは，表5-10によって確認できる．輸出の増大が設備投資の拡大へと結びついている点は，先に見た90年代後半以降の景気循環と同じである．この意味で，それは輸出主導型ではあるが，問題はこれが内需の拡大的循環メカニズムに連動するかどうかであった．

外需寄与度（すなわち「財貨・サービスの純輸出」の寄与度）を見てみれば，この時期には1970年後半から80年代前半の輸出主導型経済と同じよう

表5-10　国内総支出における各項目の寄与度：2002-2007（第14循環の回復過程）

項目／暦年	2002年	2003年	2004年	2005年	2006年	2007年
1. 国内需要	−0.4	0.8	1.9	1.7	1.6	1.3
(1) 民間需要	−0.5	1	2.1	1.9	2.0	1.2
a. 民間最終消費支出	0.6	0.2	0.9	0.8	1.1	0.4
b. 民間住宅	−0.2	0	0.1	−0.1	0	−0.3
c. 民間企業設備	−0.7	0.6	0.8	1.3	0.6	0.9
d. 民間在庫品増加	−0.3	0.2	0.3	−0.1	0.2	0.3
(2) 公的需要	0.1	−0.3	−0.2	−0.2	−0.5	0.1
a. 政府最終消費支出	0.4	0.4	0.3	0.3	−0.1	0.4
b. 公的固定資本形成	−0.3	−0.7	−0.5	−0.5	−0.4	−0.3
c. 公的在庫品増加	0	0	0	0	0	0
（再掲）家計現実最終消費	0.9	0.4	1.2	1	1.2	0.6
政府現実最終消費	0.2	0.3	0.1	0	−0.1	0.1
2. 財貨・サービスの純輸出	0.7	0.7	0.8	0.3	0.8	1.1
(1) 財貨・サービスの輸出	0.8	1.0	1.7	0.9	1.4	1.4
(2) （控除）財貨・サービスの輸入	−0.1	−0.4	−0.8	−0.7	−0.5	−0.2
国内総生産（支出側）	0.3	1.4	2.7	1.9	2.4	2.4

出所：内閣府『国民経済計算』より．

表5-11　第14循環の回復過程の内需寄与度と外需寄与度 （単位：％）

暦年	2002年	2003年	2004年	2005年	2006年	2007年	平均
内需寄与度	−0.4	0.8	1.9	1.7	1.2	1.3	1.15
外需寄与度	0.7	0.7	0.8	0.3	0.8	1.1	0.73

出所：表5-3に同じ．

にプラスの値を記録している（表5-11参照）．そして，この時期の外需寄与度の平均は0.73であり，かつての輸出主導型経済を構成した3つの景気循環（第8循環〜第10循環）それぞれの上昇期間における外需寄与度の平均0.83とあまり大きくは変わらない[15]．これに対して，内需寄与度はかつての輸出主導型経済では平均4.67であったのに，ここではわずかに1.15でしかない．これは輸出の拡大と設備投資の増大とが次の内需拡大に結びつかない，極めて弱々しい景気回復過程でしかなかったということを意味している．

　そこで，何故に今回の長期にわたる景気回復過程が可能になったのか？とりわけ，それが輸出によって主導された背景に何があったのか？

その理由は、いくつかあげることができる。第1には、まず1990年代の長期停滞の中で企業を苦しめていた3つの過剰（設備の過剰，負債の過剰，労働力の過剰）がこの時期に解消されたことが大きい。1990年代の後半から企業はかなり厳しいリストラを続けてきており，それがほぼ完了するのは2000年代の初め頃であった（不良債権処理の進展は，結局のところ景気回復の結果でしかない）。

第2には，中国を始めとする東アジア経済圏の発展をあげなければならない。この時期，日本，中国，アジアNIEs，そしてASEANからなる「東アジア生産ネットワーク」と呼ばれる独自の国際分業関係[16]が確立され，日本経済がそこでの基軸的な地位を獲得したことが重要である。そこには，アジア地域全体で企業間の緊密な生産・物流のネットワークが形成され，さらに高次元の分業ネットワークを持った「世界の工場」がすでに確立されていたのである[17]。

このアジア地域に形成された独自の工程間分業の中核部分を構成しているのは，日本やNIEs諸国と中国・ASEAN諸国，そしてアメリカ・EU諸国を結ぶ「三角貿易」と名付けられた独特の貿易形態である。それは，資本集約的な生産工程を必要とする付加価値の高い部品や加工品等を日本・NIEsで生産し，これらを組立・加工する労働集約的な工程は中国・ASEANで行って，そこからアメリカ・EUに輸出するという貿易構造からなっている。

この東アジア生産ネットワーク（図5-3参照）は，当初，中国やASEANが日本やアジアNIEsから部品や部材といった中間財を輸入し，これを加工・組立して欧米諸国および日本に輸出する（日本の場合は逆輸入）という三角貿易の形態をとった。これによって中国やASEANの生産が拡大すれば，当然に機械設備等の資本財の需要も拡大するが，これも日本およびNIEsから輸出されたわけである。

やがて，中国，ASEAN諸国が技術力をつけてくると，日本やNIEsからは資本集約型の高機能部品や素材を輸出して，これを中国・ASEANで加工・組み立てて欧米および日本に輸出するという三角貿易だけではなく，中

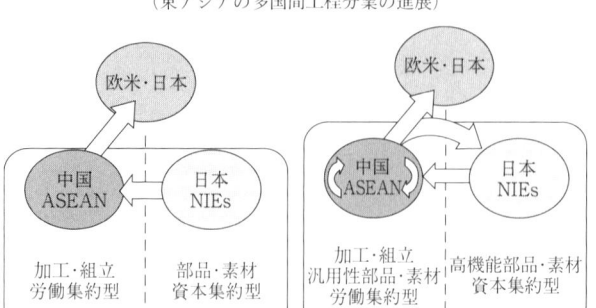

図 5-3　東アジア生産ネットワークと三角貿易
(東アジアの多国間工程分業の進展)

〈三角貿易〉　　　　　〈三角貿易+中間財相互供給〉

出所：経済産業省『2007年版通商白書』113頁．

間財を中国・ASEAN諸国および日本・NIEsで相互供給するといった，より発達した多国間工程分業が進展してくる．これが，今日の東アジア経済圏の発展を支え，この地域を世界の工場へと押し上げたのである[18]．

こうして2000年代以降の日本の景気回復の背景には，「世界の工場」にのし上がってきた東アジア経済圏の形成と発展があり，そこに日本産業が独自の経済的ポジションを築き上げたことが大きく寄与している．それと，もうひとつここには無視できない第3の要因がある．

アメリカの過剰消費である．2001年3月のITバブルの崩壊後，アメリカ経済は後退局面に入ったが，同年11月には早くも底を打って極めて短期間のうちに回復過程に入っていった．ただし，この底入れがNBER (National Bureau of Economic Research) によって確定されたのは，2003年7月17日のこと[19]であり，それだけ回復の足取りは微妙なものがあったことを示している．

ただし，それ以降アメリカの景気ははっきりとした足取りで上昇軌道に乗っていった．とくに2003年の第3四半期における実質GDP成長率は年率換算7.5%という極めて高いものであり，それは旺盛な個人消費支出（前期比年率5.8%）や民間住宅投資（前期比年率22.28%），民間設備投資（前期

表5-12 アメリカにおける実質 GDP の推移

(単位:％)

暦　年	2001	2002	2003	2004	2005	2006	2007	2008
国内総生産	0.8	1.6	2.5	3.6	2.9	2.8	2.0	1.1
個人消費支出	2.5	2.7	2.8	3.6	3.0	3.0	2.8	0.2
民間設備投資	−4.2	−9.2	1.0	5.8	7.2	7.5	4.9	1.6
民間住宅投資	0.4	4.8	8.4	10	6.3	−7.1	−17.9	−20.8
民間在庫投資								
政府支出	3.2	3.1	0.2	−0.2	−0.1	1.3	2.3	1.1
純輸出								
輸出	−5.4	−2.3	1.3	9.7	7.0	9.1	8.4	6.2
輸入	−2.7	3.4	4.1	11.3	5.9	6.0	2.2	−3.5

出所：National Economic Accounts, Bureau of Economic Analysis, U.S. Department of Commerce.

比年率13.6％）に支えられたものであった．こうした内需の急激な盛り上がりを受けて，輸入も同年第4四半期に急拡大（前期比年率17.6％）をみせ，翌2004年全体の輸入は前年比11.3％に増大している．その後も個人消費は2005年，06年と前年比3％で成長を続け，輸入もまた両年とも前年比6％前後で拡大していったのである（表5-12参照）．

このようなアメリカの旺盛な消費と輸入を支えていたのは，例のサブプライムローン[20]をテコとした住宅バブルであり，この時期アメリカはいわば世界中から借金[21]をして消費を増やし，日本や東アジア諸国からの輸入を大幅に拡大したのである．そのおかげで，日本は東アジア諸国へ中間財や資本財の輸出を拡大できたばかりか，アメリカに対して自動車などの製品輸出も拡大することができたのであった．

さらに言えば，この時期のアメリカ向けの輸出が拡大したのには実はもうひとつ別の背景がある．それは2003年の第1四半期あたりから始まった円安バブルである．最初これは政策によって誘導されたもので，そのことは表5-13を見れば一目瞭然である．

2000年から04年までの5年間に，38兆6582億円もの巨額の為替介入が実施されている．なお，2004年3月16日以降，確認される限りで09年3月31日現在まで為替介入は行われていないが，04年3月以降は，日本の超

表 5-13　外国為替平衡操作の実施状況

	2000 年	2001 年	2002 年	2003 年	2004 年	
1月-3月				0	2兆3867億円	14兆8314億円
4月-6月				4兆162億円	4兆6116億円	0
7月-9月		3兆1732億円	3兆2107億円	0	7兆5512億円	0
10月-12月				0	5兆8755億円	0
総　計		3兆1732億円	3兆2107億円	4兆162億円	13兆4267億円	14兆8314億円

出所：財務省・統計資料「外国為替平衡操作の実施状況」より作成．

低金利を利用する，いわゆる円キャリートレードの盛行により2008年後半あたりまで持続的な円安が続いたのである．

この円安バブルによって日本の輸出は拡大したが，すでに見たように，これは内需に火をつけられない輸出主導型の回復過程を作り出しただけでしかなかった．比喩を使って言えば，それは車のエンジンをかけるために最初の必要なスパーク（点火）だけは連発するが肝心のエンジン本体に火がつかない，そんな状態であった．エンジンが回らなくとも，エンジンキーによってスパークだけを起こしても何とか車は前に進む（そのうちバッテリーが切れれば動かなくなるが）．極論すれば，そのような状況であったのである．では，何故そうなったのか？

(2)　輸出産業からグローバル産業への転換

そのもっとも大きな理由は，かつての輸出産業がグローバル産業に転換してしまったことである．そのようなグローバル産業の代表格としては，自動車産業や電機産業であり，他に一般機械，化学があげられる．もちろん，それらの産業以外にも様々な産業でグローバル資本は存在している[22]．そこで，日本企業のグローバル化を示す指標として，図5-4を見れば，海外生産比率（製造業）は海外進出企業で33.2％にまで上昇してきている．このうち海外生産比率が高い産業としては，輸送機械つまり自動車等（42.0％），そして情報通信機械（32.2％），これはかつて2000年まで同じカテゴリーに入っていた電気機械（11.5％）と合わせると，その44％近くが海外生産されてい

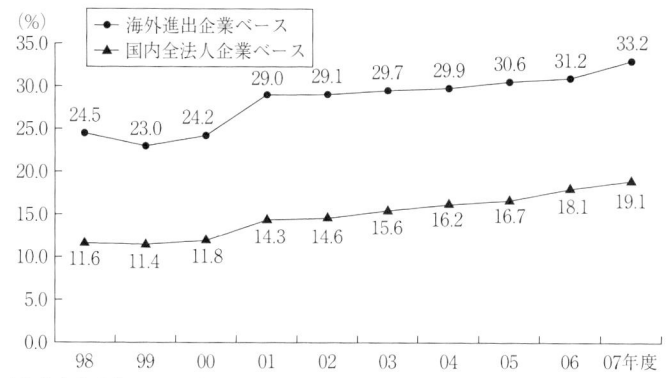

図 5-4　わが国の海外生産比率の推移（製造業）

　●　海外進出企業ベース
　▲　国内全法人企業ベース

年度	海外進出企業ベース (%)	国内全法人企業ベース (%)
98	24.5	11.6
99	23.0	11.4
00	24.2	11.8
01	29.0	14.3
02	29.1	14.6
03	29.7	15.6
04	29.9	16.2
05	30.6	16.7
06	31.2	18.1
07	33.2	19.1

出所：経済産業省『第38回海外事業活動基本調査結果概要―平成19（2007）年度実績―』より．

ることになる．その他のものとしては，化学（16.6％），一般機械（14.4％）の海外生産比率が高い[23]．これらの産業は，また代表的な輸出産業でもある．2000年以降の日本の輸出商品のベスト5は，表5-14に示されているとおりである．

　以上から分かるように，これらの商品を輸出している産業は，同時に海外生産比率も高い，いわゆるグローバル資本とも重なっている[24]．このうち，鉄鋼と化学は輸出も多いが，実は輸入も多い．したがって，日本の純輸出を支えているのは，電気機械と自動車そして一般機械だということになる．

　さらに重要な点は，これらのグローバル資本は，実は3方向の生産・輸出をしているということである．つまり，①グローバル資本が日本から輸出する，②現地生産・販売する，そして③海外にある日本のグローバル資本が第三国へ輸出する，という3つの方向である．そのうえで表5-15をみると，日本からの財・サービスの輸出額は31.6％で全体の3分の1以下でしかなく，7割近くが海外で生産されていることが分かる．これがグローバル資本といわれているものの実態なのである．

　このさい指摘しておくべきは，このようなグローバル資本が担っている日本の輸出はかってのような輸出ドライブをかけて日本の景気を引っ張ってい

表 5-14　輸出総額の中に占める主要輸出品目の割合

(単位：％)

	一般機械	電気機器	輸送用機器	化学製品	鉄鋼	その他
2000 年	21.48	26.46	20.96	7.37	3.10	20.63
2001 年	20.89	23.55	22.73	7.63	3.37	21.83
2002 年	20.34	22.88	24.95	8.01	3.72	20.1
2003 年	20.21	23.57	24.31	8.3	3.79	19.82
2004 年	20.61	23.5	23.06	8.54	4.12	20.17
2005 年	20.34	22.16	23.15	8.91	4.63	20.81
2006 年	19.67	21.36	24.25	9.03	4.63	21.06
2007 年	19.82	20.19	24.83	9.23	4.82	21.11
2008 年	19.66	18.97	24.77	8.97	5.65	21.98

出所：財務省『貿易統計』「輸出入額の推移（地域（国）別・主要商品別）」より作成．

表 5-15　日本企業の販売形態別海外売上高（2005 年　構成比）

(単位：％)

	北米	アジア	欧州	全地域
①日本からの財・サービスの輸出額	22.5	41.1	27.9	31.6
②現地子会社の現地販売額	65.8	36.0	36.4	46.2
③第 3 国からの輸出額	11.8	22.9	35.7	22.2
合計＝(a)＋(b)＋(c)	100	100	100	100

出所：経済産業省『2008 年版　通商白書』116 頁．
備考：THLM 版のエクセル形式のファイルから加工．

くパワーをもはや持ちあわせていない，ということである．そのパワーを持ってはいても使うことはない，と言ってもよい．

　理由は，日本の主力輸出商品は輸送機械，電気機械，一般機械だが，そのうち輸送機械と電気機械は代表的なグローバル産業であり，こうした産業はすでに世界最適地生産体制，つまり自分の企業にとってもっとも有利なところ，最大の利益をあげられるところで生産を行うグローバル経営を確立しているからである．したがって，円安のような有利な条件下では日本の生産拠点から輸出を拡大するが，円安でなくなれば海外生産拠点に移り，日本向けも含めてそこから輸出を行う．そういう企業行動をとるのである．そして，言うまでもなく，この世界最適地生産体制とは，調達，生産，販売の国際化を特質とするグローバル資本に特有の生産体制なのである．

　また，電気機械と一般機械に関して言えば，その日本からの輸出主力商品

は現在では部品などの中間財や機械設備などの資本財になっている．こういう財の供給がどういう性格をもつかと言えば，基本的に受動的（いわば他力本願的）な性格である．自国以外にこれらの財の需要があり，その需要拡大があってはじめて生産の拡大につながるために，最終消費財などとは違って輸出ドライブをかけることができない．最終消費財を扱うからこそ輸出ドライブもかけられるわけで，中間財や資本財だけ本国から一方的に供給（輸出）されてもこれを輸入する海外生産拠点が困るだけの話しである．

　もちろん，輸出ドライブということだけなら，日本企業の海外生産拠点からも行われうるが，これでは肝心の日本経済を回復軌道には乗せられない．しかも，そのさいつぎのことに注意しておく必要がある．先ほど述べた東アジア生産ネットワークの中で，すでに日本のグローバル資本は，企業内国際分業（企業内部の工程間分業）を確立しているという点である．この場合，組み立て工程を担う中国をはじめとするアジア諸国からの輸出は，アメリカやヨーロッパだけではなく，日本国内もまた輸出先になっている（つまり逆輸入する）ということである．（代表的な例としては，いわゆる「白物」家電製品など）．場合によっては，これらの企業の海外生産拠点は日本に対して輸出ドライブをかけることにもなりかねないのである．

　図5-5を見れば，1995年から日本企業による逆輸入比率は一貫して上昇を続けていることが見てとれる．2007年度になってその比率が下がっているが，これは主に原油価格の急騰の影響である（その背景には，サブプライム金融恐慌で金融市場から逃げ出した余剰資金が行き場を失って，原油や穀物などの国際商品市場になだれ込んだという事情があった）．それでも，アジアからの逆輸入は金額ベースで微増を記録しているのである．

　それから，ここには生産構造上あるいは産業構造上の問題があることも考慮しておかなければならない．かつての輸出主導型経済の時代には，いわゆる1次産品としての原燃料以外の加工製品はかなりの部分を日本で製造していた．つまり，機械設備などの資本財や部品・部材といった中間財の大半は日本国内で生産し，それを基礎に最終財（完成品）を加工して，それらの製

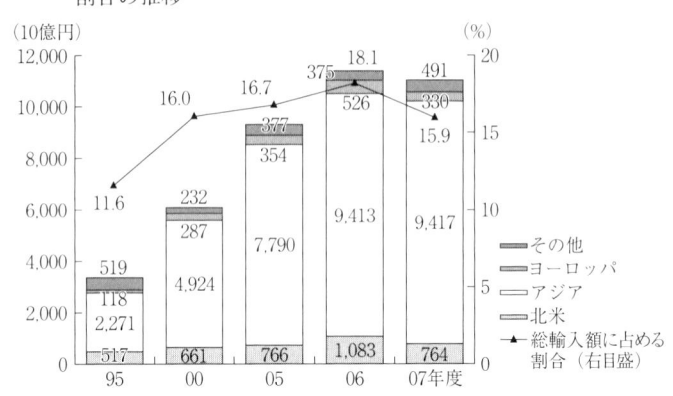

図 5-5　製造業現地法人の日本向け販売額および日本の総輸入に占める割合の推移

年度	その他	ヨーロッパ	アジア	北米	総輸入額に占める割合（％）
95	519	118	2,271	517	11.6
00	232	287	4,924	661	16.0
05	377	354	7,790	766	16.7
06	375	526	9,413	1,083	18.1
07	491	330	9,417	764	15.9

出所：経済産業省『第38回海外事業活動基本調査結果概要―平成19（2007）年度実績―』．

品を海外に輸出していた．いわば本国一貫生産体制でやっていたわけである．この場合，輸出の国内経済への波及効果は，現在よりもずっと大きかったと言わなければならないであろう．

　ところが，世界最適地生産を確立しているグローバル資本の場合，国内生産拠点では，どちらかというと資本集約的な中間財や資本財の生産に特化する傾向がある．と同時に，海外生産拠点から日本に製品を輸出もする（逆輸入）ということで，輸出の国内経済への波及効果はますます小さくなってきているのである．

　問題はそれだけではない．日本企業のグローバル化，つまりグローバル産業化はもはや避けられない段階にきている，ということである．今後は，これまでのように主として輸出産業がグローバル産業化するというのではなく，いわゆる内需産業も（中小企業を含めて）グローバル化していく．その背景にあるのは，少子化が続く「人口減少社会」では需要は縮小するばかりであり，企業はその生き残りのためにもグローバル化して行かざるをえないということである．

　このように，国内企業がグローバル化を推し進めると，輸出によって内需

拡大につなげていくというやり方はますます使えないものとなる．グローバル化したかつての内需産業が海外生産拠点から日本に輸出する（つまり逆輸入する）ようになるからである．これは，1970年代後半から80年代前半にかけての輸出主導型経済の最盛期に，日本が欧米諸国に輸出攻勢をかけ各国の産業と雇用を空洞化させて，「日本は失業を輸出している」と非難された状況とまったく同じことが起こる，ということを意味している．ただ，この度は，それを仕掛けるのは外国企業ではなく，グローバル化した日本の企業だという点が違うのである．

(3) 雇用の質の悪化

さて，第14循環の回復過程は基本的には輸出主導型であり，この輸出の拡大とそれに誘発された設備投資が景気を引っ張った．ところが，これが内需拡大へとつながり景気全体を本格的に牽引するパワーを喪失していることについてはすでに確認してきたとおりだが，ここで内需が拡大しなかった理由は実はそれだけではなかったのである．

今回の回復過程では，ともかくも輸出の拡大と設備投資の増大から生産の増大というところまでは行ったのである．これがつぎの〈生産増→雇用増→家計所得増→消費増→生産増〉という内需拡大に結びつく好循環メカニズムにリンクするためには，生産増から雇用増へとつながる必要があった．

そこで，実際これはどうだったのかというと，雇用も増加しているのである．雇用者数（男女計）は，2002年（平均）の5337万から07年（平均）の5561万人まで，この間に224万人増加しており[25]，完全失業率もまた02年の5.4％から3.9％にまで低下している[26]．

ところが，この雇用増は家計所得増にはつながらなかったのである．その理由は，2000年代に入ってから急速に進んだ雇用の質の悪化であった．この場合，雇用の質が悪化した原因は，雇用量の増大の中で正社員数が減少していったことに見てとれる．

正社員の数は，1990年代後半までは雇用量の増大とともに増えていく傾

表 5-16　雇用者数及び正社員数の推移　　　　　（単位：万人）

暦　　年	1997	1998	1999	2000	2001	2002	2003	2004	2005	2006	2007	2008
雇用者数	5349	5338	5277	5267	5342	5337	5343	5372	5407	5481	5561	5539
正社員	3812	3794	3688	3630	3640	3489	3444	3410	3374	3411	3441	3399

出所：総務省『労働力調査　長期時系列データ』表9【全国】「雇用形態別雇用者数」より．

向があった．そして，1997年に3812万人という正社員数を記録して以降，それは減少に転じて2008年には正社員数が1997年と比較して413万人もの減少を見せている[27]．そこで1997年以降，景気変動の中で正規雇用がどのようなかたちで減少していったのか，また，非正規雇用がどのようなかたちで増加していったのか，そのプロセスを確認しておこう．

表5-16は，1997年（平成9年）から2008年までの雇用者数と正社員数の推移を示している．第12循環の下降局面にあたる1998年以降，3年間にわたって雇用者数，正社員数ともに減少しているが，2001年だけは雇用者数と正社員数とがともに前年比で増加している．ただし，それも2002年になると雇用者数，正社員数ともに減少に転じている．

その後，第14循環の回復過程にあたる2003年，2004年，2005年の3年間では，景気の回復につれて雇用者数が増加していったにもかかわらず，正社員数は減少し続けるという現象が見られる．正社員数が増加に転ずるのは，2006年，2007年だが，2008年には雇用者数の減少とともに再び減少に転じている．

ここから分かることは，従来企業は景気後退局面で雇用者数，正社員数をともに減少させ，景気が回復するとこの両方を増やしてきたが，第14循環以降になると，景気が上向いても正社員を増加させるのではなく，とりあえずは非正社員を増加させるようになった，ということである．こうした動きは，労働者の非正規比率に如実に表れている．1990年代初頭には20％以下であった非正社員の比率は，1990年代末には20％台の半ばになり，その後約10年間で10ポイント近く上昇し，2008年には34.1％になっている[28]．

このような雇用の質の悪化は，当然のことながら賃金所得の減少となって

反映される[29),30)]．国税庁『民間給与実態統計調査』（2008年9月）によると，2002年中に民間企業が支払った給与の総額は207兆9134億円であったのに対し，2007年のそれは201兆2722億円に減少している．また1年を通じて勤務した給与所得者数は，02年では4472万3千人で07年には4542万5千人と増加しているにもかかわらず，その給与総額は02年の200兆2590億円から07年には198兆5896億円へと減少し，1人あたり平均給与もまた02年の447万8千円から07年には437万2千円に減少している[31)]．これはまた，国民所得（要素費用表示）の中に占める雇用者報酬にも反映され，02年の271兆750億円から07年の264兆6700億円へと減少[32)]しているのである[33)]．

かつての輸出主導型経済は，生産の拡大から雇用増へとつながり，そこから家計所得が増えて消費の拡大に向かうことで，外需拡大から内需拡大へとリンクした．今回はそうした好況過程への経済的連関（好循環メカニズム）が断ち切られてしまっているのである．言葉を換えるならば，かつての輸出は内需拡大を実現していくだけのパワーもそのルートも備えていたが，現在ではその両方とも失われてしまっているということである[34)]．

（4） グローバル資本主義への移行

さて，これまでの議論を通して明らかになったことは，円安や非正規労働の利用によって販売価格や製造コストの切り下げが実現されたのは，確かに製造業が中心のグローバル資本にとっては都合の良いことであった，という点である．これは，日本の生産拠点から輸出した方がグローバル資本にとっても何かと有利だ——各種の優遇措置も受けられ，労使関係で苦労することもない——ということで，一定程度グローバル資本の国内回帰を促すと同時に，日本の輸出を拡大させる効果をもったことも事実であった．

しかしながら，いまやグローバル資本による輸出は極めて脆弱な牽引力しかなく，内需拡大へのルートも各所で寸断されてしまっていることは明らかである．この現状を踏まえるかぎり，内需産業にとっては必ずしも有利とは

いえぬ円高誘導策や，雇用の質を悪化させて好循環メカニズムを破壊してしまうような労働政策を強行したことは，国民経済全体にとって大きなマイナスをもたらした，ということもまた否定しえぬ事実なのである．

さらに言えば，グローバル資本の運動の理論的特質は，調達，生産，販売の国際化にある．そのかぎりで，かつての福祉国家体制の時代には資本の蓄積・再生産運動は国内の労働者の消費に条件付けられていたが，グローバル資本はそうした制約をもたなくなっているという点に注意しなければならない．つまり，グローバル資本は最大の利潤を実現できるところで，調達，生産，販売の拠点を決定するからであり，その本国（つまり，その本社機能が設置されている国）における労働者の消費に自らの資本蓄積・再生産運動が条件付けられることはほとんどない，ということである．国民経済のあり方やその景気循環過程を考えるさい，こうしたグローバル資本の再生産・蓄積運動の特質を考慮に入れることは極めて重要である．

そこで，こうした観点から資本の蓄積・再生産運動と景気循環との理論的関連を捉え直してみる必要がある．たとえば，19世紀の確立期の資本主義においては，労働者の消費はもっぱら資本の再生産・蓄積運動によって規定されており，資本の再生産・蓄積運動が労働者の消費によって条件付けられる段階にまではまだいたっていなかった．そこではまた，もっぱら労働者の狭隘な消費限界に規定された恐慌・景気循環が展開されていた，と言うことができる．マルクスは，こうした時代的制約のもとで独自の恐慌・景気循環論を展開したのであり，その「絶対的窮乏化論」はそうした時代背景をもっていたと考えられる．そして，彼がまたその時代的制約によって知りえなかったものは，大量生産方式の導入によって飛躍的に増大した現代資本主義の生産力のもとで，資本の蓄積・再生産運動そのものが国内の労働者の消費（すなわち大量生産に対する大量消費）に条件付けられるようになった，ということである[35]．

そのことは，福祉国家体制の下での資本主義における社会的再生産過程を規定した基本な特徴であったが，しかしながらグローバル資本主義の時代に

なると，これはまた大きく変更されることになる．というのも，調達，生産，販売という3つの活動領域の国際化を特質とするグローバル資本にとっては，自らの再生産・蓄積運動がその本国における労働者の消費に条件付けられるということがないからである．つまり，その生産過程を担う労働者がそうして供給される商品の消費者でなくとも，この販路が国外に確保されているならグローバル資本にとっては何の問題もない[36]，ということである．

こうして，1990年代以降かつての好循環メカニズムが作動しなくなった，もっとも本質的な理由としてあげるべきは，輸出産業のグローバル産業への転換，すなわちグローバル資本の確立であり，そのことを基礎にしてグローバル資本主義への大きな歴史的移行がおこなわれた，ということである．

日本資本主義の場合，福祉国家体制の解体からグローバル資本主義への移行は，独特の輸出主導型経済を迂回する径路をとったことはすでに確認してきたとおりである．本章ではまた，こうした確認作業の中で，この輸出主導型経済の破綻プロセスと重ね合わせながらグローバル資本主義の移行問題を論じてきた．そこで，いまここに残されている問題は，その移行の時期はいつかということである．

輸出主導型経済が破綻した究極的な原因は，かつての輸出産業がグローバル産業へと転換したこと，すなわちグローバル資本が本格的に確立されたことにあった．そして，この輸出主導型経済の破綻は，輸出（さらにはそれに誘発された設備投資）をきっかけとした生産の拡大が内需の循環的拡大メカニズムへと連動できなかったことによって決定的なかたちで示されたが，そうした現象自体はすでに1990年代後半から現れていた．これを1つのメルクマールとすれば，日本経済におけるグローバル資本主義への移行期は1990年代後半以降とすることができるであろう．

注
1) 拙稿「日本経済におけるグローバル資本主義への移行と労働市場の変容」（明治大学『政経論叢』第78巻第3・4号，2010年1月）は，資本－賃労働関係の維

持・再生産メカニズムを労働力の国際的移動との関連で論じているので参照されたい．また，資本の国際的移動との関連では，「海外直接投資とグローバル資本の確立」（『政経論叢』第 78 巻 5・6 号，2010 年 3 月）参照．
2) グローバル資本の特質は，その運動過程における調達，生産，販売の 3 領域において国際化が実現されることにある．この点については，第 1 章 3 を参照されたい．
3) 内閣府「四半期別の実質成長率（季節調整系列）GDP 速報値」（2 次速報値：2009 年 9 月 11 日）参照．
4) 1990 年頃から，景気循環において最終的なピークアウトへといたる途中で踊り場が何度か現れるようになった．この点，水野和夫（『人々は何故グローバル経済の本質を見誤るのか』日本経済新聞社，2007 年）は，IT 関連財の出荷と在庫の伸びに着目し，この IT 循環が踊り場を作り出していると見る（同書 167-179 頁参照）．なお，この IT 循環については，2006 年版『経済財政白書』でも詳しく分析されている．
5) 貿易指数は，リーマン・ショックが起こった 2008 年 9 月から翌年の 1 月までの 5 ヵ月間で半分以下に減少している．とりわけ，かなり早い段階から低下し続けていたアメリカ向け輸出の落ち込みは激しく，またその回復も遅い．以下に「貿易指数の推移」を示しておく．

貿易指数の推移（2005 年＝100）

暦　　年	2008 年					2009 年						
月　　次	8月	9月	10月	11月	12月	1月	2月	3月	4月	5月	6月	7月
対世界	128.9	134.5	126.4	97.3	88.3	63.6	64.5	76.5	76.7	73.5	84.1	88.5
米　国	88.1	102.5	97.8	75.7	73.0	46.3	45.1	54.0	53.0	52.2	62.1	62.6
E U	118.0	121.5	116.6	88.1	78.5	64.7	60.9	64.0	68.9	65.0	69.5	69.3
アジア	140.0	136.1	127.9	97.2	87.2	60.1	67.3	83.5	86.4	84.9	94.7	101.9

出所：財務省『貿易統計』（2009 年 7 月分）より作成．

6) 内閣府『日本経済 2008-2009』（2008 年 12 月）では，この踊り場に関して「外需依存で成長力が弱い回復のなかで，海外景気の減速や世界的な IT 関連生産財の需給の軟化を背景に輸出が鈍化したこと」にその原因を求め，この「2007 年後半からの横ばいの動きも，その後回復基調に復せば，景気の『踊り場』で終わった可能性もあった」（同書 2-3 頁），と指摘している．
7) 野口悠紀雄『世界経済危機　日本の罪と罰』（ダイヤモンド社，2008 年 12 月），20-35 頁参照．
8) 日本の福祉元年は，1973 年の田中内閣（1972 年 7 月〜79 年 12 月）の時代である．ここで，高額医療費制度，老人医療費無料化制度（患者の自己負担に上限を設定），家族給付割合の 5 割から 7 割への引き上げなどが行われ福祉国家体制が実質化した．なお，日本における国民皆保険，皆年金制度の導入は 1961 年である．

9) このような輸出主導型経済を作り出した諸要因について，井村喜代子『現代日本経済論〔新版〕』（第5章第5節）は，その圧倒的な生産力を実現したものとして何よりもまずME技術革新・ME化（ME化設備投資）をあげ，ついで「減量経営」をあげている．減量経営は，「労働面のコスト削減」のための「企業内の労働者の生産協力体制」や「生産の効率化」のための「転籍出向，定年前退職勧奨等」として展開され，その柱は①労働面でのコスト削減，②生産の効率化，③金融費用の削減の3つであったこと．さらには，この減量経営を実現させた要素として「中小下請企業の効率的利用」があったことを指摘して，この時代の輸出主導型経済（井村氏の用語法では「輸出依存的成長」）の生産力的な基礎を包括的かつ詳細に分析している．ただし，こうした減量経営の基盤となった日本的経営システムについては「日本独特の労働者管理体制・下請け利用体制」と記すのみで，その言及は物足りないところがある．
10) この点については，拙稿「日本経済におけるグローバル資本主義への移行と労働市場の変容」（前掲）参照．
11) 本文中の図5-1を見れば，輸出依存度は2000年代に入ってからまた上昇しているが，その比率は，以下の表を見れば先進資本主義諸国の中で比較してもアメリカに次いで低いことが分かる．

主要国の輸出依存度（2006年）

	輸出依存度（財）	輸出依存度（サービス）	輸出依存度（財，サービス計）
ドイツ	38.1%	5.8%	43.9%
韓国	36.6%	5.7%	42.3%
中国	36.6%	3.5%	40.1%
カナダ	30.5%	4.5%	35.1%
英国	18.7%	9.5%	28.1%
イタリア	22.1%	5.2%	27.3%
フランス	21.8%	5.1%	26.9%
日本	14.8%	2.8%	17.6%
米国	7.9%	2.9%	10.8%

出所：経済産業省『2008年度 通商白書』180頁
資料：IMF, *World Economic Database*., WTO, *Trade Statistics*.
備考：THLM版のエクセル形式のファイルから加工．

12) このように，輸出の拡大から設備投資が拡大していく関係が見られるようになるのは，1990年代後半からである．この点，2007年版『経済財政白書』は「90年代前半までの時期においては，輸出が設備投資に先行する関係はみられなかった」とし，90年代後半以降「輸出の増加が国内民間需要や設備投資の増加を誘発する姿に変わりつつある」と指摘している（同書42-3頁参照）．
13) この点は，中国やASEAN，NIEsといった東アジア諸国も同様であった．アジア通貨危機の結果，東アジア地域は域内貿易を縮小させたが，東アジア各国は

アメリカへの輸出シェアを上昇させることによってアメリカ（さらには日本）への依存度をさらに高めていった．この点の分析については，栗林世「アジア通貨危機と経済発展への影響」（シンポジウム研究叢書編集委員会『グローバリゼーションと東アジア』中央大学出版会，2004年，所収，108-115頁）参照．

14) 雇用関係の指標はさらに悪い．1993年以降1.0を割り込んでいた有効求人倍率が1.0以上を回復するのは2006年のことである（13年間連続で1.0以下．その最低水準は，1999年の0.48）．完全失業率の過去最悪の水準は，5.5％で2002年10月，03年1月．それから，1990年代から日本経済のアキレス腱になってきた銀行の不良債権問題に出口が見えるのは，2005年になってからだった．

15) 1970年代後半から80年代前半の輸出主導型経済においては，内需寄与度（消費および投資〔設備＋住宅＋在庫〕にかかわる民間需要と公的需要）は，3つの循環の平均で4.67％，外需寄与度は3つの循環の平均で0.83％であった（表5-2「戦後景気上昇局面の期間一覧」から計算）．

16) 安藤光代，S.W.アーント，木村福成「東アジアにおける生産ネットワーク：日本企業と米国企業の戦略的行動」（深尾京司・日本経済研究センター『日本企業の東アジア戦略』第2章所収）によれば，同じような生産ネットワークは，「米国とメキシコの間，西洋諸国と中東欧諸国の間」（28頁）にも見られるが，東アジア生産ネットワークの特徴は，それが「所得水準の異なる国を数多く巻き込む形で展開されている」（28頁）ところにあるとされる．

17) アジアは，2002年に製造業の実質付加価値でEUを上回って世界1位になり，それ以降EUやNAFTAを大きく引き離している．この点については，2008年版『通商白書』（経済産業省），第2章参照．

18) 『通商白書』が，いくつかの先行研究を踏まえて「東アジア生産ネットワーク」について自覚的に分析しはじめるのは，2004年版白書からである（当時は「東アジア分業ネットワーク」）．それまでは，『財政経済白書』も同様であったが，日本経済の先行きに確固たる自信が持てないまま，日本企業の海外展開によってもたらされるものに対しても確信を持てない（産業空洞化への懸念を捨てきれない）状態であった．2005年版『通商白書』になると「三角貿易」という概念が登場し，06年「国際事業ネットワーク」，07年「アジア事業ネットワーク」「生産ネットワーク」「多国間工程分業」そして08年には「グローバル・バリュー・チェーン」（イノベーションに結びつくような国際的な分業関係を言う）といったかたちで，年々分析が進められてきている．

19) 米国NBER（National Bureau of Economic Research）のホーム・ページにおいて，"Business Cycle Expansions and Contractions"を参照．ちなみに，これがピークアウトした日付け（2007年12月）については，2008年12月1日に発表されている．（http://www.nber.org/cycles/cyclesmain.html：09／04／07）

20) サブプライムローンの問題点については，高田太久吉「資産証券化の膨張と金融市場—サブプライム問題の本質」（『経済』2008年4月号），井村喜代子「サブ

第5章　日本経済におけるグローバル資本主義への移行　　241

プライムローン問題が示すもの」(『経済』2008年6月号) が詳しく論じている．また，このサブプライム金融恐慌が今回「世界恐慌」へとつながった諸要因，またこれと1929年恐慌との比較分析については伊藤誠『サブプライムから世界恐慌へ』(青土社，2009年) を参照．

21) アメリカは，実は「世界中から借金をした」だけではない．こうして流入させた資金をさらに世界中に投資していったのである．この点については，本書第1章4における論述，さらには同章注(32)を参照されたい．なお，河村哲二氏によれば，このような「アメリカを焦点とする新たな世界的な資金循環構造」(＝「新帝国循環」) を可能ならしめたものは，「ドルの基軸通貨性とグローバル金融センターニューヨークの金融ファシリティを結節点・媒介とした『グローバル・シティ機能』」(「アメリカ発のグローバル金融危機—グローバル資本主義の不安定性とアメリカ」『季刊　経済理論』第46巻第1号，2009年4月，5頁) であるとされる．

22) 2009年2月21日付『日本経済新聞』は，海外生産比率25%以下を内需企業，25%以上を外需企業として分析している．それによると，外需企業は，調査対象とした上場企業1,688社 (金融を除く) のうち464社であり，内需企業は，その約3倍の1,224社であった．このうち外需企業は，製造業でトヨタ，ソニー，新日鉄など414社，非製造業で任天堂，郵船，石油資源など50社であり，内需企業は，製造業で田辺三菱，日ハム，住生活Gなど584社，非製造業でNTT，三菱商事，JR東日本など640社である．

23) 経済産業省『海外事業活動基本調査 (2007年度実績)』「表10：業種別海外生産比率の推移 (国内全法人ベース〔製造業〕)」参照．

24) 日本の輸出は，少数のグローバル企業によってその大半が支えられている．この点，2008年版『通商白書』はこう指摘する．「直接輸出額の上位10社及び30社の輸出額が，我が国の輸出総額に占める割合は，それぞれ29.3%，44.2%となっている (2006年)．また，海外投融資残高の上位10社，30社の割合も，それぞれ28.9%，48.1%となっている．このように，我が国の貿易投資は，ごく一部の大企業に集中している」(同書，180頁)．

25) 総務省『労働力調査　長期時系列データ』「参考表9　雇用形態別雇用者数」参照．

26) 2000年以降の完全失業率 (年平均) の推移を以下に示す．なお，完全失業率は，2009年に入って再び上昇し始め，同年9月には最悪の5.5%を記録している．

完全失業率の推移　　　　　　　　　　　　　　　(単位：%)

暦　年	2000	2001	2002	2003	2004	2005	2006	2007	2008
完全失業率	4.7	5.0	5.4	5.3	4.7	4.4	4.1	3.9	3.9

出所：総務省『労働力調査　長期時系列データ (基本集計)』表2【年平均結果—全国】「就業状態別15歳以上人口」より．

27) なかでも注目すべきは，雇用者のうち正社員が大半を占めると思われる「管理職業従事者」が1997年の224万8千人から2007年の175万9千人とおよそ50万人が削減されていることである（総務省『平成19年 就業構造基本調査』，時系列統計表「第7表 男女，従業上の地位，職業別有業者数（昭和43年～平成19年）」参照）．これはいわゆる「中抜き」と言われる現象だが，残された中間管理職の負担は「中抜き」された分だけ負担が重くなったことは言うまでもなかろう．
28) 総務省『労働力調査 長期時系列データ』表9【全国】「雇用形態別雇用者数」参照．
29) その反面で，資本側はこの間に大きな利益を引き出している．下の表「2001年以降の当期純利益の推移」によると，2002年には全産業で6兆2230億1800万円であった当期純利益は，2007年には，全産業で25兆3728億3200万円に増大している．

2001年以降の当期純利益の推移

（単位：百万円）

	全産業	製造業	非製造業
2001年度	−465634	367793	−833427
2002年度	6223018	3316984	2906034
2003年度	13160146	6233926	6926220
2004年度	16821010	8935627	7885383
2005年度	23156861	11363203	11793658
2006年度	28165005	12961482	15203523
2007年度	25372832	12916990	12455842

出所：財務省「法人企業統計調査 時系列データ」より作成
(http://www.fabnet2.mof.go.jp/fsc/index.htm；09/10/09)

30) また，この時期，賃金所得は減少する一方であったが，企業業績の好調さを反映して役員報酬や，配当収入は増え続けている．この点については，2007年度『経済財政白書』第1章第1節参照．
31) 国税庁『平成19年分民間給与実態統計調査』（2008年9月）参照．
32) 内閣府『国民経済計算』「国民所得・国民可処分所得の分配」参照．
33) 労働分配率を見ると，2002年以降から低下傾向で推移し，足下では横ばい圏内の動きを示している．この労働分配率の推移に関しては，2008年『財政経済白書』第1章第3節（66-84頁）で詳細に分析されている．白書は，この間の労働分配率の低下の原因として賃金の伸び悩みをあげ，さらにその背景として非正規社員の増大や団塊世代の退職などを指摘している．
34) 第14循環において例の好循環メカニズムが寸断され，外需の拡大が内需の循環的な拡大につながらなかった，もっとも本質的な原因は，本文中に示したように輸出産業のグローバル産業への変身（その結果としての生産拠点の海外移転，輸出品目の変更〔最終財から中間財，資本財へ〕，製品輸入比率〔逆輸入〕の増大等々）であり，さらにはそれと関連してグローバル資本に固有の行動（調達，生

労働分配率の推移

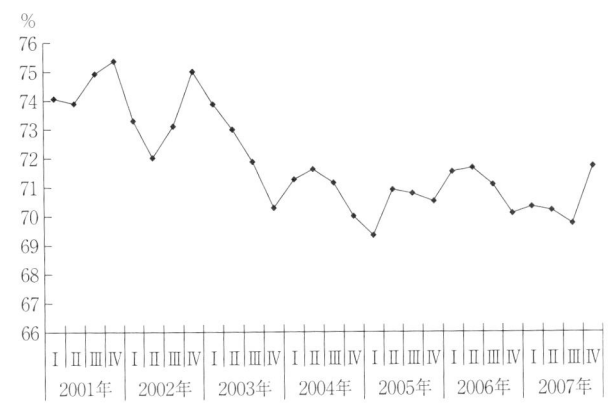

出所：内閣府『国民経済計算』より作成．季節調整値．
備考：労働分配率＝名目雇用者報酬／名目国民所得．

産，販売の国際化）に求めるべきである．その他の周辺的な問題として，不良債権問題（金融仲介機能の不全）や非正規雇用の増大等を通しての労働分配率の低下，将来不安による消費の減退などをあげるべきであろう．

35) ガルブレイスの「依存効果」は，大量生産—大量消費を基本とした現代資本主義経済においては，消費者の欲望や欲求が「生産に依存する」ということを明らかにしたものである．見方を変えれば，これは資本の再生産・蓄積運動そのものが消費（それも大量消費）の実現によって条件付けられているということであり，現代資本主義における社会的再生産の基本的性格を言い表すものである．この点に関しては，拙著『市場と資本の経済学』（ナカニシヤ出版，2006 年）174-7 頁を参照されたい．

36) この問題に関連して，中谷巌氏はこう論じている．「マルクスは『資本主義の本質は搾取にある』といった」が，しかし企業が作るモノやサービスを買ってくれる労働者を「一方的に搾取・収奪する」ことで「労働者を貧しいままにしておけば，マーケットは拡大せず，企業は自分自身の首を絞めることになる」．したがって「収奪一本槍」は不可能である．「この意味においては，まさに資本主義はリベラルな社会体制を担保していたわけだが，しかし，こうしたリベラルな効果をもたらすのは，あくまでもローカルな資本主義においてのことで，グローバル資本が跋扈するグローバル・マーケットにおいては通用しない．というのも，すでに述べたように，グローバル資本主義においては労働者と消費者が同一人物である必要はないからである．」（『資本主義はなぜ自壊したのか』集英社，2008 年，91 頁）．この指摘は鋭いが，ここで想定されている「ローカルな資本主義」つまりリベラルな社会体制を担保していた資本主義とは，実は現代資本主義・前半期における福祉国家体制の時代（東西冷戦時代）の資本主義のことである．この意味で，

確立期の資本主義を分析したマルクスの資本主義認識を対比的に持ち出してくるのは，その歴史認識の希薄さを表明していると言わざるをえない．

第6章

日本における2000年代初頭の景気循環

高 橋 輝 好

1. 第14循環の背景

　21世紀に入ってからの日本を含む世界経済はいきなり激変に見舞われる．1990年代の米国経済を支えてきたIT（情報技術）主導の「ニュー・エコノミー」がITバブル崩壊とともに終わりを告げる．日本もその影響を受け景気は減速する．2002年前後から世界経済は拡張期を迎える．その牽引役を果たしたのが，住宅ブームに沸く米国であり，2001年にWTO（世界貿易機関）加盟を果たした中国であった．奇しくもこの拡張期は2007年の住宅バブル崩壊をもって終わりを告げる．その影響は世界大であり，米国はいうに及ばず欧州をはじめ新興国をも巻き込み，ほぼ世界全体を包み込んだ．日本もその例外ではなかった．

　米国の住宅バブルの崩壊は，金融危機を経て世界経済危機にまでいたる．過剰流動性とも言われる国際的なカネ余りのなかで米国と欧州の金融市場を主要舞台として証券化商品等新たな金融商品に投資が広がったこと，米国における家計の過剰消費に基づく経常収支赤字の累積，世界的な貿易依存の深化（2000年代に入って世界経済はとみに貿易依存の度合いを強めており，2006年には世界全体で貿易依存度（実質GDP（国内総生産）に占める実質貿易額の比率）は61％に達し，とりわけASEAN（東南アジア諸国連合）10ヵ国が117％，EU（欧州連合）27ヵ国が85％，MERCOSUR（南米南

部共同市場) 5ヵ国が30%, と高い[1]), これらが世界経済全体の業績を悪化させた背景に横たわる. 顧みれば, これらの諸要因はいずれも, 1970年代以降の資本移動の自由化と変動為替相場制への移行を契機に進行した金融の自由化に由来し, またそれとちょうど軌を一にした米国における経常収支赤字拡大によるグローバル・インバランスの存在と, 他方における1980年代以降の米国をはじめとするインフレなき長期成長過程の現出といった新たな景気動向のなかに位置づけられる[2]. これら3つの潮流が連携しながら2000年代に入り米国を中心に集中的に展開し始めたとみることができる. 米国における過剰消費に基づく輸入増加, グローバル・インバランスの拡大を伴いながら, ときに過剰流動性とも言われる大量の余剰資金が米欧の金融市場を舞台に駆けめぐり多額な擬制資本を形成した. こうした経済のグローバルな結びつきが危機をもグローバル化させ, 世界を同時不況に落とし込んだと言えよう.

さて, 本章では, こうした, めまぐるしく変転する2000年代に入って以降の世界経済の運行を踏まえながら, 同時期の日本経済の動きを, とりわけ景気動向に絞って追ってみることにする. それによって景気変動を通して見えてくる日本経済のあり方を問う. 景気循環による調整不良ないしは調整不能, これがキータームである. 景気循環が需給の調整機能の役割を担えなくなってもはや久しい. 1990年代以降とりわけ顕著である. バブル崩壊以降, バブルによって形成された不良債権の処理に10数年を要し, 設備投資の群生は未だに生起していない. 日本経済はいわゆる1%成長に入り込む. 企業の立場からこれを特徴づけるならば, 売上高の低迷とコスト削減の日々とでも表現できよう. さらにこの両契機は, 相互に条件づけあいながらスパイラルを描く. 活路を外需に求めた. とりわけ新興国への資本移転と販路拡大がそれである. 日本経済の21世紀はここから始まった. 脆弱な内需と外需依存とは, そのまま日本経済の脆弱さと不安定さを表現する. その一方で, 1990年代末から2000年代初めにかけての円安, 低金利は, 円キャリトレードといわれる資金調達・運用の仕方を呼び起こし過剰流動性の1つの流れを

なした．この意味では，米国における住宅バブルと新たな金融商品の膨張に対して，日本経済はその初発から大きな関わりを持っていたともいえよう．2007年夏以降のサブプライムローン問題の表面化による世界的な規模での金融経済危機と，その影響下で生じた2008年9月のリーマンブラザースの破綻以降の世界同時不況の深化とは，こうした日本経済の脆弱性と問題状況を余すところなく露呈させた．以下この点を詳述し，この時点での日本経済の位置を明らかにすることを課題とする．

われわれはまず，直近の第14循環の拡張期を低成長型景気回復過程と位置づけ，その諸特徴を明らかにする．次に，これら諸特徴の淵源を戦後の高度経済成長期以降の歩みのなかで捉えられた低成長期に求める．それによって，1990年代初頭のバブル崩壊以降，日本経済に生じた歴史的ともいえる変化とそれへの対応のなかで，第14循環の低成長型景気回復過程を規定する諸要因がいかに形成されていったかを明らかにする．ここでいったい何が起きたのか．多少先取り的ではあるが述べておきたい．戦後の高度経済成長の終焉後，米国などとの経済摩擦という代償を払いながらも相対的に良好な成長経路をとってきた日本経済が，バブルの崩壊とともに突きつけられた課題とは何か．1つは，バブルの後遺症ともいえる過剰資本の処理であり，いま1つは，輸出依存に代わる内需主導の成長経路の確立であった．ところが，これらの課題を処理するには，日本にとって乗り越えなければならない2つの外部環境の制約があった．その1つは東アジアの復興をバネに生起したメガコンペティションの動きであり，もう1つは米国からの規制緩和・民営化，市場開放の要求であった．あるいは先の課題はこうした制約条件のなかでしか実現できなかったともいえる．前者は，アジアからの安価な商品の流入にどう対応するかを迫り，非正規雇用など雇用形態の変更，リストラを伴う労働コスト削減と安価な労働を求めての東アジアとりわけ中国への生産拠点の移転の方向をとらせ，後者は，日本の構造改革をいかに進めるかを政治課題に載せ，日本版「金融ビッグバン」など金融の自由化を含むさまざまな形での規制緩和，市場開放を推し進め金融再編成を産み落とした．結果は，当初

の課題である過剰資本の処理については，不良債権の処理に10数年を要し，設備過剰の状態は基本的には未だに解消されておらず，労働過剰に至っては，雇用削減に際限がなくなっている．内需主導の成長経路の確立については，市場を開放すれどもいっこうに成長経路に乗らず，それどころか内需主導という課題そのものが崩壊状態に陥る．日本における第14循環はまさにこうした状況のなかで生起し景気循環を担ったのである．その結果が低成長型景気回復であり，その破綻であった．

2. データでみる第14循環の拡張期の諸特徴

まず，第14循環の拡張期の特徴をデータで確認するところからはじめよう．

2002年1月を景気の底として開始される第14循環は，戦後最長といわれる69ヵ月の拡張期間を有し，2007年10月にピークをつけた後，後退期に入ったとされる．ただし2009年9月末現在で利用可能な最新のデータ[3]では，日本経済は，2007年第4四半期に前期比実質GDP成長率0.8％をつけた後，2008年第1四半期には0.9％を印した．その後は確かに，同年第2四半期マイナス0.7％，第3四半期マイナス1.3％，第4四半期マイナス3.4％，2009年第1四半期マイナス3.3％と，戦後の高度経済成長期以降最悪の4期連続のマイナス成長を示している[4]．とりわけ2008年9月のリーマンブラザース破綻の衝撃の大きさを示すかのように，同年第4四半期，2009年第1四半期の落ち込みは大きい．政府は，2009年6月の月例経済報告で，景気の基調判断を2ヵ月連続で上方修正し，事実上の「底打ち宣言」を行ったが，内閣府の正式な判断はまだ示されていない．因みに，上記データでは，2009年第2四半期には0.6％と5四半期ぶりにプラス成長に転じた．いずれにせよ，この景気後退の特徴を捉える上で，それに先行する長期拡張期のありようの分析が不可欠であることは言うまでもない．まずはそこからはじめることにしよう．

この期の年実質 GDP 成長率の最高位は 2004 年の 2.7％ であり，前循環の最高位である 2000 年の 2.9％ を超えてはいない．2002 年から 2007 年の年平均成長率は 1.77％ であり，依然 1990 年代のバブル崩壊以降のいわゆる 1％ 成長の枠の中にある．四半期別で見ても，2000 年第 1 四半期の 1.9％ 成長を超えた期はなく，四半期別のピークは，2003 年第 4 四半期の 1.5％ が最高であった．長期拡張期とはいうが，その水準は極めて低いもので，まさに「回復」期といえるものであった．われわれは，この第 14 循環を，類型的には，バブル崩壊以降の低成長期の景気循環のなかに含めて捉え，低成長型景気回復過程とその崩壊として位置づける．後にみるように，バブル崩壊以降の低成長は，政策対応のまずさや不良債権処理の遅れを含むいわゆる 3 つの過剰（設備，労働，債務）の処理に手間取ったことだけではなく，より積極的には，投資機会の海外とりわけ東アジアへの移転と内外における低賃金構造の定着のうちにその原因を求めることができる．第 14 循環の回復過程を特徴づける，いわゆる外需依存はその 1 つの帰結にすぎなかったのである．

　では，低成長型景気回復過程と規定された第 14 循環の拡張期の特徴を見ていくことにしよう．

(1) 設備投資の上昇を超える輸出の伸び

　GDP に占める需要項目の比率でみると，この期の輸出の増勢が顕著である．名目 GDP に対する財貨・サービスの輸出比率は，2002 年が 11.4％，2003 年が 12.0％，2004 年が 13.3％，2005 年が 14.3％，2006 年が 16.1％，2007 年が 17.6％ と著しい上昇を示し，戦後でもっとも高位であった 1980 年代前半の平均 14％ 台の水準を超えた[5]．またこの期の設備投資についても輸出ほどではないが増勢を示す．これも名目 GDP に対する民間企業設備の比率でみると，2002 年が 13.3％，2003 年が 13.6％，2004 年が 14.0％，2005 年が 15.1％，2006 年が 15.3％，2007 年が 16.0％ であった．注目すべきは，設備投資比率が 2006 年に輸出比率に先を越されたことである．高度経済成長期以降初めての出来事である．今期の輸出の増勢がいかに大きかったかを

物語る．これに対して個人消費は全く違った動きを示す．絶対額でこそ増加するが，GDP 構成比ではそのウエイトを下げている．GDP に対する民間最終消費支出の比率は，2002 年が 57.7%，2003 年が 57.5%，2004 年が 57.1%，2005 年が 57.0%，2006 年が 57.1%，2007 年が 56.3% と低迷ないしは低下の傾向を示している．因みに，この期の名目 GDP に対する公的固定資本形成の比率もみておこう．2002 年が 6.3%，2003 年が 5.6%，2004 年が 5.1%，2005 年が 4.6%，2006 年が 4.3%，2007 年が 4.0% と 2000 年代に入って以降，低下傾向を強めている．個人消費と公的固定資本形成がそのウエイトを低下させるなかで設備投資の上昇を超えるほどの輸出の伸び，これが今期の景気回復の第 1 の特徴をなしていたと捉えることができよう．先にみた，2008 年第 2 四半期以降の 4 四半期にわたるマイナス成長に対する寄与度において，2008 年第 3 四半期以外はいずれも輸出の減退が最高位を占めているところからするならば，回復期の特徴が同時に景気後退の激しさを特徴づけたとみることができよう．

(2) 消費の伸びを欠いた回復軌道の不安定さ：いわゆる「踊り場」との関連で

この期をさらに別の角度からみてみよう．それにより「回復」の別の側面が鮮明になる．確かに 2002 年の 1 月を底に 2007 年の 10 月までを回復期として括ることができるのであるが，回復期であるにもかかわらず，四半期別にみて合計 4 度にわたってマイナス成長がある．前半 3 度，後半 1 度である．2003 年第 1 四半期のマイナス 0.4% と 2004 年第 2 四半期のマイナス 0.2%，同年第 4 四半期のマイナス 0.3%，それに 2007 年第 3 四半期のマイナス 0.3% がそれである[6]．いずれも「踊り場」と表現されているものである．マイナス成長に寄与した主要需要項目を寄与度でみると，2003 年第 1 四半期が公的資本形成マイナス 0.2，民間最終消費支出，民間企業設備，民間在庫品増加，財貨・サービスの輸入がそれぞれマイナス 0.1，2004 年第 2 四半期が公的固定資本形成マイナス 0.7，民間在庫品増加マイナス 0.4，財貨・サ

ービスの輸入マイナス 0.2, 2004 年第 4 四半期が民間最終消費支出マイナス 0.4, 財貨・サービスの輸入マイナス 0.3, 公的固定資本形成マイナス 0.1, 2007 年第 3 四半期が民間住宅マイナス 0.3, 民間最終消費支出マイナス 0.2, 民間在庫品増加と政府最終消費支出とがともにマイナス 0.1 であった．注目すべきは 4 度のマイナス成長の内, 3 度が輸入の増加とともに民間最終消費支出, 民間在庫品増加, 公的固定資本形成といった内需のマイナスへの寄与によって生じていることである．内需とりわけ消費のベースを欠いた回復軌道がいかに不安定なものになるかをこのことは如実に示している．今期回復過程の第 2 の特徴はここにある．

寄与度で見た民間最終消費支出の低迷ともいえる状況は, 販売側の統計からも裏付けることができる[7]．ここでは小売業の販売額が問題であるが, 全体を鳥瞰するために商業販売額の推移から見てみよう．商業販売額は, 前年比で見るかぎり, 1990 年代の低成長のなかでほとんどの四半期においてマイナスを記している．2002 年第 1 四半期以降の今期の回復過程においても 2003 年第 3 四半期までマイナスを続ける．その後プラスとなるが, 2008 年 10 月以降再びマイナスとなる．2009 年 8 月現在マイナス 22.4％ である．しかし小売業については, 様子が異なる．2004 年第 4 四半期まで（2004 年第 1 四半期はプラス 0.2％）ほぼマイナスを続けた後, 2005 年, 06 年とかろうじて暦年ベースでプラスとなるが, 2007 年には再びマイナスとなり, 2008 年 9 月からは卸売業に先行してマイナスをつける（その後もマイナスを続け, 2009 年 8 月現在マイナス 1.8％ である）．しかもプラスになった暦年, 四半期, 月もそのほとんどが 0％ 台であることは銘記されねばならない．小売業は, 今期回復過程のほとんどにおいて低迷状態にあったといっても過言ではない．とりわけ大型小売店（既存店）については暦年ベースで見て早くも 2006 年には対前年比マイナスをつけその後もマイナスを続ける．

ところで, 景気回復期ないしは拡張期にマイナス成長が現れるというのは, バブル期にもみられたが, 注目すべきは, この時にも, 名目 GDP に対する民間最終消費支出の比率でみるかぎり, 1987 年 54.4％, 88 年 53.4％, 89 年

53.0％，90年53.0％と消費ベースは減少していた点である．以降，1990年代初頭のバブル崩壊後の回復期においては，マイナス成長はしばしばみられる現象であり（1994年第4四半期，1995年第4四半期，1999年第1・第3四半期），この面からも第14循環の回復期が文字通り低成長期の特徴を共有しているとみることができよう．

(3) 売上高増加率の低位下での経常利益の増加と資本規模別売上高経常利益率格差の拡大

ここで，今期の景気回復の特徴を企業サイドから見ておくことにしよう．法人企業統計によって確認しておこう[8]．四半期別で見て，今期の回復過程のなかで全産業の経常利益が前年同期比（増加率）でプラスとなるのは2002年の第3四半期以降である．その後2007年の第2四半期までプラスを維持する．とりわけ2004年の第2四半期と第3四半期の増加率がそれぞれ34.3％，37.8％と破格に高い（ただし両期とも対前期比ではそれぞれ9.4％，6.8％の減少であった）．今期の平均増加率は，11.4％であった．いやむしろ，2004年第3四半期をピークにその後増加率は減少を続けて2005年第3四半期の6.6％をつけて以降は，同年第4四半期11.1％，2006年第1四半期4.1％，同年第2四半期10.1％，同年第3四半期15.5％，同年第4四半期8.3％，2007年第1四半期7.4％，同年第2四半期12.0％と平均9.9％であり，今期の平均増加率を下回っている．全体として業種別でみると，製造業が堅調に推移し，とりわけ輸出関連産業の多い金属製品，一般機械が先導し，続いて鉄鋼，電気機械，情報通信機械などが続いた．資本金階層別では10億円以上の階層が先導し，徐々に下位階層に進んでいったことがうかがえる．しかもすぐ後にみるように，全産業の売上高がいまだ対前年同期比マイナスの増加率を示していた2002年の第3四半期から2003年の第1四半期にかけての時期に，経常利益で見て対前年同期比プラスの増加率を示す資本金10億円以上の階層のコスト削減力には目を見張るものがある．これに対して，経常利益の推移でみるかぎり，資本金1000万円以上1億円未満の階層は，

今期回復過程のなかで対前年同期比で一時的に2002年第3四半期にプラスをつけるが，その後マイナスに転じ基調としてプラスになるのは，売上高が対前年同期比でプラスに転じた2003年第2四半期以降である．資本規模の小さな企業は利益を売上高に依存せざるを得ないことが如実に示される．さらにその後，この階層の経常利益は，2005年第4四半期，2006年第1・2・4四半期には立て続けにマイナスとなる．資本金1億円以上10億円未満の階層について前年同期比でみてみると，概ね上位階層と同様の動きを示しているが，注目すべきは，2006年第1四半期に1度マイナスをつけ，その後持ち直すが，2007年第2四半期には早くもマイナスに転じていることである．この階層といえどもコスト上昇要因に対して決して抵抗力があるわけではなかったことを物語る．因みに，資本金10億円以上の階層がマイナスに転じたのは，2007年第4四半期になってからであるが，この期には全ての資本金階層の経常利益がマイナスとなる．今期回復過程のなかで示された経常利益の動向は，資本規模別にみるかぎり，いわゆる大企業の体質の強化のみを浮き彫りにしているように思われる．

　これに対して，全産業の売上高の増加率がプラスに転じるのは2003年の第2四半期以降である．2002年の第1四半期から景気は回復過程に入っているところからすると，それよりおよそ1年以上経って売上高が対前年同期比でプラスになったことになる．今期の全産業の売上高はその初発から低迷していたと言えよう．その後2007年第4半期までプラスを続けるが，今期の平均増加率は，2.4%と驚くほど低い．この売上高の推移に比してみるならば，経常利益の業績は，むしろあまりに高いと言えよう．これは，すでに述べたように，資本規模の大きな企業を中心とした企業の経営努力によるものとみることもできる．

　この点を，今期の資本金階層別売上高経常利益率の平均により確認しておこう．10億円以上の階層は，4.7%，1億円以上10億円未満の階層は，2.8%，1000万円以上1億円未満の階層は，2.7%である．まさに最上位の階層が破格に高い儲けを上げていたことがみてとれる．大企業の一人勝ちの構図が見

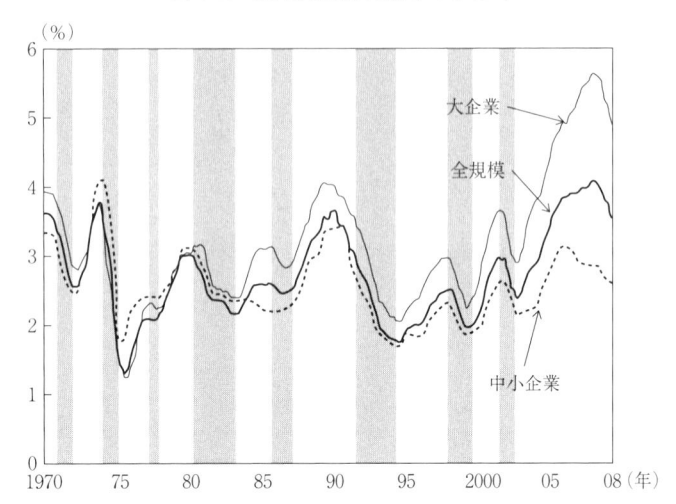

図6-1　売上高経常利益率の推移率

(%)

備考：1. 財務省「法人企業統計季報」により作成．
　　　2. 大企業は資本金10億円以上，中小企業は資本金1千万円～1億円未満．
　　　3. 全産業の値．4四半期移動平均．
出所：内閣府『日本経済2008-2009』91頁．

えてくる．しかも図6-1に見られるように，その差は1970年以降最大の広がりを示している．売上高増加率の低位下での売上高経常利益率の上昇と資本規模別売上高経常利益率格差の拡大，これが今期回復過程の第3の特徴である．

ついでながらここで，設備投資の推移についてもみておこう．先にわれわれは，名目GDPに占める民間企業設備の比率をみた．ここでは業種別，資本金階層別に詳細をみる．2002年の第1四半期から始まる今期の景気回復であるが，全産業について，設備投資が対前年同期増加率においてプラスとなるのは，2003年の第2四半期に入ってからである．その後2007年第1四半期までプラスを続ける．設備投資は，景気回復に1年以上遅れ，景気後退に2期先行して増加率がマイナスに転じる．しかも，すでにみたように，この期に四半期別実質GDP成長率は4度前期比マイナスを記録するが，その内の2度（2004年第2四半期と同年第4四半期）は民間企業設備の対前期

比減少を伴っており，とりわけ 2004 年第 2 四半期にはマイナス 23.3% と大きな落ち込みを示した（言うまでもないことであるが，両期の GDP に対する寄与度では民間設備はプラスとなっている．民間企業設備以上にそのほかの需要項目の落ち込みが大きかったことを示す）．全体としては確かに，設備投資の景気動向への影響力はとみに弱まってきているとはいえ，今期の回復期の前半期と末期における成長率の低位さへの設備投資の貢献は大きかったとみることができる．

ところで，この民間企業設備の出遅れは，ほぼ売上高の推移と対応しており，製造業，非製造業を問わず，ほとんどすべての業種，資本金階層において増加率がマイナスをつけている．その後，製造業，とりわけ鉄鋼・金属・機械といった加工型産業が中心となって増加率を牽引し，非製造業がそれに続く．後半になるにつれて，建設，不動産といった業種の揺れが激しくなり，卸・小売りとともに先行して増加率がマイナスに転じる．

次に，設備投資の推移を資本金階層別に見ると，10 億円以上の高位階層は 2003 年第 2 四半期以降 2007 年第 3 四半期まで比較的安定したプラスの増加率を維持する．この増加率が 2007 年の第 4 四半期にマイナスに転じるのは，経常利益の動きに対応する．これに対して資本金 10 億円未満の中・低位の階層については，回復が始まっても増加率の動向は不安定であり，しばしばマイナスの値を示している．資本金 1 億円以上 10 億円未満の階層がプラスの増加率を維持するようになるのは 2004 年第 1 四半期以降であり，しかもその率は，初めのうちは数%と極めて低いものであった．2 桁の増加率で安定するのは，2006 年に入ってからである．しかし 2007 年の第 2 四半期以降マイナスに転じる．しかも，この動きは売上高と経常利潤の動きに対応している．資本金 1000 万円以上 1 億円未満の階層については，2003 年の第 4 四半期にいきなり 2 桁ベースの増加率を示すが，2004 年の第 4 四半期には，3 期連続のマイナスになる．2005 年第 3 四半期以降，同年第 4 四半期に 0% となったのを別とすれば，その後は 2 桁の増加率を持続し，2007 年第 2 四半期にマイナスに転じるにいたる．経常利益の推移との関連で言うならば，

2005年の第3四半期以降，この階層の経常利益は4度もマイナスの増加率に陥っている．きびしい資金繰りのなかでの設備投資であったことがうかがえる．さらに，この点との関わりで言うならば，すでに見たように今期の回復過程が外需主導で展開してきたことを考慮するならば，こうした輸出の生産波及効果が大企業（資本金10億円以上の企業）に厚く中小企業（資本金10億円未満の企業）に薄くなる傾向をもっていた点も看過することはできない．この点からも階層別収益格差が生まれたと見ることができよう[9]．

以上から，企業設備の先導役はあくまでも資本金階層でいうと高位の企業が比較的安定的に推進し，業種別では製造業によって牽引されていったことがうかがえる．後半になるにつれて非製造業の投資も増勢を示すが，その中身はかなり不安定なものも含まれていた．また後半期には資本金階層別では中低位企業にも設備投資の増勢がみられるが，低位の資本金階層にとってはかなり厳しい環境のなかでの投資であったといえよう．この困難が景気後退のなかで露呈するに至る．

先に進む前に，本項のテーマである企業の売上高低迷下での企業利潤の上昇とそれが企業規模間格差を拡大させながら進行していた事態について，そのことを示す別の資料がある．厚生労働省『平成21年版労働経済白書―賃金，物価，雇用の動向と勤労者生活―』「付属統計表」「付1-(2)-3表資本金規模別労働分配率，付加価値とその内訳」によると，資本金10億円以上の企業規模の労働分配率（ここでの「労働分配率とは，人件費／付加価値額×100．人件費＝役員給与（2007年度から賞与含む）＋従業員給与（同左）＋福利厚生費．付加価値＝人件費＋支払利息等＋動産・不動産賃借料＋租税公課＋営業純益」からなる）は，1998年度の65.4％をピークに低下を続け，2000年度に60.7％をつけた後，2001年度に一時63.9％まで上昇するが，その後低下を続け，2007年度には52.9％にまで下落する．今期の回復過程を通じて労働分配率が低下し続けたことを示す．資本金1億円以上10億円未満の企業規模については，1998年度75.3％をピークに傾向的には低下を続けるが，途中2001年度に73.9％，2005年度に69.3％，2007年度に68.6％

の上昇を示す．資本金1億円未満の企業規模については，1999年度に82.9％のピークをつけた後，2001年度に82.0％，2005年度に79.3％，2006年度に79.6％，2007年度に80.0％をつけ，2005年以降は上昇を示す．ここから次のことが言える．全体に労働分配率は企業規模が小さくなるほど高い値をとること，最上位の階層は今期回復期を通じてその比率を低下させていったこと，それに対して低位の階層は2005年以降，ちょうど売上高の増加に符合して比率を上昇させたこと．まさに上位階層ほど人件費を削って益出しに励んだことが分かる．この点は，単に人件費の削減だけではなく，2003年までの雇用者数の減少，とりわけ常用雇用者数の減少と2005年までのこれら両数値の低迷とも照応するところである．しかも今期の回復過程全体を通して「従業上の地位別雇用者数」で見ると，一貫して「臨時日雇」が増えていること，それに対して「常雇」が増加するのは2005年に入ってからであること，さらにこの期全体を通じて所定外労働時間は増加傾向にあったこと，ここに今期の景気回復が何故低成長たらざるをえなかったか，そのしわ寄せがどこに集中していたかが歴然と示されているといっても過言ではない[10]．

ところで，行論との関連で一言しておくと，確かに法人企業統計によると，全産業について経常利益はすでに2007年第3四半期には前年同期比マイナスになる．売上高が対前年同期比でマイナスをつけるのは2008年第1四半期からである．売上高が対前年同期比でマイナスをつける前に経常利益のそれが2四半期先行している点が留意されねばならない．この期，労働分配率も2007年初頭より上昇していることにも注意を要する（図6-2）．さらに加えて2004年から輸入物価の上昇が進行する．これに対して輸出物価は2000年以降ほとんど上昇していない．したがって交易条件は著しく悪化する（図6-3）．さらにこうした交易条件の悪化が企業規模別に見て，価格交渉力の弱さも手伝って，中小規模（資本金10億円未満）の企業により多くマイナスの影響を及ぼすことも注意しなければならない[11]．後に見る，景気後退に先行して企業の経常利益が減退する1つの要因はここにあること，そしてとり

図 6-2 労働分配率（＝雇用者報酬／国内総生産）の動向

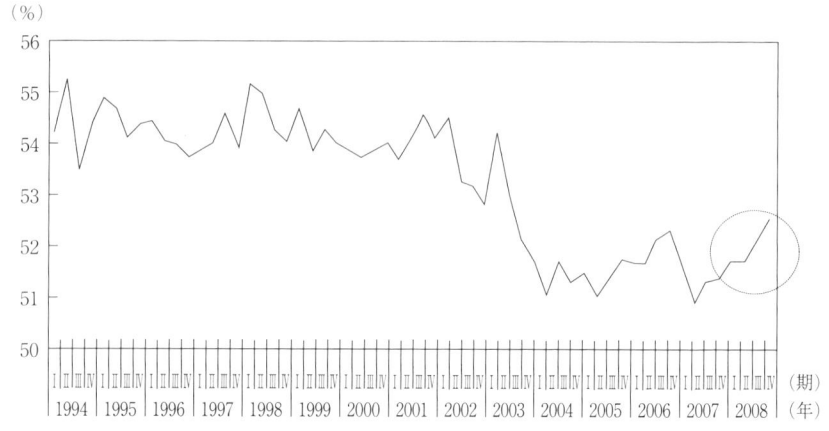

備考：内閣府「国民経済計算」により作成．
出所：内閣府『日本経済 2008-2009』181 頁．

図 6-3 輸出入物価と交易条件

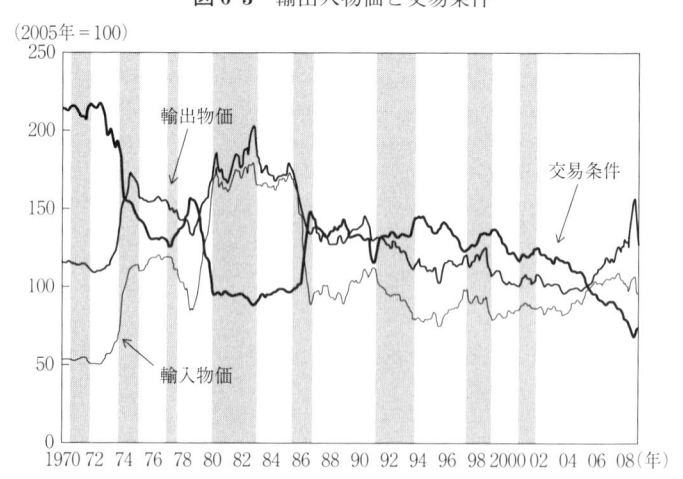

備考：1. 日本銀行「輸出入物価」により作成．
　　　2. 輸出入物価は円ベース．
　　　3. シャドーは景気後退期．
出所：内閣府『日本経済 2008-2009』36 頁．

わけ中小規模の企業に対してその影響が大きかったことをここであらかじめ確認しておこう．

(4) 名目雇用者報酬はマイナスを含む0%成長

次に，雇用者報酬の動きについて見ておこう[12]．前年同期比でみて，雇用者報酬は，1981年第1四半期以降，1994年第3四半期を唯一の例外としてプラスを維持し続けた．それが変調を来すのは，1998年第2四半期以降である．この時マイナス1.1%をつけて以降，2000年第1四半期まで連続8期マイナスとなる．その後，2000年第2四半期から2001年第2四半期まで5期連続でほぼ0%台の増加を示すが（2000年第4四半期1.3%のプラス），2001年第3四半期以降2004年第3四半期まで連続13期に及ぶマイナスの増加となる．今期の回復過程との関連で言えば，その前半はほとんど雇用者報酬は，対前年同期比で減少し続けたのである．この点は先にみた，今期回復過程の前半における売上高低迷下での企業の経常利益，とりわけ資本金10億円以上の階層のそれの増勢と符合する．その後2004年第4四半期以降，雇用者報酬は前年同期比で，2005年第1四半期と2007年第3四半期にマイナスとなるが，2008年第3四半期までプラスの値を示す．しかし，全体として，かつてのような増勢といえるような増加にはほど遠いものであった．因みに，名目雇用者報酬の対前年比で見ると，高度経済成長期以降2桁成長を遂げてきた増加率が1桁に転じるのは，1978年であり，その後増加率は減少し続け，1998年にはじめてマイナスの増加率を示して以降，2006年を別としてマイナスを含むほぼ0%成長であった[13]．名目雇用者報酬の長期動向は別にしても，今期回復過程が名目雇用者報酬の対前年同期比でマイナスを含む0%成長のなかで展開していたこと，これが今期の回復過程の第4の特徴である．

ところでこうした点は物価動向にも反映している．1960年の50.7以降，国内企業物価指数（2005年を100）は，1970年代における2度の石油危機を経る中で上昇率を高めながら1982年に118.2のピークをつけるまで上昇

を続けた．その後，1980年代末から1990年代初頭にかけてのバブル期と若干年の例外を除いて，2003年（97.1）まで低下傾向をとる．2004年からは再び上昇に転じている（2008年108.8）．これに対して消費者物価指数（2005年を100）は，1960年代以降，1995年を唯一の例外として1998年（103.3）まで上昇し続けた．その後1999年以降2005年まで消費者物価指数は低下を続けるが，2006年（100.3），2007年（同）と上昇する（2008年101.7)[14]．2007年に入ってからの，とりわけサブプライムローン問題の表面化以降の消費者物価動向については後に見る．ここでは1999年から消費者物価指数が2005年まで下がり続けたことを確認しておこう．

先に進む前に行論との関係で一言しておこう．今期回復過程について，その特徴を何点かにわたって析出してきたのであるが，今期の回復過程は形態的には，回復にもたつきがみられ，結果回復に遅れが生じ，やっと2005年に入って一応の軌道に乗るが2007年には早くもその腰折れが見える．こうした形態上の特徴をもたらしたものは何か．この点については，すでに何点かは指摘済みであるが，前半の遅れについては，90年代の低成長との関連で，後半の腰折れについては，今期の回復過程の下方への転換との関わりで改めて論ずる機会をもつことにする．

さて，われわれはこれまで2002年1月を底として開始される第14循環の拡張期を低成長型回復過程と位置づけ，その特徴をデータにより検証してきたのであるが，そこで示された特徴とは，およそこれまでの日本経済にはみられなかった新たな変化を伴っていたことが確認される．その意味ではまさに歴史的な現象であったということができよう．この認識に立って，われわれはいま一度戦後の高度経済成長期以降を概観し，2000年代以降の日本経済の位置づけを試みようと思う．

3. 1990年代初頭のバブル崩壊以降の低成長期

さて，われわれは，今期第14循環を低成長型景気回復過程とその崩壊と

して位置づけ，回復期の詳細を見てきたのであるが，この期の崩壊過程を詳述する前に，1990年代初頭のバブル崩壊以降の低成長について言及しておこう．あえて低成長型景気回復過程とその崩壊と規定したのは，今次の下降への転換を，単に景気循環の一局面における後退期としてだけではなく，1990年代の内外の環境変化への対応としてとられた諸措置とその帰結としての景気への影響，それが低成長をもたらしたと捉え，この過程そのものの崩壊を示す現象と解するからにほかならない．本節では，1990年代の低成長を，先行する景気動向過程のなかで捉え返すこと，これが課題である．

(1) 戦後高度経済成長期以降の3つの時期区分による低成長期

まず1990年代初頭以降の低成長期を戦後の高度経済成長期以降のなかにその位置を確定しておこう．

戦後の調整期を経ての高度経済成長期以降の日本経済は，実質GDP成長率の推移で見る限り，大別して以下の3つの時期に括ることができる．

①第3循環（1954年11月の谷から1957年6月の山を経て1958年6月を谷とする時期）の拡張過程から始まって第7循環（1971年12月の谷から1973年11月の山を経て1975年3月を谷とする時期）のピークまでの19年で，いわば「高度成長」期ともいえる時期．1956年から1973年までの年平均実質GDP成長率は9.25％であった．この期間の設備投資名目GDP比率のピークは1961年の20.2％と1970年の21.0％の2度である．第1次石油危機など高度経済成長を可能にしていた諸要因の消失をもって「高度成長」は終焉．②第8循環（1975年3月の谷から77年1月の山を経て77年10月を谷とする時期）から第11循環（86年11月の谷から1991年2月の山を経て1993年10月を谷とする時期）のピークまでの16年で，いわば「安定成長」期ともいえる中成長の時期．1974年から1991年までの年平均実質GDP成長率は4.09％であった．この期間の設備投資名目GDP比率のピークは1980年の16.2％と1990年の20.2％の2度である．バブルの形成崩壊をもって「安定成長」期は終焉．③第12循環（1993年10月の谷から1997

年5月の山を経て1999年1月を谷とする時期)から第14循環(2002年1月の谷から2007年10月の山を経て現在に至る時期)を含む現在経過中で,いわば「低成長」期ともいえる時期.1992年から2007年までの年平均実質GDP成長率は1.23%であった.2009年9月現在「低成長」からの脱却を示すデータはない.この期の設備投資名目GDP比率の動向についてはほとんど明確なピークは存在せず,1997年に15.4%をつけた後,すでに述べたように,一進一退のまま2002年の13.3%を底に2003年以降上昇を続け,2007年の16.0%に至っている[15].

それぞれの時期について詳述する箇所ではないので,ここでは1990年代初頭以降の低成長の時期が戦後の高度経済成長以降の3つの時期に括られる最後の時期に位置していること,しかも中期の景気循環の代表的な指標である設備投資の動きを見ると,それがもはやこの時期の明確な循環変動要因たりえなくなっていることが示されれば十分である.

以下,全体としてこの低成長期の位置を確認するために,戦後の高度経済成長期以降の日本経済の動きを若干の指標のなかで見ておくことにしよう.

主要需要項目の推移を名目GDP比でみる

まず主要需要項目別に名目GDPに占める比率の推移で見ておこう[16].

高度経済成長期以降,名目GDPに占める比率として最大の支出項目である民間最終消費支出の推移を追ってみることにしよう.1955年(65.7%)から1973年(53.6%)までに12.1ポイントほど下がるが,この高度経済成長期の平均は58.0%,しかもその比率は景気とはおおよそ逆方向の動きをとりながら徐々に下がる傾向にある.この時期にはまだ景気の下支え役としての個人消費の役割がより大きかったように推察される.民間企業設備の対名目GDP比率の平均は,17.1%,概ね景気と同一方向に向かって動きながら徐々にその比率を高めていった.しかもこの期の特徴は,設備投資循環ともいえる循環運動がほぼ10年周期ではっきりとみられたこと,そしてこの期の2度目のピークが1970年であり,それを超えた年はいまだにないという

ことである．公的資本形成については，平均比率 8.09％，しかもそれは徐々にではあるが増える傾向をとっている．1970 年代に入るとほとんど景気動向とは無関係に増勢傾向が示される．民間設備投資の頭打ちを公的資本形成で補おうとする動きとも読み取れる．財貨・サービスの輸出についてはどうであろうか．平均比率は，10.5％，しかもその動勢は景気循環とはほとんど関係なく，1950 年代に比較的高く，1960 年代の前半が低く，1960 年代後半以降，再びその増勢は強められるが，1971 年に 11.7％ をつけた後，減少に転ずる．高度経済成長の末期である 1971 年 12 月に谷をつけて以降の第 7 循環の回復期が設備投資の減退と円高の下での輸出の減退のなかで展開していることに留意されたい（民間設備は 1973 年には増加）．「列島改造ブーム」はこの時期であった．

　次に，同じ需要項目の対名目 GDP 比率の動きを高度経済成長終焉後の中成長期以降について見てみよう．中成長期（1974 年から 1991 年まで）の名目 GDP に対する民間最終消費支出の占める比率の平均は 55.1％ であり，1974 年の 54.3％ から上昇を続けるが，1979 年の 58.7％ をピークに，その後，傾向的に低下し，1991 年に 52.5％ をつける．低成長期（1992 年から 2007 年）に入ってこの比率は再び上昇傾向をとるが，2002 年の 57.7％ をピークにその後低下する．すでにみたところである．低成長期の平均は 56.1％ と比較的高水準である．

　民間企業設備の名目 GDP 比はどうであろうか．中成長期の平均は，16.4％ であった．確かに高度経済成長の終焉とともに設備投資比率も低下を余儀なくされるが，それでも 1980 年には低いながらも 16.2％ の山を形成する．その後再び景気減速のなかで，この比率も 14.7％ まで低下するが，その後 1987 年の 16.4％ を除いて増勢をとり，1990 年には 20.2％，1991 年には 20.1％ と高度経済成長期並みの高みに登る．まさにバブル経済下であった．バブル期にかぎれば，確かに消費のウエイトの低下を設備投資比率の上昇が十分にカバーしたといえなくもない．しかし，その後の推移からすれば，決して設備投資はこれで持ち直したとはいえず，再び 1970 年代後半の，あ

るいは1980年代前半の水準にまで落ち込んでしまうのである．まさにこのかぎり低成長の主因は設備投資の低迷にあるといえよう．低成長期の民間企業設備比率の平均は，14.9％であった．

ところで，高度経済成長終焉後の設備投資比率の低迷との関連で注目すべきは，この期以降，企業の自己資本比率（（純資産−新株予約権）/総資本×100）が上昇傾向を取り始めたことであり，それは現在も進行中であること[17]，また90年代以降，企業の資金調達の圧倒的部分は減価償却によるものとなり，2000年代に入ると減価償却に内部留保を加えた内部調達額が資金調達を超える状態が続くことである[18]．まさに企業の資金余剰が鮮明になっている．この点は，別の角度から，国民経済計算のレベルからも確認することができる．1970年代末以降，年度でみて，固定資本減耗と海外からの純資本移転などを含む総貯蓄の名目GDP比である総貯蓄率が総固定資本形成と在庫品増の合計額である総投資額の名目GDP比である総投資率を恒常的に上回る状態が続いている[19]．設備投資の減調とともに日本経済に余剰資金が醸成されはじめたことは明らかである．

公的資本形成についてみよう．中成長期における名目GDPに占める公的資本形成の比率の平均は，8.07％と比較的安定しており，しかもその比率は1980年代以降低下傾向をとり，1991年には6.5％にまで低下していた．因みに，その後の低成長期のなかでの公的資本形成の比率は，平均6.65％にまで下がるが，注目すべきはその中身である．バブル崩壊後の不況のなかで上昇を続け，1996年に8.4％をつけるが，それ以降，1999年を別にして再び低下傾向をとり，2007年には4.0％にまで低下した．すでにみたところである．1980年代の公的資本形成の低下が比較的景気の安定していたところに求められるとするならば，2000年に入ってからのそれは，明らかに時の政府による財政再建を旗印にした公共投資削減という政策的対応によるところが大きい．結果はどうあれ成長への寄与度でみるかぎり，このことが景気に対して下押し効果をもたらしたことは否めない．さらに，すでに述べたように，公的資本形成の削減は，中小規模の企業にしわ寄せが大きかったこと

も指摘しておきたい．

　さて最後に，名目GDPに占める財貨・サービスの輸出比率についてみよう．中成長期におけるこの平均比率は，12.4％であった．しかも，この比率は，先にふれたように，1980年代前半に14％台という比較的高水準をつけた後，減少に転じ，1993，94年と2年間にわたって9.1％をつけて後，一進一退を経て2002年以降増勢に転じる．まさに1980年代前半とは，2度のオイルショックを経るなかで，「脱石油」を合い言葉に自動車，電気といった産業を中心に，生産工程のロボット化，ME化によって推し進められた合理化，省力化の結果得られた高い生産性を武器に，しかけられた「集中豪雨型」の輸出攻勢期にほかならなかった．とりわけ欧米がこの攻勢にさらされ，日本に対する批判を強めることになる．貿易摩擦から経済摩擦に至る過程がそれである．この過程のなかで，いわゆる日米円ドル特別会合（1984年），日米経済構造協議（1989年）が開催され，日本への金融・資本市場開放，内需拡大から，貿易不均衡をもたらす構造的要因の改善へと経済改革要求はエスカレートしていくことになる．こうした動きに対して政府は早くも1985年4月には対外経済対策推進本部を設置し，7月には「市場開放アクションプログラム」の全骨格（関税の引き下げ・撤廃，基準認証制度の改善，金融自由化，政府調達の拡大など）を決定している．内需拡大への政策提言を行った，いわゆる「前川レポート」が「国際協調のための経済構造調整研究会」に提出されたのは1986年4月であった．1980年代後半以降の輸出減退輸入促進は，円高，バブル経済をも追い風にしたところもないわけではないが，まさにこうした一連の対応の1つの帰結にほかならなかった．その後，歴代政府は，バブル経済の崩壊による負の後遺症の処理とともに，ここで提起された諸要求の実現のために過大な政治課題を背負うことになる．日本における低成長期とはまさにこの課題への対応過程でもあったのである．この点は2000年代に入ってからの日本経済の運行をみる上で決して忘れてはならない視点となる．

　先に進む前に，これは支出項目ではないが高度経済成長期以降の，とりわ

け消費動向との関係で無視することのできない要因として所得動向，なかんずく名目雇用者報酬の動きをつかんでおく必要がある．これを対名目GDP比で見ておくことにしよう（その推移は，名目雇用者報酬を対名目国民所得比で見た労働分配率の動向とは相違する．因みに労働分配率がピークを付けるのは2001年の74.4％においてである）[20]．雇用者報酬の比率は，おおざっぱにみて，1955年の41.3％から始まるが，その後，おおよそ景気循環とは逆の動きをとりながら上昇傾向を続け，とりわけ1960年代後半以降その傾向を強めながら，中成長期に入って，1977年に55.4％のピークをつける．その後，バブル経済の最中である1989年に51.3％まで下がり，その後再び上昇を続け1998年に54.5％をつけた後，減少傾向にはいる．因みに2007年は51.3％であった．みられるように，中成長期からバブルが崩壊して低成長期に入ってからも，しばらくは，名目雇用者報酬の比率は，景気循環とは逆の動きをとりつつも比較的安定していた，とみることができよう．この循環逆対応のなかでの名目雇用者報酬の水準に異変が生じるのが1998年であった[21]．先にみたように，低成長期に入ってからも民間最終消費支出の比率が比較的高水準を示していたのは，この名目雇用者報酬の動きを表現したものにほかならなかった．

因みに，ここで家計貯蓄率の推移を概観しておこう[22]．大きな流れとしては高度経済成長期以降，1955年に11.9％であった家計貯蓄率はその後徐々に上昇を続け，1974年と76年の両年に23.2％のピークをつけ（先にみたように，対名目GDP比名目雇用者報酬もほぼ同時期にピークをつけていることに注意），その後低下傾向をとり，2000年には8.7％と1桁台となり，2007年は3.3％にまで低落している．家計貯蓄率は，中成長期以降ほぼ一貫して低下し，低成長期にはその傾向はさらに強まりを見せ2000年代に入って（2000年から2007年までに）60％を超える下落率を示す．

さて，してみると，低成長期に入ってからの民間最終消費支出の相対的高水準は，安定した雇用者報酬に加えて貯蓄率を低下させながらも消費に励む姿が少なくとも低成長期の前半までは見られたのである．これに対する反動

が 1998 年に起こったとみることができよう．1998 年とは，これまで高度経済成長期以降対前年比で一貫してプラスの値をとってきた名目雇用者報酬がはじめてマイナスに転じた年でもある．折しも 1998 年とは第 12 循環の下降期であり，戦後高度経済成長期以降 2 度目のマイナス成長，しかもその率からすると第 1 次オイルショック後の 1974 年のマイナス 1.2% よりも深いマイナス 2.0% を示した年でもあった．因みにその翌年もマイナス 0.1% と 2 年連続のマイナスを示した．2 年連続のマイナス成長は，戦後の高度経済成長期以来はじめてのことであった．ここでは 1998 年を記憶にとどめることにして先に進もう．

主要需要項目の推移を実質 GDP 成長率に対する寄与度でみる

先行箇所においてわれわれは，GDP にしめる主要需要項目の比率を追いながら，戦後の高度経済成長期以降の推移のなかでの低成長期の位置を確認した．それをふまえてここでは景気循環との関連で高度経済成長期以降の 3 つの時期区分の中で低成長期の位置を捉えよう．その際のポイントは，主要需要項目の GDP 成長率への寄与度の動向である[23]．

まず，対 GDP 比でもっとも高い比率を占める民間最終消費支出の平均実質 GDP 成長率への寄与度の動きについてみてみよう．高度経済成長期における年平均実質 GDP 成長率 9.25% に対する民間最終消費支出の平均寄与度は 5.45 と極めて高い．中成長期における年平均実質 GDP 成長率 4.09% に対する同寄与度は，2.08，低成長期における年平均実質 GDP 成長率 1.23% に対するそれは，0.68 であった．この動きは基本的に GDP に占める民間最終消費支出の比率の動きと同じ傾向をとっている．これに対して，民間企業設備の寄与度は，高度経済成長期 1.59，中成長期 0.93，低成長期 0.03 と，低成長期に激減する．公的固定資本形成については，高度経済成長期 0.92，中成長期 0.14，低成長期マイナス 0.09 であった．財貨・サービスの輸出についてはどうか．高度経済成長期 0.6，中成長期 0.72，低成長期 0.65 と低成長期の寄与度が相対的に大きい．

ここで低成長期の前半と後半との段差を考慮して，低成長期の前半（1993年から1998年まで）と後半（1999年から2007年まで）とに分けて民間最終消費支出と公的固定資本形成の動きを見てみよう．前半期の平均実質GDP成長率0.9%に対する民間最終消費支出の平均寄与度は，0.7と極めて高い．これに対して，後半期平均実質成長率1.5%に対する平均寄与度は0.6，後半期の減少幅は大きい．次に公的固定資本形成についてみると，前半期寄与度平均0.3に対し，後半期のそれはマイナス0.4と寄与度はマイナスであった．民間最終消費支出も公的資本形成もともに低成長期の前半よりも後半の方がそれぞれ寄与度を引き下げていることが分かる．逆に財貨・サービスの輸出のそれは，前半期0.4，後半期0.9と寄与度を高めている．

　さて，高度経済成長期以降の3つの時期について，成長率に対する需要項目別の寄与度からその趨勢をみてきた．それぞれの項目の動きについて景気循環との関わりを考慮しながらもう少し細かくみてみよう．日本の高度経済成長を支えた要因としては，需要項目としては圧倒的に民間最終消費支出であった．民間最終消費支出の寄与度が全体として高い位置を占めるなかで1960年代後半にはその位置は若干低下する．この点は民間最終消費支出の実質GDPに占める比率の動きと一致している．あるいはそれを反映しているとみることもできよう．代わって民間企業設備の寄与度が相対的に高まりをみせる．1970年代に入り第7循環の拡張期（1971年12月から1973年11月まで）には再び民間最終消費支出の寄与度が増勢を示すが，それにもまして1960年代前半と同じようにこの時期においても，とりわけ財貨・サービスの輸入の増加による純輸出の減少によって景気の反転が画された点は注目に値する．まさに過剰蓄積の臨界点を示していたといえよう．その後，1970年代末の第2次オイルショックの際に輸入の増加による純輸出の減退を機に1980年2月に景気が反転して（第9循環の下降期へ）以降，輸入の増加から生じる純輸出の減退による景気反転現象は影を潜める（もはや基本的には1970年代の「初期IMF体制の崩壊」と変動為替相場制への移行の中で国際収支の反転を契機にする景気反転はその論拠を失ったといえよう）．その後，

第6章　日本における2000年代初頭の景気循環　269

　純輸出の減退が景気反転に関わるのは，輸出の減退による純輸出の減少である．1985年6月から1986年11月の第10循環の下降期，いわゆる「円高不況」がそれである．1980年代初頭から前半はむしろ輸入の増加を上回る輸出の増加による純輸出の堅調さが景気に対してもプラスに寄与していたといえよう．1986年11月から1991年2月の第11循環の拡張期，いわゆるバブル経済下にあって，そのほとんどの時期において純輸出は輸入増加によりマイナスに寄与していた点は注視されねばならない．この他にもこの期には注目すべき点がいくつかある．先にもふれたように，この拡張期に四半期別でみて5度，実質GDP成長率が前期比マイナスの時期がある（1987年第1四半期マイナス0.1%，1988年第2四半期マイナス0.2%，1989年第2四半期マイナス1.3%，1990年第1四半期マイナス0.4%，同第4四半期マイナス0.2%）．1987年の第1四半期を別とすれば，いずれも財貨・サービスの輸入がマイナスの寄与度を示していたこと，またそれとの関係で言うならば，1989年第2四半期にはマイナス1.3%と，この期の5度のマイナス成長のなかでもっともマイナス幅が大きいが，これへのマイナスの寄与は，民間最終消費支出がマイナス1.0，民間企業設備の寄与度がマイナス0.8と内需の落ち込みが大きい．これは同年4月に消費税が導入されたことと無関係ではないであろう．また，「円高不況」のなかで引き下げられ，景気が上昇に向かっても下げられ続け，1987年2月に3.0%から当時としては史上最低とされた2.5%にまで引き下げられた後，およそ2年間にわたって据え置かれてきた公定歩合が1989年5月にやっと3.25%に引き上げられた．これを受けてのマイナス成長といえよう．さらに1989年10月には，公定歩合が3.25%から3.75%へ，そして同年12月には3.75%から4.25%に矢継ぎ早に引き上げられていく．こうしたなかで公定歩合の引き上げと歩調を合わせるかのように，成長率は1990年第1四半期にマイナス0.4%をつける．この時には民間在庫品がマイナス0.9と最大のマイナス寄与度を示す．その後，同年3月に公定歩合は4.25%から5.25%へ，8月には5.25%から6.0%へと引き上げられていく．そして同年第4四半期にはGDP成長率は前期比マイナス

0.2%のマイナス成長をつけるに至る．この時には輸入と民間最終消費支出とが同一のマイナス0.5の最大マイナス寄与度を示す．さらに，すでに1989年の第2四半期には全産業の全規模企業において売上高経常利益率は前年同期差でマイナスを付けていることも銘記しておきたい[24]．バブルはその崩壊よりかなり前に実体経済の部面での変調がみられたのである．

さて話を元に戻して，財貨・サービスの輸出動向についてであるが，1990年代初頭のバブル崩壊過程（第11循環の下降過程）にあっては輸入も減少し純輸出はわずかながらプラスに寄与するが，その後純輸出とりわけ財貨・サービスの輸出と景気との関係に大きな変化が生じる．1993年10月から1997年5月の第12循環の拡張過程において，輸入の増加によるマイナスへの寄与が示される．景気の上昇期に輸入が増えるのはむしろ通常の状態といえるが，1997年5月から1999年1月までの第12循環の下降過程のなかで輸出の減退による純輸出のマイナスへの寄与が強まる．また1999年1月から2002年1月までの第13循環，いわゆるITバブルとその崩壊期においても，2000年11月までの拡張期にあっては輸入増加によるマイナスの寄与が大きく，下降期にあっては輸出の減退によるマイナスへの寄与が大きい．1990年代の後半以降，日本経済がますます輸出への依存を強めるなかで（名目GDPに占める財貨・サービスの輸出の比率は1995年10.9%，1996年9.8%，1997年10.9%，1998年10.9%，1999年10.3%，2000年11.0%，2001年10.6%であった），景気の悪化と輸出減退とが再びリンクしだしたことを示す．景気拡張期に輸入が増え，下降期に輸出が減る．いずれも貿易収支にはマイナスに作用するが，そのこと自体よりも，このことは2つの点で注目に値する．1つは輸入増加によって成長率に下押し圧力が加わること，いま1つは輸出依存によりますます海外の需要変化の影響を受けやすくなるということである．前者はバブル崩壊後の低成長の一契機となったであろうし，後者はアジア通貨危機（1998年貿易輸出額は全体で対前年比1.3%減，アジアについては18.8%減であった）[25]，ITバブルの崩壊（2001年貿易輸出額は全体で対前年比5.9%減，米国については5.2%減であった）[26]によ

って図らずも証明されたところである．その後の 2002 年 1 月からの長期にわたる回復過程のなかでの輸出・輸入の動向については，すでに詳細にみたところであるが，日本経済は輸入増加と相俟ってますます輸出への依存の度合いを強めていく（因みに，2002 年から 2007 年までに貿易輸出額の伸びは全体で，61.1％，アジアが 78.4％，中国が 151.5％，米国が 15.2％，EU が 63.3％ であった[27]．アジア，とりわけ中国の伸びが際だっていることが分かる）．こうした状況のなかで 2007 年 10 月以降，景気下降期に突入するのであるが，後に見るように，この景気下降過程を深化させていったのも輸出の減退にほかならない．第 14 循環の下降期も 1990 年代後半以降の輸出依存の強まりのなかでの景気後退の特徴を併せ持っていたことを確認しておこう．高度経済成長の終焉以降，純輸出の動向が日本の景気動向にとってより大きな変動要因となってきていることも併せて確認できよう．

　高度経済成長期以来，日本の成長にもっとも寄与してきた民間最終消費支出の動向についても注視しなくてはならない．すでにみたように，実質暦年寄与度でみた場合，ほとんど例外なく，しかも景気循環の上昇期・下降期に関係なく，戦後の経済成長にとってその圧倒的寄与度はこの民間最終消費支出によるものであった．高度経済成長の終焉とともに寄与度においてその首位の座を譲り渡す年が現れる．1974 年，80 年，81 年，84 年には財貨・サービスの輸出に，また 1985 年と 1989 年には民間企業設備に，そして 1990 年代に入って，1992 年（民間最終消費支出と寄与度 1.1 でその首位を二分），1993 年には公的固定資本形成にそれぞれその首位の座を明け渡す．しかしこれらはいずれもまだ例外的であり一時的な現象であった．民間最終消費支出がその寄与度において変調を来すのは，1990 年代後半，それも 1997 年以降である．因みに 1998 年の実質 GDP 成長率マイナス 2.0％ に対する民間最終消費支出の寄与度は，マイナス 0.5 と戦後の高度経済成長期以来最大の落ち込みを示す．1997 年から 2007 年までの 11 年間に民間最終消費支出が寄与度において最高位を占めたのは，2001 年のわずかに 1 度だけであった．代わって最高位を占めたのは財貨・サービスの輸出が最も多く，2000 年，

02年,03年,04年,06年,07年の6度,民間企業設備が1997年,2005年の2度,政府最終消費支出が1998年,99年の2度であった.1997年以降,ほとんど歴史的ともいえる転換が寄与度に生じたとみていいであろう.さらに2001年のGDP成長率0.2％に対する財貨・サービスの輸出の寄与度マイナス0.8はITバブルの崩壊を象徴した数字であった.

いずれにしても日本経済は1997年以降,民間最終消費支出の経済成長に占める寄与度が低下するにつれて,景気循環の変転はますます財貨・サービスの輸出の動向に依存するようになったということができよう[28].

株価で見る企業動向

次に,高度経済成長期以降の企業の動向を日経平均株価の動きで追ってみよう[29].高度経済成長が開始される1955年には株価(終値)はほとんど300円台で推移していた.1960年に1,000円台をつける.1961年に一時1,700円台となるがその後下落し,1967年まではほとんど1,000円台の前半で推移する.1968年に1,000円台後半に転じ,早くも1969年には2,000円台をつける.1972年に3,000円台をつけた株価は,その年の12月には5,000円台へと急速な動きを見せるが,1973年には再び4,000円台に戻り,その後低落を続ける.1974年末に3,800円台をつけた後再び上昇をはじめ,1977年には5,000円台に戻る.1978年末に6,000円台をつける.1980年9月には7,000円台,1982年末に8,000円台,1983年7月9,000円台,1984年に10,000円台に乗り,その年の内に11,000円をつける.1985年に12,000円台,その年の末には13,000円台へと進む.1986年には18,000円台にまで上昇する.1987年には20,000円台をつけ,その年の内に一気に26,000円台にまで進むが,その後同年末には,21,000円台にまで下げる.翌1988年には再び上昇をはじめ,年末にはなんと30,000円の大台に乗る.そして1989年末には最高値38,915.87円をつけるに至る.1980年代後半以降,とりわけバブルの進行とともに株価は急速に上げ幅を拡大していったことが分かる.株価は1980年代に入ってなだらかな増加傾向をとり,1982年9月の6,910.73円を

境にその後増加速度を上げ 1986 年以降は文字通り駆け足で 38,915.87 円まで上り詰める．これを臨界点にして，バブル崩壊とともに株価は収縮に向かう．そして現在まで低迷状態が続く．しかし変動はかえって以前よりも大きくなっている．以下見ていこう．

　38,915.87 円をつけた株価は，バブルの崩壊とともに下落を続け，途中，2, 3 度持ち直す気配を見せるが，1992 年 7 月の 15,910.28 円まで下落する．実に 59.1％の下落であった．その後 1993 年 8 月に 21,026.60 円まで上がるが，同年 12 月に 17,417.24 円まで下がる．1994 年 5 月に 20,973.59 円をつけた後，1995 年 6 月の 14,517.40 円まで下がる．1996 年 6 月に 22,530.75 円まで上がった株価は 1998 年 9 月の 13,406.39 円まで落ちる．この 1996 年 6 月から 1998 年 9 月までの下降過程には，途中何度となく株価が乱高下を繰り返す時期がある．それはおそらく 1997 年の三洋証券の倒産，北海道拓殖銀行・山一証券経営破綻などの金融危機が係わっているように思われる．さらにその後，今一度 1998 年 12 月に 13,842.17 円と株価が下がる．これには長期信用銀行や日本債券信用銀行の経営破綻の影響が及んでいるように思われる．いずれにしても，この時期さまざまな金融不安のなかで株価が敏感に反応し，乱高下している様子がうかがえる．2000 年 3 月に 20,337.32 円をつけた後，2 度ほど上がりかけるが，2003 年 4 月の 7,831.42 円まで値を下げる．下落率 61.5％，バブル崩壊期を超える大きな落ち込みであり，1982 年 11 月以来の水準にまで下落したのである．この下落には，第 14 循環の景気回復過程の性格を規定する上で企業の業績とともに重要なシグナルが含まれている．この点後に検討する．さてこの大きな落ち込みの後，株価は 2 度ほど弱含んだ後 2004 年 6 月の 11,858.87 円まで値を上げるが，その後停滞を続け，2005 年の後半になって本格的な上昇に入る．2006 年 3 月の 17,059.66 円まで続く．その後下落して 2006 年 7 月に 15,505.18 円をつけて以降，上昇に転じる．同年 12 月には 17,225.83 円まで回復する．その後 2007 年に入って，一時下がった株価も持ち直し，同年 6 月には 18,138.36 円の値をつける．その後下落するが，2008 年 9 月までは 11,259.86 円と 11,000 円台をキープする．そして，

同年10月以降8,000円台にまで急低下する．2009年2月に7,568.42円とバブル崩壊後の最安値をつけた後（2009年3月10日の終値が7,054円と1989年末以降の最安値），上昇に転じ7月には10,000円台を回復する．

さて，高度経済成長以降の株価の動向を概観してきたが，1980年代後半から1990年代初頭のいわゆるバブルの形成崩壊期を除くと，日本経済の実力はおおよそ15,000円近辺が水準ではないかと思われる．株価でみるかぎりバブル崩壊に伴う調整過程は案外早く第12循環に入るところで終了していたのかもしれない．それがさらに一段の下落を余儀なくされるのは第12循環の後退期と2000年に入ってから2003年までの事態の推移であるように思われる．ここに決定的とも言われる政策の関与を見る．この点は項を改めて論ずる．

われわれは，これまで主要需要項目の名目GDPに占める比率を追いながら戦後高度経済成長期以降の日本経済の動きを鳥瞰し，さらに実質GDP成長率に対する主要需要項目の寄与度の推移を見ながら景気循環との関連で低成長期までを概観した．個々の景気循環の諸局面の特徴についてはすでに折に触れてその都度論じてきたところであるが，GDP成長率の推移を参考に括られた戦後の高度経済成長期以降の3つの時期については確かにそれに相当する特徴が存在すること，そうしたなかでバブル崩壊以降の低成長期を確認することができた．その上で改めて低成長期を振り返ってみるならば，そこには特徴を二分する段差が存在することが確認される．1997年5月から1999年1月までの第12循環の下降過程，ここを境にして，とりわけ名目雇用者報酬，民間最終消費支出，財貨・サービスの輸出といった需要項目に変調が現れる．以下，項を改めて低成長期，とりわけ第12循環の下降期にスポットを当て，そこで何が起きたのかを検証し，それが2002年以降の第14循環の基盤を形成したことを明らかにすることにしよう．

(2) 1990年代の低成長要因

低成長の要因としてはまず企業の設備投資が低調であったというところに

つきる．それは，まずバブル経済のなかで醸成されバブルの崩壊とともに顕在化した過剰資本（設備，労働，債務）とその処理の遅れに原因を求めることができる．バブル崩壊に伴う資産価格の下落，企業の債務超過，取引減退による売上高減少，投資効率の悪化，これらが設備投資を減退させ，設備投資の減退がさらに資産価格を低下させるといったスパイラルを描く．こうした資産価格の下落と企業の収益環境の悪化が新規の設備投資どころか過剰資本の処理をも遅らせる．こうした状況下に新たな変化要因が2つ加わる．1つはアジア諸国との競争戦の激化であり，いま1つは規制緩和に伴う収益環境の悪化である．全体としてコスト削減を強いる圧力がますます強まる．日本経済は新たな需要を掘り起こせないまま混迷の度を深める．こうした実体経済の低迷に金融調整を伴う資産調整が加わり混迷は長期化の様相を呈する．不良資産化，不良債権処理の遅れ，貸し渋りはこうした動きの一齣でしかなかった．日本経済は，長期停滞の中で過剰な設備，労働力，負債を抱えながら10数年を費やすことになる．リストラと低賃金労働のための環境整備，不良債権処理は結局2002年以降の景気回復まで持ち越されていく．

　バブル崩壊以降の低成長への変化要因の1つであった，アジア諸国との競争戦の激化は，アジア等からの安価な製品輸入の増加による在庫調整の遅れ，売上高の低迷をもたらした（製品輸入比率は，1993年の52.0％から上昇をはじめ1999年には62.5％にまで至る．その後製品輸入比率は傾向的に低下していく．2008年には50.1％まで下がる[30]．2000年代に入ってから，とりわけアジア諸国との間で国際的な分業関係に変化が生じたものと推察される．東アジアはいまやさらに深化した「東アジア生産ネットワーク」[31]を構築しつつある．日本から輸出された部品や原材料，半製品が回りまわって中国に集まり，そこで完成品に組み立てられる構図が見えてくる）．これまで日本経済は高度経済成長の後半期以降，円高になるたびに海外直接投資を増やしてきた．1970年代初頭，1980年代後半（この時は貿易摩擦回避の面も強く，北米への投資が大きい），1990年代半ば，いずれもそうである．1970年代初頭，1990年代半ば以降の海外直接投資はとりわけ東アジアへのウエイトが

高いことも注意を要する[32]．こうした東アジアへの直接投資の増加が同時に輸入の増加と符合していることに留意されたい．すでにみた，対GDP成長率に占める輸入の寄与度が，1993年第3四半期以降連続14四半期マイナスを示す（途中1996年第3四半期は寄与度0）．バブル崩壊直後は減っていた輸入が円高の影響もあり増勢に転じたのである．1997年第2四半期以降景気悪化の下で一時輸入も減少するが，再び1999年第1四半期以降景気上昇とともに増加を続け，GDP成長率への寄与度もそれとともにマイナスとなる．その後のITバブル崩壊に伴う景気後退によって輸入は減少し寄与度もプラスに転じるが，2002年以降はほとんど恒常的にマイナスとなる．すでに見たところである．いずれにしても，バブル崩壊以降ほとんど景気動向に対応して輸入は推移し，景気減速期以外はマイナスへの寄与を続けるのである．その傾向は2000年以降も変わらない．低成長要因の1つとして財貨・サービスの輸入増加を加えることに異論はないであろう．

(3) 第12循環において何が起きたのか：第14循環における回復の遅れとの関わりで

1990年代の低成長期は，バブル崩壊直後の時期を別とすると，そのほとんどは景気循環で見れば第12循環の回復，後退の過程であったといっても過言ではない．しかもこの下降期のありようがその後の2000年代に入ってからの第14循環の回復過程を規定していたと見ることができる．すでに折に触れて述べてきたように，1990年代の日本経済は，1つにはバブルの崩壊のなかで生じた過剰資本をいかに早く処理するか，それによって経済をどう回復軌道に乗せていくか，これが直接の課題，国内的要因であった．いま1つは，間接的には，あるいは対外的には米国等からの市場開放，規制緩和の要求にどう答えるか，さらにはメガコンペティション下での競争戦にいかに立ち向かうか，外部環境の変化にどう対応するか，これであった．これらの課題に直面して日本社会は，経済も政治も混乱を極めた．バブルの崩壊とともに，日本型とも言われる経営スタイルが問題にされた．メインバンク制と

金融システム，企業間の長期取引慣行，長期雇用慣行などである．これらはいずれもすでに対外的には批判の矢面にさらされていたものであり，かつてはこれこそが日本経済の強みとされていたものである．すべて批判を受け入れるような形で再編成がなされていった．free（自由），fair（公平），global（世界規模）が改革の三原則と謳われた．この象徴が日本版「金融ビッグバン」と労働行政の変更であった．いずれも規制を取り外し，市場にその動向を委ねる点では一致していた．

ここでは労働行政の変更とその帰結にのみふれておこう．1985年6月の改正男女雇用機会均等法公布（翌年4月施行）とともに同年7月，労働者派遣事業法公布（翌年7月施行）がなされる．1990年代に入ると会社の人事評価制度にいわゆる「成果主義」が導入されるようになる．1995年には，日経連が『新時代の「日本的経営」―挑戦すべき方向とその具体策―』を発表し，「雇用ポートフォリオ」を提唱する．「それは，従業員を『雇用柔軟型グループ』，『高度専門能力活用型グループ』，『長期蓄積能力活用型グループ』に区分し，『期間の定のない雇用契約』を『長期蓄積能力活用型グループ』に限定する，というものであった．その含意は，もっぱら，あるいは主として男性正規従業員を意味する『長期蓄積能力活用型グループ』をできるだけ少数にする，というものであった」[33]．以降，派遣労働の範囲は次々と拡大され，2004年には製造業にまで及ぶ．ほとんどすべての業種で派遣採用が可能となった．それに伴い派遣社員の数も「1998年度の90万人から2007年度の381万人に増えている．9年間でなんと4.2倍の増加である」．そのうち製造業の派遣労働者は，「2005年度から2007年度では，7万人から47万人に増加した」[34]とされる．非正規労働者数は総務省「労働力調査」によれば，2008年に1760万人であるという（同上）．しかも，「正規雇用者と非正規雇用者の年収分布を比較してみると，正規雇用者の年収の中位数が年齢の上昇に伴い増加するのに対し，非正規雇用者はほとんど増加しないため，年齢が高まるにつれ両者の年収に格差が生じることとなる」[35]．正規社員のリストラの一方でこの非正規雇用者の数が増加していく．まさに低賃金労働

の定着といえよう.こうした動きの初発が1990年代に,とりわけその後半に打たれたのである.この動きが本格化するのは,2000年代に入って最初の4年ないし5年であった[36].まさに第14循環の前半にほかならない.

　日本経済は,1990年代初頭のバブル崩壊以降の展開のなかで,これまでにない歴史的ともいえる変化を経験した.すでにデータにより確認したように,実質GDP成長率が対前年比1%台という低さとなる.1998年に名目雇用者報酬が高度経済成長期以降はじめて対前年比マイナスをつける.その後基調はマイナス,あるいは0%を持続する(2006年だけは対前年比2.0%).1998年には実質民間最終消費支出が対前年比で高度経済成長期以降最低のマイナス0.9%をつけ,同年,対実質GDP成長率寄与度がこれも高度経済成長期以降最低のマイナス0.5をつける.消費者物価指数も1999年以降基調マイナスに転じる[37].1990年代後半に集中的に現れるこうした変化は決して偶然的なものではなく,新たに生起した環境の変化への対応としてとられた政策的諸措置によるところが大きいといえよう.それはちょうど売上高が伸びないなかでの企業,とりわけ資本規模の大きな企業によるコスト削減努力と一致する.「1990年代の入職抑制の傾向は大企業で大きかった」[38].低迷する経済のなかで活路を見いだすべく,金融自由化,規制緩和,構造改革が喧伝された.大事な点はこれらが経済界の意を呈して政治主導で,法制化され,進んだことである.まさに「市場原理主義」という言葉に象徴されるような動きが旺盛であった.

　こうした変化を体現したのが橋本龍太郎内閣(1996年1月11日から1998年7月30日)であった.第2次橋本内閣のときに,行政・財政構造・社会保障・経済構造・金融システム・教育の6改革を掲げる(教育改革は1997年に後から加わる).この政策の下で公共投資の削減,消費税率の5%への引き上げ,特別減税の廃止,医療費の本人負担分の引き上げなどが矢継ぎ早に実施される(1997年11月に成立した「財政構造改革法」は1998年5月に修正,12月には実施凍結となった).これにより実質GDP成長率は1997年第2・第3四半期,1998年第1・第2四半期,1999年第1四半期とマイナ

スとなり，景気は下降に転じた．寄与度で見て，消費税率が引き上げられた1997年第2四半期に民間最終消費支出がマイナス1.9をつけたのをはじめ，民間住宅，民間企業設備，民間在庫，財貨・サービスの輸出も減退し，およそほとんどの需要項目がマイナスの寄与度を示している．高度経済成長期以降はじめて，1998年，99年と2年連続でマイナス成長となるのも頷ける．

翻ってみると，確かに先行する第12循環の回復期は，バブル崩壊の後1993年10月を底として回復軌道に乗るのであるが，1997年の5月にピークをつけるまで意外と好調であったかもしれない．とりわけ1996年に入ってからはいわゆる「駆け込み需要」も手伝って1％の成長率をつけている（第1・第2四半期）．公的資本形成と財貨・サービスの輸入がマイナスへの寄与度を示すなかで民間最終消費支出，民間設備投資などが好調であった．しかも後半になるにつれて財貨・サービスの輸出の寄与度も大きくなってきている．してみると意外にも好循環が形成されつつあったのかもしれない．そうすると，よく言われるように，この第12循環の景気の腰を折ったのは確かに政府の政策であったといえるかもしれない[39]．山家悠紀夫氏は，これを「『意図せざる』政策不況」[40]と呼んだ．植草一秀，山家悠紀夫両氏が指摘しているように，この景気後退は実体部面にとどまらず，この内閣が志向した「金融システム改革」の下で金融危機まで招来するに至る．これにより1997年11月にはいくつかの大手金融機関（三洋証券，北海道拓殖銀行，山一証券）が相次いで破綻を余儀なくされた．不良債権問題が再燃することになる．1998年4月には改正外為法が施行され，内外の資本取引が自由化される．いわゆる日本版「金融ビッグバン」が本格始動を開始するのである．そうしたなかで，1998年10月には日本長期信用銀行（現新生銀行）が，同年12月には日本債券信用銀行（現あおぞら銀行）が破綻する．その一方で，米国大手証券会社と邦銀との業務提携や，日本の生命保険会社と米国ノンバンクとの資本提携など，さまざまな業態の日米金融機関の提携が進むなか，日本の金融機関同士の提携・統合が進行することになる．こうした統合の1つのゴールが3大メガバンクの成立（2006年）であった．2004年12月には銀行

本体で証券仲介業を営むことができるようになり，銀行と証券の垣根はほとんどなくなった．保険，ノンバンクを加えてさらに多様な金融商品がワンストップで購入可能な体制ができあがった感がある．加えて異業種による銀行業への参入の壁も2001年以降ほとんど取り払われている．金融を中心とする規制緩和はここまできているのである．

さて話を元に戻して，第12循環であるが，まさに後退へのきっかけは政府の政策対応によってなされたと言えようが，加えてそれが金融不安を醸成し金融危機を伴いながら進行したところに高度経済成長期以降はじめて2年連続のマイナス成長に陥らざるをえなかった要因を見ることができる．こうした動きは2000年に入ってからも影響を行使し続け，証券市場とりわけ株価の動向に対して敏感な体質が経済界にできあがりつつある．りそな銀行に公的資金が投入されたのは，2003年5月であったし，足利銀行が一時国有化されるのは同年11月であった．こうした状況下で，1999年2月にゼロ金利政策をとり，2000年8月に一時ゼロ金利政策を解除するも，再び2001年3月に量的金融緩和と併せてゼロ金利政策が実施される．因みに，量的金融緩和が解除されるのは2006年3月であり，ゼロ金利の解除に至っては同年7月になってからであった．まさにこの点こそが2002年から始まる景気回復過程の性格を如実に物語っていたと言えよう．とりわけその前半にあって，金融不安を抱える一方で公的固定資本形成がマイナスに寄与し続けるなかで，売上高の低迷を引きずりながら，とりわけ規模の大きな企業は過度なリストラと非正規雇用者の導入による低賃金労働をベースに破格に高い経常利益を上げながら，民間最終消費支出のマイナス寄与のなかで景気の回復を遅らせてきた事態の深刻さがそこにある[41]．もちろんITバブル形成崩壊を軽視するつもりはないが，基本的にはこうした橋本内閣以来の構造改革の上に2002年以降の変則的な景気回復があったと見ることができよう．一方で景気回復の浮揚力を自ら削いでおきながら，過度にアクセルをふかす，エンジンは空回りし余剰資金は海外に流れる．回復過程前半の構図である．

いま1つだけその後の顛末にふれておこう．金融を中心とする規制緩和の

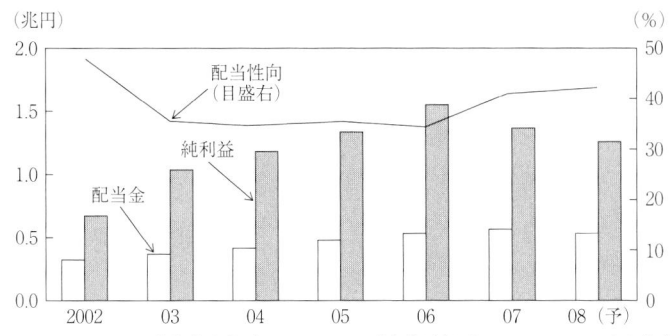

図 6-4　上場企業の純利益，配当の推移配率（国・グループ別）

備考：1. 日経 NEEDS「企業財務データベース」，「業績予想データベース」により作成．
　　2. 2002 年度から 08 年度までの純利益及び配当金（08 年度はいずれも予測）のデータが入手できる 3 月本決算企業 1177 社の値（異常値を除く）．
　　3. 配当金は一株当たり配当×発行済株式数により算出．
出所：内閣府『日本経済 2008-2009』93 頁．

行き着く先は日本の「証券資本主義」化，「金融資本主義」化への動きであった．しかし「経済活動別国内総生産（名目）」[42]により金融・保険業が上げた収益の対名目 GDP 比を見ると，1980 年代に 5% 台（1981 年 4.9%）が続いた後，1987 年に 6.4% となって以降，途中 1990 年，2003 年，2005 年に 7.0% の値をつけるが，それ以外は 6% 台で推移している．国内総生産に占める位置でみるかぎり，日本における「金融立国」化は必ずしも成功しているとはいえない[43]．もっとも上場企業の配当金の動向を見ると 2002 年以降企業の純利益と歩調を合わせて配当金も増加傾向をとっているが，2007 年に純利益が減少した際にも配当金は下がることなく増加を続け，したがって配当性向は上昇している（図 6-4）．企業の株主への姿勢が透けて見える．

4.　第 14 循環の下降過程について

われわれは，第 14 循環を低成長型景気回復過程とその崩壊として位置づけた．ポイントは回復期の前半で 3 度も踊り場を作るほどの停滞が何によってもたらされたか．いま 1 つは景気が下降過程に入る前になぜマイナス成長

を伴う景気減速に見舞われたのか．前者についてはすでに述べたところである．ここでは，第14循環の下降過程との関わりで先行するマイナス成長の問題を論ずることにしよう．

(1) 主要需要項目の動きを四半期別実質 GDP 成長率比と寄与度によって確認

まず，落ち込みの水準を確認するために実質 GDP に占める主要需要項目の比率をみておこう[44]．景気が変調する 2007 年に入ってからの推移をみよう．2007 年第 1 四半期は，民間最終消費支出 54.8%，民間企業設備 16.3%，公的資本形成 3.7%，財貨・サービスの輸出 15.3% であった．同年第 2 四半期は，民間最終消費支出 55.0%，民間企業設備 15.8%，公的固定資本形成 3.6%，財貨・サービスの輸出 15.4% であった．同年第 3 四半期は，民間最終消費支出 55.4%，民間企業設備 15.9%，公的固定資本形成 3.6%，財貨・サービスの輸出 15.6% であった．景気が下降に入ったとされる 2007 年第 4 四半期には，民間最終消費支出が 54.6%，民間企業設備が 15.6%，公的固定資本形成が 3.5%，財貨・サービスの輸出が 16.0% であった．2008 年第 1 四半期は，民間最終消費支出 54.8%，民間企業設備 16.0%，公的固定資本形成 3.4%，財貨・サービスの輸出 16.8% であった．同年第 2 四半期は，民間最終消費支出 54.8%，民間企業設備 15.9%，公的固定資本形成 3.6%，財貨・サービスの輸出 16.2% であった．同年第 3 四半期は，民間最終消費支出 55.5%，民間企業設備 15.3%，公的固定資本形成 3.3%，財貨・サービスの輸出 16.3% であった．同年第 4 四半期は，民間最終消費支出 57.1%，民間企業設備 14.7%，公的固定資本形成 3.5%，財貨・サービスの輸出 14.6% であった．2009 年第 1 四半期は，民間最終消費支出 58.3%，民間企業設備 13.9%，公的固定資本形成 3.7%，財貨・サービスの輸出 11.7% であった．同年第 2 四半期には，民間最終消費支出が 58.4%，民間企業設備が 13.1%，公的固定資本形成が 4.0%，財貨・サービスの輸出が 12.4% であった．ここからいくつかのことが分かる．民間最終消費支出は，景気の反転とともにそ

の比率を下げるが，景気が下降するなかで徐々にその比率を高めている．これ自体は一般的なケースであり，今期の下降過程においてもそれが踏襲されているとみることができよう．民間企業設備は，2007年中はかなり不規則な動きを示すが，その比率を低下させはじめるのは，2008年第2四半期になってからであり，大きく落ち込むのは2009年第1四半期においてである．同年第2四半期になっても低下は続いている．公的資本形成については比率は小さいのであるが，景気に対する政府の姿勢をみる上では重要である．恒常的に上昇をみるのは2008年の第3四半期以降である．その動きにはかなりの揺れがみられる．財貨・サービスの輸出については，比較的堅調を保ってきた輸出の比率が急低下するのは，2008年第4四半期，2009年第1四半期においてである．早くも同年第2四半期には上昇の兆しを見せる．第14循環の下降過程にあっては，全体として民間最終消費支出と公的資本形成の比率上昇と財貨・サービスの輸出及び民間企業設備の比率低下が顕著である．この点，確認しておこう．

次に，第14循環の景気下降過程を四半期別実質GDP成長率とその寄与度によって確認しよう．景気が後退期に入ったとされる2007年第4四半期の実質GDP成長率は0.8％，それに対するプラスの寄与度を示していたのは，大きい順に財貨・サービスの輸出0.5，政府最終消費支出0.3，民間企業設備0.2，民間最終消費支出0.1であった．まだこの時点では財貨・サービスの輸出は堅調に推移していたといえよう．マイナスの寄与度を示したものは，民間住宅（マイナス0.4）であった．しかも注目すべきは，この民間住宅については景気が後退期に入るより前に2007年第2四半期から寄与度でマイナスをつけていた点である．確かにこの年の民間住宅の落ち込みは，内閣府「月例経済報告主要経済指標（平成21年9月8日）」，「住宅着工戸数，床面積（季節調整値）の推移」からも確認できるが，この時の直接の引き金となったのは耐震偽装の再発防止を狙った同年6月20日の改正建築基準法の実施であった．これによる審査業務の遅れによるところが大きい．さらに新築着工の遅れは関連産業の業績悪化に影響を及ぼした可能性がある（『日

本経済新聞』2007年10月19日).加えて,2007年,08年には住宅地の公示地価の変動率（全国平均）[45]がプラスの値をつけているところからも推察されるように,都市部などでは一層の地価上昇を期待して販売先送りの動きも見られたようである（『日本経済新聞』2007年10月17日).マンションなどの高騰による契約率の減少も同時に進行しており（同上),建築コストの上昇等,住宅建築の環境がすでにこの時期に景気後退に先行して悪化していたことがうかがえる.

　2008年第1四半期には,GDP成長率は依然0.9％を維持する.その時の寄与度は,財貨・サービスの輸出が1.1と依然堅調であった.プラスをつけたものとしては他に,民間最終消費支出0.7,民間企業設備0.2,民間住宅0.1であった.反対にマイナスをつけたものは,民間在庫品増加マイナス0.6,財貨・サービスの輸入マイナス0.5,政府最終消費支出と公的固定資本形成とがともにマイナス0.1,公的在庫品増加マイナス0.0であった.輸入のマイナス寄与については,ちょうどこの時期の輸入物価の上昇が影響しているように思われる[46].同年第2四半期になるとGDP成長率はマイナス0.7％とマイナスに転じる.マイナスへの寄与度として大きいものは,財貨・サービスの輸出マイナス0.8,民間最終消費支出マイナス0.5,民間企業設備と公的固定資本形成とがともにマイナス0.2,政府最終消費支出マイナス0.1であった.これまで外需主導で突き進んできた輸出がこの時点で大幅なマイナスに転じたこと,それと同時に民間最終消費支出も決して小さくない落ち込みを示した点は注意を要する.同年第3四半期,GDP成長率マイナス1.3％,マイナスの寄与度としては今度は民間企業設備がマイナス0.8をつけ,民間在庫品増加がマイナス0.5とそれに続く.輸出の減退の影響は早くもこの期の企業の設備投資に現れる.財貨・サービスの輸出もマイナス0.1とマイナスの寄与を続ける.

　小康状態を保ったかに見えた国内景気が本格的に減退を示すのはその後である.同年第4四半期と翌2009年第1四半期にGDP成長率は,マイナス3.4％,マイナス3.3％と2期続けてマイナス3％台の落ち込みを示す.高度

経済成長期以来，初めての事態である．しかも両四半期の寄与度をみた場合，財貨・サービスの輸出がマイナス 2.5 とマイナス 3.6 と 2 期続けて最大のマイナス貢献をし，民間企業設備もマイナス 1.1 とマイナス 1.3，民間最終消費支出がマイナス 0.4 とマイナス 0.7 とそれぞれマイナスの値を示す．第 14 循環の回復過程を牽引してきた輸出が失速し，同時に回復過程の低成長のベースをなしていた個人消費が設備投資とともに底割れを起こしたのである．今期の下降過程の特徴はここにある．まさに低成長型の回復過程とそれなるが故の崩壊といっても過言ではない．

こうした事態に対しておそらく政府は，今期の景気下降過程が当初はそれほど急速な落ち込みを示さなかったこともあって，あるいは示さないと判断されたのであろう，結果的に対策に遅れが生じた．こうしたマイナスの寄与度を示す指標のなかで，2000 年代に入ってほとんどマイナスの寄与度を示してきた公的固定資本形成が，2008 年第 3 四半期になってやっと，その後 3 期連続で 0.1，2009 年第 4 半期に 0.3 とプラスの寄与をとるに至る．政府最終消費支出は 2008 年に入って 2 四半期連続マイナスを続けてきたが（第 3 四半期は 0），第 4 四半期にやっとプラスの寄与度 0.2 をつけるも，2009 年第 1 四半期には 0 となる．今期の回復過程の脆弱性についての認識が欠落していたことの帰結であったといえよう．

先に進む前に，景気後退の最大の要因とされた輸出の動きの詳細について踏み込んで見ておこう．

今期循環が 2007 年 10 月にピークをつけ，その後下降過程に入ったとされるが，見てきたように，本格的に実質 GDP が四半期ベースでマイナスをつけるのは，2008 年第 2 四半期以降である．そして同年第 4 四半期，翌 2009 年第 1 四半期には高度経済成長期以降はじめて 2 期連続 3% 台のマイナス成長を示すのであるが，これに対するマイナスの寄与度が最も高かったのが財貨・サービスの輸出である．ここで貿易輸出の動き（円ベース）の詳細を見ておくことにしよう[47]．景気がピークをつけた 2007 年 10 月に輸出もピークをつける．11 月には前月比 3% ほど減少するが，その後一進一退を経なが

ら増加を続ける．2008年6月に一時対前年同月比マイナスをつけるが，その後伸び率は低下するもののプラスを続ける．それが本格的に対前年同月比でマイナスをつけるのは，2008年10月以降である．しかも11月以降はマイナス30％台からマイナス40％台へと著しく減少幅を広げる．2009年8月にはマイナス36.0％と依然大きな落ち込みを示している[48]．とりわけ輸出先から見て米国については2007年9月以降，前年同月比マイナスをつけ，2008年11月にはマイナス幅を拡大し，伸び率の落ち込みを先導する．その後2009年に入ると，北米，中国を含むアジア，EUとほとんどすべての地域で40％を超える大幅な落ち込みを示すに至る．ただ輸出総額で見ると2009年1月に3兆4804億300万円をつけた後，2月より上昇に転じる．アジアへの動きが上昇を牽引し，とりわけ2009年2月には中国が前月比で見て20％上昇し，その後連続して増加を示す．EUがそれに続き，米国も3月には前月比で20％の上昇を示すが，その後は一進一退で推移する．以上のところから，輸出減退の先導役を果たしたのは米国へのそれであり，逆に輸出回復への先導役を務めたのは中国向けであったことが鮮明になる．

　サブプライムローン問題の表面化後もプラス成長（四半期別実質年率）を続けてきた米国経済が2008年第3四半期になってマイナス（マイナス2.7％）をつける．個人消費が同年11月に前年同月比マイナス0.3％をつけ，その後マイナスを続ける（『日本経済新聞』2009年8月18日「経済指標」）．ちょうどこの動きに連動するかのように，日本からの輸出が2008年11月には対前年同月比マイナス33.8％と大幅な落ち込みを示す．この動きはほとんど示し合わせたように対EUについても同じ11月の対前年同月比マイナス30.9％の落ち込みを，また対アジアについてもマイナス26.7％，対中国についてもマイナス24.5％とほとんど世界的な規模で落ち込みを示すに至る．リーマンショック後の世界経済危機の日本へのインパクトのすさまじさを物語る．

　ところで，先にふれた輸出における一部持ち直しの動きに対して，2009年8月には，対前月比伸び率が，いずれも速報値ではあるが，再び低下に転

じる（対米国マイナス6%，対EUマイナス8.0%，対アジアマイナス4.6%，対中国マイナス6.2%[49]）．事態の推移は依然不透明である．こうして見てくると，もはや世界的な貿易依存の状態のなかでは，若干のタイムラグが存在するとはいえ，ある一部の地域の業績の悪化はたちどころに他の地域へ影響を及ぼし，そのことがさらに各国の業績の悪化を招く悪循環の構図を作りだしているように思われる．プラスの連鎖はマイナスの連鎖に転化する．こうした蟻地獄的様相のなかで，はじめて各国は協調して構造変革にあたることの必要性に気づきつつある．いかにして好循環に転じさせるか，各国の協調体制が問われるところである．

　話を元に戻して，2009年第2四半期にはGDP成長率が0.6%とプラスに転じたのであるが，これに対する寄与度は，財貨・サービスの輸出と輸入がともに0.8，民間最終消費支出0.5，公的固定資本形成0.3とプラスの寄与を強める一方，民間在庫品増加がマイナス0.8，民間企業設備がマイナス0.7，政府最終消費支出がマイナス0.1と，再び回復過程に乗ったとはとてもいえない数値が並ぶ．輸出の増加は，専ら海外とりわけ中国等の新興国における景気支援策が奏功し（中国は4兆元（約57兆円）の大規模経済対策を実施）日本からの輸出が増えるといった一時的な性格が強いように思われるし，消費についても定額給付金の支給（2009年3月から）や，エコポイント制度の開始（2009年5月15日から）など，景気対策によるところが大きく，決して恒常的に消費環境が上向いたとはいえない．確かに，鉱工業生産指数（季節調整済指数）も2009年2月に指数69.5，前月比9.4%のマイナスをつけた後，同年3月には指数70.6，前月比1.6%のプラスをつけて以降，同年7月の速報値では指数82.4，前月比1.9%にまで持ち直してきている[50]．ただ，生産の上昇に寄与した業種を見ると，輸送機械，一般機械，電子部品・デバイス，化学，鉄鋼，電気といったいわば輸出関連産業が多く，輸出の動向によっては不安定さを免れない[51]．いずれにしても自力で過剰資本を処理し回復のための条件を整備することによってもたらされた「回復」ではないといえよう．設備投資の停滞がそれを如実に物語っている．内閣府が発表し

た 2009 年 7 月の機械受注統計によると，民間設備投資の先行指標となる「船舶・電力を除く民需」（季節調整値）は前月比 9.3％ 減の 6647 億円だった（製造業が同 20.4％ 減の 2237 億円，非製造業（船舶・電力を除く）が同 2.8％ 減の 4396 億円）[52]．

次に，雇用関係指標であるが，雇用者報酬については先に見たように（名目四半期原系列），2004 年の第 4 四半期以降 2008 年第 3 四半期まで若干の例外はあるものの，前年同期比でプラスの値を示してきた．それが 2008 年第 4 四半期以降 2009 年の第 2 四半期までマイナスの値に転じた．しかも 2009 年第 2 四半期のマイナス 4.7％ という値は，これまで 1981 年からのデータでは最悪の落ち込みを示している．実数で見て 2002 年以降は一進一退をとりつつも，2007 年第 4 四半期に 77 兆 8555 億円と最高値をつけるが，2009 年第 2 四半期には 66 兆 6890 億円にとどまっている．決して雇用者報酬は改善しているとはいえない状態が続いている．さらに，2009 年 7 月の失業率は 5.7％ とこれまでにない最悪の水準を示し，有効求人倍率が 0.42 倍と過去最低に至っている．にもかかわらず，ここへきて企業の売上高が伸びないことを理由にした一層の人員削減が図られようとしている．因みに，『日本経済新聞』2009 年 9 月 12 日の報じるところでは，「上場製造業の損益分岐点比率が 2008 年度に 89.2％ と 07 年度比 13.1 ポイント高まり，7 年ぶりの水準に悪化」，「世界経済の減速による売上高の急減に固定費など費用削減が追い付かなかったため」とされている．加えて，その一方で，9 月の月例経済報告に添えられた資料では「臨時日雇」，「常雇」を問わず雇用者全体が減るなかで所定外労働時間の増加が続く[53]．雇用を削って長時間労働では労働負担増になりかねない，この点危惧する．さらに消費者物価指数は生鮮食料品を除く総合指数（2005 年を 100）で 2009 年 3 月と 4 月に 100.7 をつけた後，再び下がりはじめ，7 月には 100.1，前年同月比マイナス 2.2％ と，3 ヵ月連続で下落率が過去最大となる（『日本経済新聞』2009 年 9 月 14 日「景気指標」）など，所得低迷による需要不足が鮮明となってきた．内閣府によれば，2009 年第 2 四半期の「需給ギャップ」（改定値）は依然マイナス

7.8％と，年換算で約40兆円に上る需要が不足しているという（『日本経済新聞』2009年9月19日）．日本経済は依然過剰資本の処理に遅れ，過剰な状態を脱してはいない．「急がば回れ」である．世界的に貿易依存を高めた下での世界同時不況の下では，外需依存，リストラ，低賃金下での内需を脆弱なまま放置しての回復はない．それはいつか来た道を繰り返すに等しい．日本経済の抜本的な転轍の切り替えが必要なときであるように思われる．このままでは，再び外需頼みかバブル頼みの道を歩みかねない．回復は遅れる．この点，懸念するところである．

(2) 下降過程における企業動向

次に，2007年10月にピークをつけて以降の第14循環の下降過程における企業の動向を追ってみることにしよう[54]．企業は，景気後退に先行していくつかの特徴的な動きを示していた．全産業について経常利益はすでに2007年第3四半期には前年同期比マイナスをつけ，以後2009年第2四半期までマイナスを続ける．2009年第2四半期というのは，実質GDP成長率が0.6％のプラス成長となった期である．しかし，この期の企業業績は，経常利益の対前年同期増加率のマイナス幅は狭まったとはいえ，依然マイナス53.0％と高い値を示している．それはともかくとして，この下降期，業種別では，製造業，非製造業を問わずほとんどすべての四半期でマイナスであった（ただし非製造業については，2007年第3四半期と2008年第2四半期にわずかながらプラスとなる）．とりわけ2008年第4四半期以降は製造業の落ち込みが大きい．2009年第1四半期には製造業のほとんどの業種が減益となり，対前年同期比三桁の落ち込みを示している．資本金階層別にみると，2007年第4四半期からは全ての階層が増加率をマイナスに転じさせたのに対して，資本金1億円以上10億円未満の階層については2007年第2四半期から先行して増加率がマイナスとなっている．

売上高についてはどうか．全産業について売上高が対前年同期比マイナスとなるのは2008年に入ってからである．しかも，総じて落ち込み幅は小さ

く，著増をみるのは第4四半期になってからである．業種別では，ばらつきがみられる．製造業が増加率マイナスをつけるのは，2008年第3四半期以降であるが，本格的に落ち込むのは第4四半期になってからである．ただし石油・石炭については早くも2007年第1・第2・第4四半期に増加率マイナスをつけ，一般機械も2007年第2四半期以降2008年第1四半期までマイナスを続ける．それに対して非製造業は，すでに2007年第3四半期以降増加率がマイナスとなるが，途中同年第4四半期，2008年第3四半期にはわずかながらプラスをつける．本格的な落ち込みは2008年第4四半期以降であるが，製造業ほどの落ち込みは示さない．資本金階層別では，10億円以上の階層は2008年第4四半期以降，1億円以上10億円未満の階層については2007年第2四半期から（途中2008年第2・第3四半期は除く），また1000万円以上1億円未満の階層は2008年第1四半期からいずれも増加率がマイナスとなる．全ての階層が増加率マイナスとなるのは2008年第4四半期以降であり，しかも二桁の落ち込みとなるのは，資本金1000万円以上1億円未満の階層は第4四半期からであるが，それ以外の階層は2009年第1四半期になってからである．

以上のところから，企業にとっては今回の景気後退は，総じて売上高の低下以上に経常利潤の減退が激しく，しかも非製造業以上に製造業の傷手が大きいこと，資本金階層別では低位な階層ほど減退の期間が長期に及んだことが明らかとなる．また本格的な業績の悪化は，いわゆるリーマンブラザースの破綻による世界経済危機を契機として本格的に売上高が減退した2008年第4四半期以降であることが分かる．

次に企業の設備投資について見ておこう．すでに見たように，今期の下降過程のなかで民間企業設備は2008年第2四半期以降5四半期連続でマイナスの寄与度を示した．以下，その詳細を「法人企業統計」の内に見よう．全産業について設備投資の対前年同期比（増加率）がマイナスとなるのは，2007年第2四半期以降である．以後2009年第2四半期までマイナスを続ける（2009年第2四半期にはマイナスの増加率が若干低下し，マイナス

21.7%であった).業種別では製造業がマイナスをつけるのは,2008年第3四半期以降であり,本格的には2桁マイナスとなる第4四半期以降である(その後マイナス幅を連続して増幅させ,2009年第2四半期には32.0%にまで至った).その動きは製造業の売上高の推移に対応している.これに対して非製造業は,早くも2007年第2四半期にはマイナスをつけ,その後2009年第2四半期まで続く.しかもそのマイナス幅は概して製造業よりも大きい.業種でみるかぎり今期の景気下降を設備投資について推し進めたのは,製造業以上に非製造業であった.とりわけ前半は,不動産,情報通信,サービス業の落ち込みが大きい.後半は圧倒的にサービス業の落ち込みが大きく,不動産,卸売・小売,運輸などがそれに続く.製造業では,金属製品,石油・石炭,情報通信機械などほぼすべての業種がマイナスとなる.資本金階層別では,1億円以上10億円未満の中位階層と1000万円以上1億円未満の下位階層の増加率のマイナスへの転換は2007年第2四半期であったが,10億円以上の上位階層のそれは同年第4四半期以降であった.そして2008年第4四半期以降,不況が深刻になるなかでこの低位の階層の増加率のマイナス幅がとりわけ増幅する点も指摘しておきたい.

(3) 低成長型景気回復過程の崩壊

さて,今期第14循環の景気下降過程を概観してきたわけであるが,これまで述べてきたところから今期の下降過程の特徴ともいえる姿が浮き彫りにされてくる.1つは,景気が下降期に入る前にすでに企業業績も,成長率もとりわけ資本金低位階層を中心に低迷していた問題に係わる.売上高の減少に経常利益の低下が先行していた点については,企業にとってのコスト上昇と考えられるが,とりわけこの時期の原油,穀物をはじめとする原材料価格の上昇によるところが大きい.原油,石炭,鉄鉱石の輸入単価はいずれも第2次石油危機の水準を超えている[55].この要因としては,サブプライムローン問題の表面化以降の金融不安を受けてヘッジファンド等の投機資金が金融市場から商品市場にその投機の舞台を移したことが大きい[56].これらの資源,

穀物の価格上昇が，2007年8月以降の消費者物価の上昇をもたらした要因である[57]．今期の景気下降に先立って2007年第2四半期・第3四半期に実質GDP成長率がゼロ及びマイナスとなった．この時のマイナス寄与度が民間企業設備，民間住宅と民間最終消費支出の減退のうちに確認できたが，これへのマイナス要因も原材料価格の上昇にみることができよう．

　さらに，こうした投機資金の動きを背景にもつ原材料価格の動向は，その上昇によって企業業績とGDP成長率を先行して低迷，悪化させたというだけではなく，今度は，とりわけ原油価格の下落が世界経済全体の本格的な落ち込みを増幅させていくことになる．原油（WTI）価格の値段は2008年7月11日に市場最高値の1バーレル147.27ドルをつけた後10月15日には半値の74.54ドルにまで下がる（『日本経済新聞』2008年10月17日）．これを機に日本の消費者物価指数は10月に前月比マイナス0.1％の下落をつけ，その後2009年7月現在までマイナスを続ける（2009年3．4月はプラス）[58]．国内企業物価については，2008年9月に前月比マイナス0.6％をつけて以降2009年6月までマイナスを続ける（2009年7月速報では0.4％のプラス）[59]．国内物価の変動が資源価格，穀物価格の影響を大きく受けるようになったこととともに，その淵源に国際的な余剰資本の存在があること，この点も繰り返し指摘しておきたい．

　2つには，回復期には非正規労働者を大量に導入し，景気が悪くなるといち早くこの部分を切り捨てる，こうした労働者の使い捨て構造が，雇用問題を深刻化させただけではなく，他方に株式配当の増加に典型的に示されるように富の偏在，所得格差を構造化してしまったことである．消費の低迷はこの帰結にすぎない．景気下降過程は，売り上げの低迷のなか，さらに正規雇用者へ解雇を強要しつつある．自らの国内市場に依拠するのではなく外需に依存してきた回復過程は，世界同時不況下にあっては，一度外需の減少に会うとリストラを繰り返すことによってしか企業業績を上げることができない．依然として外需に依存するかバブルに頼るか，いずれかしか道はなくなる．非常に脆弱な体質に日本経済は陥りつつある．

われわれは今期の第14循環を低成長型景気回復過程とその崩壊と規定した．日本経済は，1990年代の日本を取り巻く外部環境の変化のなか，新たな回復軌道に載せることを課題としつつ，経済政策上のまずさも手伝って，もっとも安易な方向をとるに至った．低賃金から利益を上げること，これである．もっともシンプルで古典的なところに活路を見いだしたのである．外需と低賃金がそれである．まさに19世紀流の「内的な矛盾は生産の外的分野の拡張によって解決をはかろうとする」[60]かのようである．ただ，いまやそれが世界的規模で進行しつつあるところに新しさがある．グローバリゼーションの所以であろう．解決も世界的な規模でしかあり得ないことを示す．

5.　低成長型景気回復過程とその崩壊は何を明らかにしたか

　サブプライム問題とその処理の過程で明らかになったものは，今日いかなる経済的な諸課題も政治課題に転化することなしには克服できないということである．その背景に潜むものは，依然として資本主義の制限は資本自身にあるということであり，金融市場，金融制度自体も私的形態と社会的性格との矛盾を担っていることがいっそう明確にされたということに他ならない．金融自身が「公共財」であり，「社会的共通資本」であるということ，この認識を欠いたところにはいかなる生産的な解決策も提示されないということである[61]．

　景気循環を需給の調整メカニズムとして捉えることはもはやできない．過剰資本は景気下降過程によっては処理できなくなっている．それは大きな物価変動を伴わなくなったことにも現れている．一方で処理の遅れた過剰資本が残り，他方で投資機会を失った余剰資本が堆積する．これが低成長のベースをなす．さらにそれにメガコンペティションという外部環境の変化が加わる．東アジア等から安価な製品が流入してくる．販売不振をコスト削減で乗り切ろうとする．その一方で生産の海外移転が展開する．内需はますます冷え込み，外需への依存と収益機会を内外の金融商品に求める動きが加速する．

2000年代に入って，東アジア諸国，とりわけ中国などの新興国の経済復興と「東アジア生産ネットワーク」の構築による市場拡大を受けて日本からの輸出の伸びが顕著となる．低成長下での景気回復がここから始まる．しかし，もはやメガコンペティションの下では，一部の輸出関連企業が増収となることによって，設備投資が増え，雇用が増え，消費が増え，といった好循環を描くことはできない．絶えざる競争戦は安定した好循環を保証するだけの時間的スパンを与えない．むしろ絶えざる収穫逓減の恐怖にさらされ，それなるが故に無限にコスト削減が強いられる．余計な設備投資は許されない．固定費を不断に節約しようとする．もはや増収は見込めない．無限のコスト削減競争だけが残る．低成長型景気回復過程とその崩壊と位置づけた第14循環の展開過程がこのことを如実に示していた．このしわ寄せは，低成長の下でコスト削減ができない低資本金階層や業種，とりわけ介護，医療，教育といった生活直結型の業界にしわ寄せが集中する．いまや企業が儲かれば，従業員も儲かり，国民経済全体が活性化する，といった好循環を描くことができなくなっている．目的意識的に国民生活の豊かさを追求することからしか改善は図られないであろう．企業が生活を引っ張る時代は過去のものとなりつつある．資本が生産を，生活を担う時代は過去のものとなりつつあるのかもしれない．私的利益の追求が社会の福利厚生に貢献していく経路は漏れを生じ始めた．

注
1) 経済産業省『通商白書2009〜ピンチをチャンスに変えるグローバル経済戦略〜』366頁,「付表7」.
2) 星野富一氏は,「世界経済がグローバル資本主義という現象を顕わにし始めた80年代以降，景気循環にもそれ以前とは明らかに異なった幾つかの重要な変容ないし特徴が認められる」(SGCIME編【マルクス経済学の現代的課題】第Ⅰ集グローバル資本主義　第4巻『グローバル資本主義と景気循環』(御茶の水書房，2008年) 3頁) として次の3点を指摘される．参照されたい.「第1の特徴は，差し当たりアメリカと日本について見れば，戦後でも例のない長期の景気拡大現象を示していることである」(同上).「変容の第2点は，第1の変容ないしは特徴と

第6章　日本における2000年代初頭の景気循環

は一見すると逆説的に見えるのだが，1970年代におけるIMF体制の崩壊と変動為替相場制への移行，国際短期資本移動の自由化を含む金融の規制緩和・自由化に対応して80年代以降，先進国であるか新興市場諸国であらかを問わず，金融システムの不安定性が顕著となり，また通貨・金融危機も頻発したことである」（同5頁）．「第3の特徴は，第2の特徴や変容とも密接に関連する問題であるが，アメリカの経常収支赤字の拡大と基軸通貨ドルの不安定性がますます高まっているということである」（同6頁）．

3) 内閣府「平成12暦年連鎖価格GDP需要項目別時系列表昭和55年1-3月期〜平成21年4-6月期2次速報値」〈平成21年9月11日公表〉内閣府HP．
4) 本論文脱稿後，内閣府より「四半期別GDP速報」「平成21年7-9月期・1次速報（平成21年11月16日）」と「時系列（GDP・雇用者報酬）：昭和55年1-3月期―平成21年7-9月期1次速報値（平成21年11月16日）が公表された．本論文で使用したデータ数値と相違する部分があるが，基本的な論旨には影響なしと考え，2009年9月現在のものをそのまま使うことにした．
5) 内閣府「平成19年度国民経済計算」〈平成21年7月8日公表〉内閣府HPより算出，ただし2007年については，内閣府「四半期別GDP速報時系列平成21年4〜6月期（2次速報値）」（平成21年9月）内閣府HPより算出．以下同じ．
6) 内閣府「平成12暦年連鎖価格GDP需要項目別時系列表昭和55年1-3月期〜平成21年4-6月期2次速報値」〈平成21年9月11日公表〉内閣府HP．以下同じ．
7) 経済産業省「商業販売統計年報」「商業動態統計調査」経済産業省HP．同「商業販売統計月報（確報）平成21年8月分」（2009年10月15日発表）「商業動態統計調査」経済産業省HP．
8) 財務省「法人企業統計調査」（四半期別）財務省HP．
9) 経済産業省『通商白書2008〜新たな市場創造に向けた通商国家日本の挑戦〜』176頁．同一箇所において，大企業は輸出の他に設備投資から，中小企業は民間消費支出や公的資本形成から，より大きな生産波及効果を受け取ることが示されている．参照されたい．
10) 内閣府「月例経済報告主要経済指標（平成21年9月8日）」「雇用者，常用雇用者数の推移」，「従業上の地位別雇用者数」，「現金給与総額，定期給与，所定外労働時間の推移」内閣府HP．
11) 経済産業省『通商白書2008〜新たな市場創造に向けた通商国家日本の挑戦〜』177頁．
12) 内閣府「国民経済計算」（名目・四半期原系列）内閣府HP．
13) 内閣府『平成21年版経済財政白書―危機の克服と持続的回復への展望―』「長期経済統計」．
14) 内閣府，同上．
15) 内閣府，同上．

16) データについては，特別な断りがない限り，1955年から1979年については内閣府「平成10年度国民経済計算確報（平成2年基準，68SNA）」内閣府HP，1980年以降については，内閣府「平成19年度国民経済計算」〈平成21年7月8日公表〉内閣府HPが使われる．したがって，基準にずれがある．ただし，民間企業設備の対名目GDP比率については，内閣府『平成21年版経済財政白書―危機の克服と持続的回復への展望―』「長期経済統計」における設備投資名目GDP比率を使用．
17) 財務省「法人企業統計調査結果（平成21年4～6月期）」財務省HP，15頁．
18) 植松忠博・小川一夫編著現代世界経済叢書第1巻『日本経済論』（ミネルヴァ書房，2004年）15頁．財務省「年次別法人企業統計調査」財務省HP．
19) 厚生労働省「直近までの国民経済計算の実績等を踏まえた経済関係の数値について」（第4回社会保険審議会年金部会経済前提専門委員会　平成20年7月9日資料2）厚生労働省HP，8頁．
20) 内閣府『平成21年版経済財政白書―危機の克服と持続的回復への展望―』「長期経済統計」より算出．
21) 山家悠紀夫氏は，賃金，雇用者数に関する統計および全国の世帯を対象とする「国民生活基礎調査」より，1997，98年ころから日本経済に，「もっぱら生活にかかわる領域で」「構造変化」が生じていることを主張される（山家悠紀夫著『景気とは何だろうか』（岩波書店，2005年）15-19頁）．
22) 内閣府『平成21年版経済財政白書―危機の克服と持続的回復への展望―』「長期経済統計」．
23) 暦年データについては，内閣府『平成21年版経済財政白書―危機の克服と持続的回復への展望―』「長期経済統計」，1980年第2四半期以降の四半期別データについては，内閣府「平成12暦年連鎖価格GDP需要項目別時系列表昭和55年1-3月期～平成21年4-6月期2次速報値」〈平成21年9月11日公表〉内閣府HP．
24) 経済企画庁調査局編『平成8年版日本経済の現況―再び回復に向かう日本経済―』45頁．
25) 財務省「地域別国際収支」財務省HP，より算出．
26) 財務省「平成13年中地域別国際収支状況」財務省HP，より算出．
27) 財務省「平成14年中地域別国際収支状況」，同「平成19年中地域別国際収支状況」財務省HP，より算出．
28) 内閣府『平成19年版経済財政白書』は，実質GDPと主要な需要項目の変動係数を使って「実質GDP及び主要な需要項目の変動係数は徐々に低下してきているが，輸出の変動係数は第12循環以降上昇している」（同，41頁）ことを示している．参照されたい．
29) 「日経平均株価月次データ」（NIKKEI NET 日経平均プロフィル）　　http://www3.nikkei.co.jp/nkave/data/index.cfm，内閣府「月例経済報告主要経済指標（平成21年9月8日）」内閣府HP．

30) 内閣府『平成21年版経済財政白書―危機の克服と持続的回復への展望―』「長期経済統計」．
31) 経済産業省『通商白書2008～新たな市場創造に向けた通商国家日本の挑戦～』は，「これまで築き上げられてきた『東アジア生産ネットワーク』の発展の方向性を展望し，『消費拠点』，『知識創造拠点』としての展開により『経済圏』として深化する『アジア大市場』の可能性について確認」（同，139頁）している．参照されたい．
32) 通商産業省編『平成11年版通商白書〈総論〉』122頁，第2-1-8図．
33) 野村正實著『日本的雇用慣行―全体像構築の試み―』（ミネルヴァ書房，2007年）432頁．
34) 森岡孝二「株主資本主義と派遣切り」（『経済』2009年7月号）23頁．
35) 厚生労働省『平成21年版労働経済白書―賃金，物価，雇用の動向と勤労者生活―』171頁．
36) 内閣府「月例経済報告主要経済指標（平成21年9月8日）」「雇用者数，常用雇用者数の推移」，「従業上の地位別雇用者数」，「現金給与総額，定期給与，所定外労働時間の推移」内閣府HP，参照．
37) 内閣府『平成21年版経済財政白書―危機の克服と持続的回復への展望―』「長期経済統計」．
38) 厚生労働省『平成21年版労働経済白書―賃金，物価，雇用の動向と勤労者生活―』167頁．
39) 植草一秀著『現代日本経済政策論』（岩波書店，2001年）41頁，山家悠紀夫著『景気とは何だろうか』（岩波書店，2005年）111頁，参照．
40) 山家悠紀夫，前掲書111頁．
41) 厚生労働省『平成21年版労働経済白書―賃金，物価，雇用の動向と勤労者生活―』は，「売上高経常利益率の推移」と「売上高，経常利益の推移」から「1990年代後半から2000年代半ばにかけて，売上高の伸びに対し，経常利益が大きく増加してきた」（同，137頁）こと，さらに「規模別売上高経常利益率・売上高営業利益率の推移」から「2000年代には売上高経常利益率が売上高営業利益率を上回る動きがみられる」こと，大企業の売上高経常利益率が「1990年代半ば以降，強い上昇傾向を示し，2006年度には過去最高水準となった」こと，そして「利益率を向上させようとする企業の取組は大企業において強まっているように見え，また，その傾向は売上高経常利益率の動きにより強く表れているように見える」（同，138頁）点を確認している．参照されたい．
42) 内閣府「平成19年度国民経済計算」〈平成21年7月8日公表〉内閣府HP．
43) 「金融立国論」批判としては，大瀧雅之「『金融立国』批判 日本経済の真の宿痾は何か」（『世界』2008年3月号）がある．参照されたい．
44) 内閣府「四半期別GDP速報時系列平成21年4～6月期（2次速報値）」（平成21年9月）「実質季節調整系列」内閣府HP，より算出．

45) 内閣府「月例経済報告主要経済指標（平成 21 年 9 月 8 日）」内閣府 HP.
46) 内閣府，同上，「企業物価の推移」．
47) 財務省「貿易統計（月別）」「地域（国）別輸出入」財務省 HP.
48) 財務省「平成 21 年 8 月貿易統計（速報）」（平成 21 年 9 月 24 日）財務省 HP.
49) 財務省，同上．
50) 経済産業省「鉱工業指数」経済産業省 HP.
51) 今次の中国における景気回復の中で大型の公共投資がなされたことなどを機に，中国に輸出主導型から内需主導型への構造変化がもたらされ，それによって日本からの輸出にも輸出品目の変化だけではなく，輸出の波及効果に減退がみられるのではないかとする注目すべき見解もある．熊谷亮丸「日本，輸出戦略見直し急げ」『日本経済新聞』2009 年 9 月 25 日，「経済教室」を参照されたい．
52) 内閣府「機械受注統計調査報告平成 21 年 7 月実績」平成 21 年 9 月 10 日経済社会総合研究所，内閣府 HP.
53) 内閣府「月例経済報告主要経済指標（平成 21 年 9 月 8 日）」内閣府 HP.
54) 財務省「法人企業統計調査（平成 19 年 10〜12 月期）について」，「同調査結果（平成 21 年 1〜3 月期）」，「同調査結果（平成 21 年 4〜6 月期）」財務省 HP.
55) 内閣府『日本経済 2008-2009―急速に厳しさが増す景気後退―』27-28 頁．
56) 内閣府『日本経済 2008-2009―急速に厳しさが増す景気後退―』は，2003 年頃から上昇を続け，一時一服するが，その後 2008 年 7 月まで上昇を続け，8 月のピークを境に急速に下落する原油価格の一連の動きが，「投機資金の流れに大きく影響された結果であると考えられる」（同，26 頁）旨，指摘される．
57) 総務省「平成 17 年基準消費者物価指数全国平成 21 年 8 月分」総務省統計局，総務省 HP.
58) 総務省，同上．
59) 日本銀行「企業物価指数（2009 年 7 月速報）」2009 年 8 月 12 日，日本銀行調査統計局 HP.
60) K. マルクス著社会科学研究所監修資本論翻訳委員会訳，『資本論』9（新日本出版社，1987 年）417 頁．
61) 高田太久吉氏は，「サブプライム問題，原油市場の投機など現在起きている様々な問題の根底には」「膨大な『過剰な貨幣資本』の存在があり」，「現代資本主義の下では，健全な経済社会システムあるいは健全な企業システムと両立する形で」こうした資本の「利回りを長期的に生み続ける投資部面」が存在しないことを指摘し，ここに，「現代資本主義が作り出している深刻な『社会問題』であり，マルクスのいわゆる『資本主義的生産の真の制限は資本そのものである』」「という問題」をみる．さらに氏は，「アメリカの政府・監督機関が」「膨大な財政資金を使った金融機関の救済や国家管理に乗り出し，規制強化を口にするようになっている現状は，金融市場や金融制度が，完全には民間企業や投機組織の自由な営利活動に委ねることができない『公共財』であることを，倒錯的な形で証明している

事態と見ることができよう」(高田太久吉「暴走する投機経済の行方―サブプライム問題および投機資本をめぐる問題―」(『経済』2009年1月号) 48-49頁) と鋭く指摘される．参照されたい．

あとがき

　本書の執筆者たちは，明治大学社会科学研究所の「総合研究」（テーマ名「グローバリゼーションと市場の現代」）における共同研究者である．この総合研究の目的は，資本主義経済，あるいはもっと一般化して「市場」の現代的状況を歴史的アプローチによって照射し，その基本的構成契機を解明すると同時にそこに孕まれた問題性を析出することにある．

　本書は，その成果の一部であるが，第1章（および第5章），第2章，そして第6章の執筆者の専門は経済学であり，第3章は法学（国際法），第4章は経営学（財務管理論）が専門である．一見すると，統一性を欠く集まりのように思われるかも知れないが，基本的には，「市場，資本そして国家」という現代社会のもっとも本質的な構成契機を踏まえてチーム編成が行われている．むろん，この3契機は現代社会を論ずるうえでは不可分のものである．したがって，個別テーマを追究した各章においてもまた，この3契機はそれぞれウエートを変えて言及されている．それがまた，本書の独自性と特徴を作り出しているとも言いうるのである．

　なお，内輪話しになって恐縮だが，本書の執筆者のうち経済学を専門とする3人は，大学内の研究者で作る「戦後日本研究会」のメンバーである．この執筆者3人による本書各章における論述は，この研究会の中でおこなわれた様々な議論の恩恵を被っている．とりわけ，柴田政利（故人），加藤泰男，森恒夫，黒田泰行，桜井一郎，清水哲之，福田邦夫，中川雄一郎の諸先生方には現代経済に関する多種多様な問題について有益なご教示を賜ってきた．この場を借りて深く感謝申し上げたい．また，経済学以外の二人の執筆者は，いずれも明治大学における教学執行部の役職者（副学長，学長室専門員長）である．学内業務に多忙を極める中で分担各章の執筆をおこなったことで，

他の学長スタッフにご迷惑をお掛けしたこともあったかと危惧している．学長スタッフ各位には，あらためて日頃のご協力とご厚誼に深謝したい．

　なお，序論に記してあるように，本書の出版は約1年の遅れを余儀なくされた．その間，辛抱強くお待ちいただいた日本経済評論社関係者のご配慮は大変に有り難かった．とくに，清達二氏には本書のタイトルを始め様々な場面で貴重なアドバイスをいただいた．執筆者一同，心より感謝申し上げたい．

索引

[欧文]

ABS　114
ASEAN　225
BIS 規制　96, 198
BRICs　42
CARS　101
CD　86, 87, 88, 99
CDO　114, 115
CHIPS　89
CMA　88, 89
CP　86, 88
EU　10, 207
FDIC　86
FHLMC　114
FNMA　114
FRB　83, 99, 105, 110, 112, 116, 117
FSA　95
FTA　9, 142, 151
　　包括的――　8, 142, 143, 146, 147, 148
GATS　⇒サービス貿易協定
GATT　28, 73, 75
　　――体制　8
GDP　52, 206, 212, 226
GNMA　114
GSE　114, 116
HUD　114
IBRD　73, 75
IMF　23, 28, 64, 73, 75, 80, 83, 85
　　――コンディショナリティ　102
　　――体制の崩壊　85
　　旧――　5
IPO　105, 106, 109, 110, 111
IT　46, 53
　　――バブル　112, 115, 116
ITO　73
LTCM　96

MAI　11, 95
M&A　13, 96, 105, 106, 109, 110
　　――ファンド　182
MBS　100, 113, 114, 116
ME（マイクロエレクトロニクス）化　8, 209, 265
ME 革命　91
ME＝情報革命　77
MMMF　88, 89, 99, 100, 106
NAFTA　94, 144
NATO　74, 79, 80
NIEs　225
NOW 勘定　87, 99, 100
NSC68　75, 76
NY マネーセンター銀行　107
OECD　209
RTC　107
S&L　86, 89, 96, 100, 107
　　――危機　107
SIV　116
SPS 協定　⇒衛生植物検疫協定
SWIFT　89
TB　99
TBT 協定　⇒貿易の技術的障壁に関する協定
TOB　14
TRIMs　95
TRIPS 協定　11, 95, 155
WTO　23, 64, 95, 117, 245
　　――協定の一括受託　130
　　――体制　8
WWMCCS　76

[あ行]

アウトソーシング　98
アジア　20, 207, 225
　　――NIEs　40, 225

──通貨・経済危機　106
アジア通貨危機
　　97年──　109
アメリカ　4, 23, 205
　　──経済　8, 29, 206
　　──資本主義　5
　　──の過剰消費　207
アメリカナイゼーション　23
アメリカン・スタンダード　23, 95
アンチダンピング措置　157
アンチダンピング制度　12
イギリス　4, 24
移行経済諸国　103
いざなぎ景気　206
インターネット　6
インフレーション　5, 29
売上高経常利益率　253
ウルグアイ・ラウンド　130, 131
衛生植物検疫協定（SPS協定）　132, 133
英国銀行　13
　　──業界の再編成　174
エリサ法　196
円キャリー・トレード　109
円相場　216
円高　217
　　──不況　269
　　異常──　17
　　超──　60, 209
円安　227, 230
エンロン　112
オイルショック　60, 208
オイル・ダラー　102
踊り場　207, 250
オーナーシップ社会構想　113
オフショア市場　109
オフショア生産　93

[か行]

海外生産　228
　　──比率　228
海外直接投資　39, 220, 275
海外投資ブーム
　　第1次──　168

　　第2次──　168
外国人労働力　50
外国貿易障壁報告　94
外需　19, 210
格差　6
　　──構造　47
核・ミサイル軍事機構　77, 82, 85, 90, 92, 93, 98, 99, 117
家計所得　17, 214, 220
家計貯蓄率　266
駆け込み需要　279
貸し渋り　275
過剰資金　34
過剰資本　20
　　──の処理　189
　　──の整理・解消　27
過剰流動性　245
カーター政権　92
活況　25
ガット　9
合併効果（$1+0.3=2$）　181
株式公開買い付け　187
株式市場のグローバル化　12, 13
株式所有構造　16
株式の死　88
株主価値経営　13
加盟交渉　136
関税地域　139
関税同盟　138, 139
管理報酬　190
機関投資家　15, 166
　　米英の──　166
危機　1
企業　13
　　──価値　165
　　──ガバナンス　13, 15, 16
　　──の国際化　12, 13
　　──連携　170
企業内国際分業　42
基軸通貨　111, 117
規制緩和　5, 6, 15, 218, 247
逆輸入　45
　　──比率　231

索引

旧ソ連　13
恐慌　1, 241
　1929年——　1
　　——爆発　1, 3, 25
　　大——　1, 5
恐慌・景気循環　24
金・ドル交換停止　83
金融　5
　　——化　8
　　——寡頭制　101
　　——サービス　6
　　——のグローバル化　117
　　——の国際化　29
　　——の自由化　29
金融安定化フォーラム　97
金融危機　7, 30, 206
金融恐慌　206
　　サブプライム——　23, 205, 231
金融商品取引法　188
空洞化　5, 91, 92, 93
　　産業——　240
グラス・スティーガル法　89, 107
クリントン政権　94, 104, 109, 112
グローバリズム
　　覇権主義的な——　73
グローバリゼーション　1, 63, 66, 67, 71, 78
　　アメリカ基軸の——　73, 75
　　金融——　23, 29, 89
　　現代——　5, 63, 111, 119
グローバル
　　——インバランス　246
　　——競争　14
　　——経営　46, 223
　　——産業　17, 47, 223
　　——資本　17, 205, 229
　　——・スタンダード　8, 23, 97, 111
　　——連携　180
軍事インフレ　71, 82, 83, 85, 89
　　——的蓄積　82, 90
経営資源調達の国際化　42
景気
　　——回復　18, 206
　　——過程　16

　　——後退　19
　　——循環　3, 16, 24, 210
　　——上昇　210
ケインズ　35, 208
　　——政策　33, 56
ケネディ　76, 88
原始的蓄積　3, 4, 25
交易条件　257
好況　25
工業化　40
高金利政策　102, 105
好循環メカニズム　17, 214
後進（諸）国　40, 42
構造改革　20, 206, 218
構造調整プログラム　102
公的固定資本形成　285
高度経済成長　4, 19, 28, 208
　　——期　261
国際化・グローバル化　168
国際金融フォーラム　11
国際経営ロジスティック　81
国際繊維貿易に関する取極　130
国際通貨基金　⇒IMF
国際的最適生産　81
国際的消尽　155
国際（的）分業関係　4, 40, 225
国内企業物価指数　259
国内連携　170
国民経済　3, 4, 12, 30, 40
国民国家　12, 26
国家　3, 8, 24
コーポラティズム　209
コーポレートガバナンス　⇒企業ガバナンス
雇用　15, 17, 214, 220, 233
　　完全——　28, 208
　　——構造　47
　　——の質　233, 236
　　「ジャスト・イン・タイム」型——　36
　　日本的——　209
雇用者数
　　常用——　257
雇用者報酬　19
　　名目——　259

コンテンツファンド　191

[さ行]

最恵国待遇　131, 135, 138
再生産　5
　　——構造　23
　　社会的——　24
債務危機　102
サービス　5
　　——化　8, 45
　　——協定　10
　　——産業　56
サービス貿易協定（GATS）　133, 134, 135
サブプライム（ローン）　108, 109, 113, 115, 227
　　——問題　14, 19, 116, 247
産業革命　26
産業構造　47
産業予備軍　27
　　——効果　28, 208
暫定適用議定書　128
ジェネラル・パートナー（無限責任社員）　188
自己資本比率　264
市場　2, 10
　　国際——　12
　　——開放　20, 247
　　——統合　10
　　——メカニズム　208
　　世界——　7, 9
　　ユーロダラー——　5
　　労働——　32, 37
市場経済　1, 29
　　——化　13
市場原理主義　278
失業　28, 215
　　完全——率　233
　　——率　29
　　自然——率　35
実質上のすべての貿易　139, 140
資本　8, 13, 30, 205, 242
　　——財　225
　　——の再生産・蓄積運動　3, 16, 17

　　——の論理　45
資本主義　1, 7, 24
　　確立期の——　3, 25
　　株主——　12, 16
　　グローバル——　23, 205, 208
　　現代——　3, 23, 25
　　産業——　24
　　——経済　1, 24
　　——のアメリカ的段階　90
　　——の黄金時代　32
　　生成期の——　3, 25
　　世界——　25
　　大衆——　4, 31
　　独占——　27
　　日本——　13, 17, 205
資本－賃労働関係　3, 4, 27, 205, 208
資本と労働力の国際的自由移動　37, 46, 205
社会主義
　　——体制　29
　　ソ連——　70, 73
社会主義市場経済　63
　　——化　103
社会性概念　201
社会的再生産　4
自由化　9
自由競争段階　25
自由貿易協定　⇒FTA
　　北米——　⇒NAFTA
自由貿易地域　138, 139
需給ギャップ　288
証券化　5, 101, 115
　　金融の——　101, 102
　　——商品　245
常時即応　75, 76
消費　6, 17, 214
　　過剰——　223
　　大量——　17
商品販売の国際化　42
情報化　45
情報ネットワーク　98, 110
所得　31
所有の効率化　166
ジョンソン政権　82, 88

新鋭産業　77, 80, 81, 82, 85, 90, 91
新興工業諸国　1
新興（諸）国　4, 39
新古典派　23
人材の部品化　36
新自由主義　6, 209
新ビジネスファイナンス　172
スタグフレーション　29, 82, 83, 84, 91, 99, 102
ステークホルダー　15
ストック・オプション　110
スーパー301条　94
スピン・オフ　98
成果主義　277
正規　16, 36, 234
　　──雇用者　277
　　非──　16, 20, 234
　　非──雇用者　277
成功報酬　190
生産
　　──関係　27
　　──の空洞化　6
　　──の国際化　42
　　大量──　17
生産拠点の海外移転　43, 220
生産性インデックス賃金　31
正社員　234, 242
製造業　46, 220
成長戦略　172
製品輸入比率　220, 275
政府　26, 218
世界銀行（WB）　23, 28
世界経済　1, 23, 40, 219
世界最適地生産　42, 223, 230
世界同時不況　205, 207
世界の銀行　26
世界の工場　225, 226
世界標準　10
世界貿易機関　⇒ WTO
設備投資　19, 206, 215
　　──循環　262
ゼロ金利政策　280
選択と集中　14

国際的な──　179
先進（諸）国　4, 9, 40, 42
先進資本主義（諸）国　2, 13, 29, 30
相互主義　135, 136
相互抑止　76
総貯蓄率　264
総投資率　264
祖父条項（GATTの暫定適用議定書）　128

[た行]

第14循環　18
大衆消費社会　43
対テロ戦争　112
対内直接投資　49
第二次世界大戦　1, 25
第3次産業　46
大量生産─大量消費　4, 28
多角的の交渉　9
多国間工程分業　226
多国籍企業　23
　　米系──　88, 89, 93
単純労働　47
地域経済統合　138
父ブッシュ（政権）　104, 108
知的財産権　9
中間財　225
中間層　31
中国　20, 40
中成長期　20, 263
長期雇用慣行　277
朝鮮戦争　74, 75
調達，生産，販売の国際化　4, 17, 41, 230
賃金　19, 27, 32
　　──と利潤　37, 39, 208, 209
テイク・オーバー・ビッド（TOB）　187
帝国（資金）循環　6
ディスインターミディエーション　99
低成長　19, 208, 210
　　──期　261
低成長型景気回復過程　16, 19, 261
停滞　17
　　長期──　13, 17, 221
デリバティブ　103

ドイツ　25
投機　7
投資　9
　——協定　9
　——条項　8-9
　——信託　184
　——ルール　9
　（WTOの）——ルール交渉　145, 146
　2国間——協定　144
　日韓——協定　144
　日中——保護協定　144
投資事業組合制度　15
投資事業有限責任組合　183
独占価格　90, 91
独占段階　25
匿名組合　183
途上国　9
ドル　34
　——・スペンディング　80
　——防衛策　80
ドル高政策　6, 112
トルーマン・ドクトリン　73, 78

[な行]

内需　17, 210
　——主導　17, 20, 210
　——の循環的拡大メカニズム　214
南巡講話　103
日米構造協議　265
日本　29
日本銀行　217
日本経済　12, 16, 205
日本的経営　17, 205, 209
日本的財務　192
日本版金融ビッグバン　279
ニュー・エコノミー　105, 245
任意組合　183
ネオ・コーポラティスト　35
ネガティヴ・コンセンサス　131, 132
ネット　6

[は行]

買取価格　179

パクス・アメリカーナ　28
パクス・ブリタニカ　27, 65, 72
覇権国　56
派遣労働　277
バーゼル銀行監督委員会　96
発展モデル　4, 28
パートタイム労働　57
パネル手続　129, 131
パフォーマンス要求　149
バブル　13, 17, 30, 206, 211, 227
　株式——　6, 111
　資産——　6, 118
　住宅——　6, 111, 115
　——の後遺症　247
　——の崩壊　247
東アジア　20, 225
　——経済圏　226
　——生産ネットワーク　225
ファンド　15, 183
　アメリカの——　197
　企業買収——　187
　投資——　169
　日本の——　197
　プライベート・エクイティ・——　106, 184
不況　25, 29, 216
　19世紀末大——　66
　90-91年——　104
　ハイテク——　111
不均等発展の法則　65
福祉国家体制　3, 5, 205, 208
物価　32, 33
ブッシュ，G.W.政権　
プラザ合意　54, 60, 93, 211
ブラック・マンデー
　87年——　105
フランス　25
不良債権　20, 240
　——の処理　246
ブレトンウッズ　5
　——体制　28
並行輸入　155, 156
ヘゲモニー国家　27
変動為替相場　268

索引　309

貿易の技術的障壁に関する協定（TBT協定）　132, 133
貿易摩擦　215
包括通商・競争力法　94
ポスト工業社会　45, 51
ホーム・エクイティ・ローン　113
本来の財務　192

［ま行］

前川レポート　265
マーシャル・プラン　74, 78, 79
マネジメント・バイアウト（MBO）　187
マネジメント・バイイン（MBI）　187
マネタリスト　35
マンハッタン計画　76
「見える」状態＝可視化　203
ミューチュアル・ファンド　106
民営化　20, 247
民間企業設備　253
民間最終消費支出　268
民間住宅投資　207
メインバンク制　276
メガコンペティション　276

［や行］

輸出　17, 206
　　集中豪雨型――　265
　　――依存　20, 271
　　――産業　17, 213
　　――自主規制　129
　　――ドライブ　213, 216
　　――立国　208
輸出主導型経済　17, 205, 208
輸出主導型の工業化政策　4, 11, 40
輸入　207
輸入代替工業化政策　11, 40
ユーロ市場　29, 81, 83, 84, 87, 88, 89, 101, 102
ユーロ・ダラー　83, 84
余剰金利　280
ヨーロッパ　25

［ら行］

リーガン財務長官　112
利潤率の低下　37
リストラ　20, 247
リソーシング　110
リーマンショック　1
リーマンブラザース　247
リミテッド・パートナー（有限責任社員）　188
量的金融緩和　280
ルービン財務長官　112
冷戦　5, 28
　　ポスト――期　6
　　――対抗　64, 75, 85, 118
冷戦体制　4
　　――の終焉　103
レーガン政権　93, 98, 104, 108, 112
歴史的アプローチ　2
歴史的低金利　105, 107
レギュレーションQ　80, 86, 88, 106
レッセフェール　30
レバレッジド・バイアウト（LBO）　187
連携の資金力　180
ロイヤルバンク・オブ・スコットランド（RBS）　14, 165
労使関係　16
労資協調体制（路線）　35, 209
労働移動　159, 160
労働組合　35, 56
労働時間
　　所定外――　257
労働者　17, 28
　　外国人――　37, 38
労働分配率　38, 57, 242, 256
労働力と資本の国際移動　4, 8
ロシア　25
ロス暴動　109

［わ行］

ワーキング・プア　47
ワールドコム　112

[執筆者紹介]

飯田 和人(いいだ かずと)(序論, 第1章, 第5章)
明治大学政治経済学部教授. 1948年生まれ. 明治大学大学院政治経済学研究科経済学専攻博士課程単位取得. 著作に『市場経済と価値:価値論の新基軸』(ナカニシヤ出版, 2001年),『市場と資本の経済学』(ナカニシヤ出版, 2006年) ほか.

柿崎 繁(かきざき しげる)(第2章)
明治大学商学部教授. 1949年生まれ. 法政大学大学院社会科学研究科経済学専攻博士後期課程中退. 著作に「『IT革命』進行下の東アジアの電子工業」(堀中編『グローバリゼーションと東アジア経済』大月書店, 2001年所収),「競争と市場経済の発展」(澤田・増田編『現代経済と経済学[新版]』有斐閣, 2007年) ほか.

間宮 勇(まみや いさむ)(第3章)
明治大学法学部教授. 1957年生まれ. 明治大学大学院法学研究科博士後期課程単位取得退学. 著作に Anti-Dumping Laws and Practices of the New Users(共著, CAMERON MAY 2007年4月),『国際経済法』(共著, 有斐閣, 2003年) ほか.

坂本 恒夫(さかもと つねお)(第4章)
明治大学経営学部教授. 1947年生まれ. 明治大学大学院経営学研究科博士後期課程修了. 著作に『企業集団経営論』(同文舘, 1993年), 訳書に『イギリス多国籍銀行史:1830～2000年』(日本経済評論社, 2008年) ほか.

高橋 輝好(たかはし てるよし)(第6章)
明治大学政治経済学部准教授. 1949年生まれ. 明治大学大学院政治経済学研究科経済学専攻博士後期課程退学. 著作に「資本の展開と貨幣の存立構造」(明治大学『政経論叢』67巻3・4号, 1999年),「物象展開としての恐慌論」(同前72巻4・5号, 2004年) ほか.

危機における市場経済

[明治大学社会科学研究所叢書]

2010 年 3 月 25 日　第 1 刷発行

定価（本体 4700 円＋税）

編著者　飯　田　和　人
発行者　栗　原　哲　也
発行所　株式会社　日本経済評論社
〒101-0051　東京都千代田区神田神保町 3-2
電話 03-3230-1661／FAX 03-3265-2993
E-mail: info8188@nikkeihyo.co.jp
振替 00130-3-157198

装丁＊渡辺美知子　　　　　太平印刷社／高地製本

落丁本・乱丁本はお取替いたします　　Printed in Japan
ⓒ IIDA Kazuto et al. 2010
ISBN978-4-8188-2100-2

・本書の複製権・翻訳権・上映権・譲渡権・公衆送信権（送信可能化権を含む）は、㈳日本経済評論社が保有します。
・ JCOPY 〈㈳出版者著作権管理機構　委託出版物〉
本書の無断複写は著作権法上での例外を除き禁じられています。複写される場合は、そのつど事前に、㈳出版者著作権管理機構（電話 03-3513-6969, FAX 03-3513-6979, e-mail: info@jcopy.or.jp) の許諾を得てください。

内田義彦論
―ひとつの戦後思想史―
鈴木信雄　本体 2800 円

新版 日本経済の事件簿
―開国からバブル崩壊まで―
武田晴人　本体 3000 円

管理された市場経済の生成
―介入的自由主義の比較経済史―
雨宮昭彦・J. シュトレープ編　本体 3800 円

新自由主義と戦後資本主義
―欧米における歴史的経験―
権上康男編　本体 5700 円

グローバル資本主義と巨大企業合併
奥村皓一　本体 3800 円

失墜するアメリカ経済
―ネオリベラル政策とその代替策―
R. ポーリン／佐藤良一・芳賀健一訳　本体 3400 円

日本経済評論社